2020-2021
中国传媒社会责任媒体抗疫研究报告

主编

黄晓新 刘建华 李文竹

中国书籍出版社
China Book Press

图书在版编目（CIP）数据

中国传媒社会责任·媒体抗疫研究报告：2020—2021 / 黄晓新，刘建华，李文竹主编. -- 北京：中国书籍出版社，2021.4

ISBN 978-7-5068-8358-0

Ⅰ.①中… Ⅱ.①黄… ②刘… ③李… Ⅲ.①传播媒介—社会责任—研究报告—中国—2020 Ⅳ.①G219.2

中国版本图书馆CIP数据核字(2021)第042048号

中国传媒社会责任·媒体抗疫研究报告：2020—2021

黄晓新　刘建华　李文竹 / 主编

责任编辑	庞　元
责任印制	孙马飞　马　芝
封面设计	许惟一
出版发行	中国书籍出版社
地　　址	北京市丰台区三路居路97号（邮编：100073）
电　　话	（010）52257143（总编室）　　（010）52257140（发行部）
电子邮箱	eo@chinabp.com.cn
经　　销	全国新华书店
印　　厂	北京九州迅驰传媒文化有限公司
开　　本	787毫米×1092毫米　1/16
字　　数	340千字
印　　张	20
版　　次	2021年4月第1版　2021年4月第1次印刷
书　　号	ISBN 978-7-5068-8358-0
定　　价	120.00元

版权所有　翻印必究

中国传媒社会责任·媒体抗疫研究报告
（2020—2021）出品方

中国新闻出版研究院传媒研究所
中国人民大学书报资料中心
《中国出版》杂志社
《传媒》杂志社

中国传媒社会责任·媒体抗疫研究报告（2020—2021）课题组

课题组组长 刘建华 张文飞

课题组副组长 李文竹 杨晓芳

课题组成员 卢剑锋 王 平 刘向鸿 杨驰原 黄逸秋
　　　　　　　逯 薇 王卉莲 鲁艳敏 薛 创 刘 盼
　　　　　　　贺梦依 李明德 邹 波 周光清 时宏远
　　　　　　　周 皓

中国传媒社会责任·媒体抗疫研究报告（2020—2021）编委会

编委会主任　黄晓新　中国新闻出版研究院党委书记、副院长

编　　　委　（按姓氏拼音字母为序）

蔡海龙　北京工商大学传媒与设计学院新闻系副教授、博士

陈思宏　北京工商大学传媒与设计学院2019级新闻与传播专业研究生

陈南先　博士，广东技术师范大学文学与传媒学院教授、新闻专业负责人、博士

陈新梁　浙江日报报业集团总编辑办公室

胡　敏　湖南省浏阳市融媒体中心融媒管理调度部（总编室）主任

蒋如松　封面传媒行政人力部副总监

蒋欣如　浙江日报报业集团总编辑办公室

金　波　浙江日报报业集团副总编辑、党委委员

李　玲　中国工业经济联合会中国工业企业社会责任研究智库专家

李晓玲　昆明广播电视台记者

李友华　洪湖市副媒体中心副主任、记者

李云芳　澎湃新闻编委，澎湃新闻湖北疫情前方报道组领队

李文竹　中国新闻出版研究院传媒研究所博士

刘建华　中国新闻出版研究院传媒研究所研究员、博士

刘　敏　云南警官学院学报编辑部副编审、博士

刘小三　西藏民族大学新闻与传播学院教授、博士

龙章平　湖南省浏阳市融媒体中心总编辑

卢剑锋　中国新闻出版研究院传媒研究所副研究员

马　贤　宁夏自治区贺兰县融媒体中心主任

梅　婕	华中科技大学医药卫生管理学院硕士研究生
孟　倩	网易传媒集团科技频道高级记者
申玲玲	西北政法大学网络与新媒体系主任、副教授、博士后
王更喜	国家互联网应急中心、副研究员
王清华	西藏民族大学新闻与传播专业硕士研究生
王晓伟	长兴传媒集团总编辑，浙江省记协副主席
吴文汐	东北师范大学传媒科学学院公共传播与社会治理研究中心主任，新闻系副教授、博士
徐　旻	湖南省浏阳市融媒体中心记者
许天敏	福建师范大学 2019 级新闻学研究生
闫晋瑛	西安欧亚学院文化传媒学院执行院长、副教授
杨　姣	云南大学滇池学院人文学院副院长、副教授
杨青山	云南财经大学传媒学院党委副书记兼新闻系主任、副教授、硕士生导师
于秀娟	国家广电总局发展研究中心政策所负责人、博士后
于重榕	云南美术出版社办公室主任、编审
曾　彧	湖北省洪湖市融媒体中心副主任、记者
张　华	封面传媒副总经理，技术委员会主任
张　勤	华北电力大学人文学院广告教研室主任、副教授、博士
张　韦	华中科技大学医药卫生管理学院讲师、博士
朱昊敏	云南财经大学新闻与传播 2018 级专业硕士研究生
朱松林	安徽财经大学文学院副院长、教授、博士

主编简介

黄晓新

男,湖北洪湖人,武汉大学图书情报学院硕士研究生毕业。现任中国新闻出版研究院党委书记、副院长,中国编辑学会副会长。曾在福建师范大学任教,现为该校客座教授。历任原国家新闻出版总署印刷复制管理司副司长、反非法和违禁出版物司副司长,挂职任新疆维吾尔自治区新闻出版广电(版权)局党组成员、副局长(正厅长级)。参与组织实施并主编大型历史文献丛书《新疆文库》重点出版工程,策划、主编《画说史记》《文化市场管理实务全书》和《中国传媒融合创新报告》《中国传媒社会责任报告》《中国印刷业发展报告》系列蓝皮书等。著有《阅读社会学》(人民出版社2019年版)。在《中国出版》《图书情报知识》《出版发行研究》等刊上发表论文近60篇,多篇论文被《新华文摘》和人大报刊复印资料全文转载。

刘建华

男,中国新闻出版研究院传媒研究所执行所长、研究员。中国社科院文化研究中心博士后,中国人民大学传媒经济学博士,中国记协新媒体委员会专家委员,中央国家机关书法家协会会员,中国新闻出版书法家协会会员,中华诗词学会会员,安徽财经大学新闻传播系兼职教授。出版学术著作《对外文化贸易研究》《传媒国际贸易与文化差异规避》《舆情消长与边疆社会稳定》等书近20部,《一本书学会新闻采写》(6部)系列丛书主编,在人民日报、光明日报、现代传播等媒体发表论文120余篇。主持和参与国家及省部级课题近70余项,多篇论文被《新华文摘》、人大报刊复印资料《新闻与传播》等媒体全文转载。研究方向为新闻舆情理论、媒体融合、书法符号传播、传媒经济和文化产业等。

李文竹

女，山东德州人，中国新闻出版研究院传媒研究所助理研究员，中国人民大学新闻学博士，主要从事新闻传播理论，环境传播研究。

前 言

"中国传媒社会责任研究"课题是中央级公益性科研院所基本科研业务费专项资金资助项目，是中国新闻出版研究院的重要研究课题，《中国传媒社会责任·媒体抗疫研究报告（2020）》一书是该课题的研究成果。2017—2018年间，中国新闻出版研究院已先后推出《中国传媒社会责任研究（2016—2017）》《中国传媒社会责任研究报告（2017—2018）》，得到政府、业界与学界的一致肯定与好评。今年继续推出的《中国传媒社会责任·媒体抗疫研究报告（2020）》是全面反映2020年我国传媒社会责任理论和实践的传媒蓝皮书，本课题通过对不同类型中国传媒在突发公共卫生事件报道中的社会责任履责情况进行分析，力求寻找中国传媒社会责任执行力提升的路径，使传媒真正做到成风化人、凝心聚气，最终促进传媒的社会效益与经济效益双丰收，为传媒研究开辟了新领域、新视角与新路径。

本书由主报告与专题报告组成。主报告分析了我国传媒抗疫报道的主要表现，归纳了我国传媒抗疫报道的经验和存在的不足，为提升我国传媒在重大突发公共事件中社会责任执行力提出了建议；专题报告包括中央级全国性媒体、省市级传统媒体，互联网新媒体，新闻时政类期刊媒体，县级融媒体中心和年度观察六个篇章。其中中央级全国性媒体篇包括人民日报抗疫报道研究报告，中央广播电视总台抗疫报道研究报告；省市级传统媒体篇包括新京报抗疫报道研究报告，湖北广电抗疫报道研究报告，长江日报抗疫报道研究报告，浙报集团抗疫报道研究报告，南方都市报抗疫报道研究报告，黑龙江日报抗疫报道研究报告，西藏日报抗疫报道研究报告；互联网新媒体篇包括上海东方网抗疫报道研究报告，腾讯抗疫报道研究报告，澎湃新闻抗疫报道研究报告，封面新闻抗疫报道研究报告，丁香医生抗疫报道研究报告；新闻时政类期刊媒体篇包括中国新闻周刊抗疫报道研究报告，财新周刊抗疫报道研究报告，三联生活周刊抗疫报道研究报告，第一财经日报抗疫报道研究报告；县级融媒体中心篇包括长兴传媒集团抗疫报道研究报告，洪湖市融媒体中心抗疫报道研究报告，浏阳市融媒体中心抗疫报道研究报告，贺兰县融媒体中心抗疫报道研究报告；年度观察包括流行病传播教育：一种乡村疫情防控的"永坊模式"和抗疫题材纪录片讲好抗疫故事，回应基层与国际关切。

在此，对参与本书撰写的各位专家学者所付出的辛勤劳动和大力支持表示诚挚的谢意。

《中国传媒社会责任研究》课题组

2020 年 8 月 20 日

目 录

主报告 / 001

第一章　我国传媒抗疫报道主要表现、经验、不足与对策建议 / 003
　　第一节　我国传媒抗疫报道的主要表现 / 004
　　第二节　我国传媒抗疫报道的经验 / 013
　　第三节　我国传媒抗疫报道的不足 / 016
　　第四节　提升我国传媒在重大突发公共事件中社会责任执行力的建议 / 019

专题报告·中央级全国性媒体篇 / 025

第二章　人民日报抗疫报道研究报告 / 027
　　第一节　人民日报基本情况 / 027
　　第二节　人民日报抗疫基本做法 / 028
　　第三节　人民日报抗疫报道中的成功经验与问题不足 / 035
　　第四节　人民日报如何在突发重大公共卫生事件中开展有效报道引导舆论 / 037

第三章　中央广播电视总台抗疫报道研究报告 / 039
　　第一节　中央广播电视总台概况 / 039
　　第二节　中央广播电视总台新冠肺炎疫情报道中社会责任的履行情况 / 040
　　第三节　重大突发公共卫生事件中总台社会责任坚持与提升的方向 / 048

专题报告·省市级传统媒体篇 / 051

第四章　新京报抗疫报道研究报告 / 052
　　第一节　新京报概况 / 052
　　第二节　新京报全景报道疫情 / 053
　　第三节　新京报抗疫报道成功经验 / 060
　　第四节　对重大公共卫生事件报道中媒体舆论引导的启示 / 062

第五章　湖北广电抗疫报道研究报告 / 064
　　第一节　湖北广电发展概况 / 064
　　第二节　湖北广电抗疫报道的内容分析 / 066
　　第三节　湖北广电抗疫报道的成功经验与不足 / 071
　　第四节　对突发重大公共卫生事件报道中媒体舆论引导的启示 / 075

第六章　长江日报抗疫报道研究报告 / 078
　　第一节　长江日报简介 / 078
　　第二节　长江日报抗疫报道研究 / 079
　　第三节　长江日报抗疫报道中的成功经验与不足之处 / 083
　　第四节　长江日报在突发重大公共事件中有效引导舆论的路径研究 / 087

第七章　浙报集团抗疫报道研究报告 / 091
　　第一节　浙报集团简介 / 091
　　第二节　浙报集团抗疫报道中的做法与探索 / 092
　　第三节　浙报集团抗疫报道中的经验与不足 / 098

第八章　南方都市报抗疫报道研究报告 / 101
　　第一节　落实习近平指示精神　营造全面战"疫"舆论氛围 / 102
　　第二节　歌颂白衣天使　传递人间大爱 / 104

第三节　人类守望相助　爱心跨越国界 / 106

第四节　社区防控严密　义工精神可嘉 / 107

第五节　宣传复工复产　助力脱贫攻坚 / 109

第六节　南都抗疫战法　业界榜样标杆 / 110

第九章　黑龙江日报抗疫报道研究报告 / 113

第一节　黑龙江日报简介 / 113

第二节　黑龙江日报的疫情报道分析 / 114

第三节　黑龙江日报在抗疫报道中的成功经验与问题不足 / 119

第四节　突发重大公共卫生事件如何进行有效报道与舆论引导 / 122

第十章　西藏日报抗疫报道研究报告 / 124

第一节　西藏日报媒体概况 / 125

第二节　疫情防控中西藏日报的社会责任现状 / 125

第三节　西藏日报抗疫报道的不足及建议 / 130

专题报告·互联网新媒体篇 / 135

第十一章　东方网抗疫报道研究报告 / 136

第一节　以网络集群推动媒体技术发展 / 136

第二节　发挥地方媒体凝聚力　彰显社会责任 / 138

第三节　东方网抗疫报道的成功经验与问题不足 / 141

第四节　突发重大公共卫生事件中的舆论引导 / 144

第十二章　腾讯抗疫报道研究报告 / 146

第一节　腾讯基本情况 / 146

第二节　腾讯抗疫基本情况 / 147

第三节 抗疫报道中的成功经验与问题不足 / 153
第四节 媒体如何在突发重大公共卫生事件中开展有效报道引导舆论 / 155

第十三章 澎湃新闻抗疫报道研究报告 / 157
第一节 澎湃新闻简介及武汉疫情报道概况 / 157
第二节 关于澎湃新闻武汉抗疫报道的四个阶段 / 158
第三节 澎湃新闻抗疫报道的五项工作 / 160
第四节 澎湃新闻抗疫报道的成功经验与不足之处 / 163
第五节 有效引导舆论的四点实践 / 166

第十四章 封面新闻抗疫报道研究报告 / 168
第一节 封面新闻简介 / 168
第二节 封面新闻抗疫报道工作的主责担当 / 169
第三节 封面传媒抗疫报道工作的创新亮点 / 173
第四节 封面新闻抗疫报道工作的经验 / 177

第十五章 丁香医生抗疫报道研究报告 / 179
第一节 丁香医生基本情况 / 179
第二节 健康传播"七巧板" / 180
第三节 丁香医生健康传播的特点 / 182
第四节 对丁香医生改进健康传播的建议 / 184

专题报告·新闻时政类期刊媒体篇 / 186

第十六章 中国新闻周刊抗疫报道研究报告 / 187
第一节 中国新闻周刊基本情况 / 187
第二节 中国新闻周刊抗疫报道基本做法 / 188

第三节　中国新闻周刊抗疫报道成功经验与不足 / 195
　　第四节　开展有效报道引导舆论的有效路径和方法 / 197

第十七章　财新周刊抗疫报道研究报告 / 199
　　第一节　财新周刊基本情况 / 199
　　第二节　财新周刊疫情报道的社会责任意识 / 201
　　第三节　财新周刊疫情报道评析 / 205

第十八章　三联生活周刊抗疫报道研究报告 / 209
　　第一节　三联生活周刊简介 / 209
　　第二节　三联生活周刊媒体抗疫基本做法 / 210
　　第三节　三联生活周刊抗疫报道中的成功经验与不足 / 216
　　第四节　媒体如何在突发重大公共卫生事件中开展有效报道引导舆论 / 216

第十九章　第一财经日报抗疫报道研究报告 / 219
　　第一节　第一财经日报发展背景 / 219
　　第二节　第一财经日报抗疫报道特点 / 220
　　第三节　第一财经日报抗疫报道的成功经验与不足 / 225
　　第四节　媒体如何在突发重大公共卫生事件中引导舆论 / 228

专题报告·县级融媒体中心篇 / 230

第二十章　长兴传媒集团抗疫报道研究报告 / 231
　　第一节　恪尽职守，筑牢舆论宣传阵地 / 231
　　第二节　勇于担当，体现媒体人文关怀责任 / 234
　　第三节　精准智控，提升媒体战"疫"助力 / 238
　　第四节　战"疫"收获 / 239

第五节 战"疫"感悟和下一步举措 / 242

第二十一章 洪湖市融媒体中心抗疫报道研究报告 / 246
第一节 洪湖市融媒体中心基本情况 / 246
第二节 洪湖市融媒体中心抗疫报道中的社会责任履行情况 / 247
第三节 洪湖市融媒体抗疫报道中的经验和不足 / 254
第四节 县级区域融媒体在重大公共卫生事件的基层稳定器作用 / 258

第二十二章 浏阳市融媒体中心抗疫报道研究报告 / 259
第一节 浏阳市融媒体中心简介 / 259
第二节 浏阳市融媒体中心在抗疫大考中的实践 / 260
第三节 浏阳市融媒体中心抗疫报道代表性作品分析 / 265
第四节 浏阳市融媒体中心抗疫报道的启示 / 268

第二十三章 贺兰县融媒体中心抗疫报道研究报告 / 270
第一节 媒体简介 / 270
第二节 主要做法 / 271

专题报告·年度观察 / 277

第二十四章 流行病传播教育：一种乡村疫情防控的"永坊模式" / 278
第一节 一个堡垒 / 279
第二节 一套机制 / 280
第三节 一村战士 / 281
第四节 一方爱心 / 283
第五节 一致共识 / 284

第二十五章　抗疫题材纪录片讲好抗疫故事，回应国际关切 / 287
　　第一节　善于发动普通百姓参与，多角度塑造中国人群像 / 287
　　第二节　善用视频日记体形式，微观叙事汇聚成抗疫史诗 / 288
　　第三节　善于运用外国人旁观者视角，回应国际关切 / 289
　　第四节　善于在国际舆论场发声，为中国抗疫正名 / 290

第二十五章　参考文献 / 292

主报告

第一章 我国传媒抗疫报道主要表现、经验、不足与对策建议

黄晓新　刘建华　李文竹[①]

2020年新春，一场突如其来的新冠肺炎疫情在神州大地肆虐，在这场针对疫情的全民阻击战中，新闻媒体积极履行了自身的职责，在信息的提供、知识的普及和社会舆论的监督与引导等方面发挥着极其重要的作用，在充分践行新闻媒体社会责任的同时也为我们提供了媒体应对重大突发公共卫生事件的宝贵经验。本文分析和梳理了新闻媒体在抗疫报道中的主要实践，力求完整勾勒这一百年难遇的新冠肺炎肆虐下的中国社会图景，为后人了解与研究媒体抗疫报道提供一个历史的文献记录，并对如何提升媒体在重大突发危机事件中的社会责任执行力提出相应的对策建议。

当今世界经济快速发展，危机频发，从某种意义上说，危机是恶化与转化的分水岭，但就危机传播而言，舆论引导是危机朝"好"或"坏"方向发展的"催化剂"。在危机事件中，多变和失真失衡的碎片化信息散落在各种传播载体和路径上。由于在危机事件发生时，公众对其相关信息的需求尤为强烈，社会的各种变动也推动着一系列复杂舆论的形成，从而加大了引导舆论和维护社会稳定的难度。此外，由于在危机状态下，传统的即定秩序和社会机制在某种程度上遭受了破坏，这一切都迫切需要政府的主导作用和媒体的公共平台作用的发挥，即通过对危机传播中舆论引导原则的践行，来做好危机各个时段的舆论引导工作，从而顺利解决现有危机，并防范新的危机的发生，

[①] 黄晓新，中国新闻出版研究院党委书记、副院长；刘建华，中国新闻出版研究院传媒研究所执行所长、研究员；李文竹，中国新闻出版研究院传媒研究所博士。

最终达到实现和维护好广大人民群众的根本利益。因此，在危机传播中，把握危机传播的特点进行正确的引导，能够最大限度地减轻危机造成的负面影响，成为将危机引向良性发展轨道的领航员，从而起到化解危机的作用。在此背景下，由于新闻媒体所具有的教育公众，引导社会舆论和推动社会发展的重要作用，新闻媒体在突发危机事件中社会责任的践行已经被提到一个前所未有的高度。因此，作为社会各方的角力场，媒体在危机事件发生时，遵循新闻规律，做好舆论引导，成为消除危害、规范活动、维护国家安全和社会秩序的重要环节，也是媒体社会责任履行的重要体现。2020年初的新冠肺炎疫情成为对媒体的一场大考。在各种非理性因素充斥的舆论中，媒体如何通过将理性的声音注入混杂的社会舆论之中，通过对相关信息的组织、选择和报道来引导舆论的正向发展，是关系到其履行自身的社会责任的重要议题。在此，本文对我国媒体在抗疫宣传报道方面的做法进行梳理和总结，力求完整勾勒百年难遇新冠肺炎肆虐下的危机传播图景，以期给媒体和有关管理部门提出了有针对性的对策建议。

第一节　我国传媒抗疫报道的主要表现

一、及时准确真实报道疫情，缓解社会恐慌化解舆论危机

在危机事件发生时，及时发布和客观报道信息是新闻媒体的首要职责。在此次新冠疫情的相关报道中，我国的新闻媒体在第一时间作出反应，一些媒体更是迅速深入一线进行现场报道。在这里，一些优秀的市场化媒体在对此次事件的关注和深度挖掘等方面反应较为迅速，如，第一财经最早对国内确认武汉发生不明原因肺炎进行了媒体报道，财新、中国新闻周刊、新京报、南方周末、21世纪经济报道、澎湃、界面、每日经济新闻、三联生活周刊等媒体则第一时间派出记者前往武汉，精心挖掘各种信息，结合一线记者观察与各种实地调查采访，推出大量反映抗疫的实际情况和民众的生活现状的深度报道，对疫情作出立体多元的充分解读。如新京报《记者凌晨探访武汉发热门诊：一天数百人，三点排长龙》，记录了记者凌晨到定点医院取号排队，等待四个小时的亲身经历。三联生活周刊的《现场|武汉新型肺炎：为何直到今天才引起更大注意？》一文，采访了华南海鲜市场的商贩夫妇患了新型肺炎后的就诊过程。

与此同时，以中央电视台，新华社，中央广播电视总台等为代表的央媒，开辟了

专门板块及时更新疫情数据。在疫情初期人们对新冠肺炎的知识了解较少、存在疑虑的时候，1月20日晚的央视"新闻1+1"节目及时回应社会关切，通过直播连线国家卫健委高级别专家组组长钟南山院士，发布新冠肺炎确定"人传人"的特性，提高了社会对新冠疫情防控的重视。中央电视台还利用其在微博、抖音等的新闻公号实时发布有关疫情治疗进展的重要消息，如《武汉火神山医院开始收治首批患者》《好消息！中科院武汉病毒所筛出能较好抑制新冠病毒药物》等，使广大受众可在第一时间获取疫情相关的信息，起到了消除心理恐慌、缓解社会矛盾的作用。

各级地方媒体也相应开启了新冠疫情的直播报道，1月26日起，浙江卫视开启直播模式，每日5个时段播出"众志成城防控疫情"直播节目；1月27日，东方卫视在晚间时段推出"全力抗击新型冠状病毒肺炎疫情特别报道"直播节目；江苏卫视在中午时段开设"抗疫特别报道"直播节目。这些直播报道集合了速度、深度和温度，及时报道了疫情相关信息，有效保障了公众的知情权，缓解了人们的紧张情绪，取得了全网传播的良好效果，有效推动了防疫工作的顺利进行。

二、宣传报道总书记讲话批示，传播权威信息进行价值引导

在危机传播中，传播权威信息，进行正向、有力的价值引导具有极其重要的作用。在此次新冠疫情发生过程中，我国媒体在及时准确报道疫情信息的同时，充分发挥媒体作用，对习近平总书记的讲话批示进行全面深入的精细解读，对党中央的决策和部署进行分析和宣传，力求通过价值引导来缓解社会恐慌，化解舆论危机，坚定人民群众的抗疫必胜信心，表现出负责任的媒体精神和专业的媒体品格。

如在这场疫情防控的人民战争中，中央党媒在价值引导方面走在前列，例如，中央广播电视总台各频道、频率运用全媒体矩阵对党中央和习近平总书记的指示精神进行传达，2月初，央视网的《重视疫情期间防护 习近平这样示范》对习近平总书记在北京深入基层、了解基层疫情防控工作情况进行报道；自1月22日起，人民网建立"人民网防控疫情报道平台"，将防控疫情报道纳入"中央厨房"机制，围绕习近平总书记重要指示精神发布权威信息。新华网的《疫情影响生产生活怎么办，习近平强力部署》对国家疫情防控决策部署进行阐释。在《习近平总书记这样指挥战"疫"》主题报道中，新华网对习近平总书记统筹国内国外两个大局，指挥新冠肺炎疫情防控

和经济社会发展工作两个战场进行报道。同时，人民日报也深入贯彻习近平总书记的讲话精神，全面投入到宣传报道工作中去，在新闻报道和评论等方面加强选题策划，发布权威信息，并结合新媒体开展融合报道，充分发挥其舆论引导和旗帜引领的作用，力求提高传播效果。人民网策划了《战"疫"中国策：九字诀看习近平如何布局"双线战役"》系列报道，梳理了我国战"疫"积累起来的经验做法，体现了我国社会制度的优越性。

同样，地方党媒也根据自身平台优势，积极解读中央会议信号，严格落实党中央决策部署。如浙江日报浓墨重彩地做好对习近平总书记重要讲话精神的宣传，传递落实疫情防控的战略部署，通过对权威声音的传递增强全民抗疫的信心。东方网一直关注全国和上海本地疫情情况，对上海市政府新闻发布会疫情通报会和国务院联防联控机制新闻发布会进行全程直播，及时更新疫情信息，彰显了其客观性和权威性，助力防疫工作的推行。

三、进行建设性舆论监督，推动政府危机管理水平提升

从某种意义上说，危机事件正是考察政府管理能力的一场大考，为政府管理提出了考验。身处危机中的公众更加关心政府的作为、官员的履职能力、政府危机管理的效果和效率。在此，媒体建设性的舆论监督正是代表了在这一特殊时期人民群众的愿望和要求，是危机传播中重要的一环，也是新闻工作职责的重要体现。

在疫情发生初始，媒体对于武汉市政府部分领导干部在疫情处置中出现的问题予以揭露，包括在疫情蔓延态势中仍举办"万人宴""团拜会"等。央视网《"万人宴"变成"鸿门宴"的悲剧绝不容许重演》、南方周末《百步亭社区："万人宴"成为众矢之的后》。此后，媒体又将目光转向抗疫过程中存在的形式主义问题，官方媒体在微信平台上发声，抨击各类奇葩行为。如光明网微信公号《填报抗疫、集中宣誓、拍照作秀，这些抗疫中的形式主义你都遇见过吗？》，在此之后，这类形式主义在一些地方开始被全面整治。

同时，在此次抗击疫情的报道中，一些媒体深入疫情一线，进入定点治疗医院深入采访医护人员，了解患者的真实情况，发布了一系列专业的前线深度报道，如中国经营报《120一线护士：拉着病人却送不进医院｜武汉肺炎亲历》，描述了当时武汉

医院床位和防护用品缺乏的真实情况。

在疫情的发展过程中，媒体对职能部门履职情况进行关注和报道，1月27日，在几场错误百出的新闻发布会后，财新的《武汉市长承认前期信息披露不及时》一文揭示了湖北的一些领导干部履职不力的问题。1月29日，在中央督查指导组赴湖北黄冈督查时，当地卫健委主任唐志红对疫情防控情况"一问三不知"，这件事引发了媒体的关注报道，最终唐志红被黄冈市委免职处理。新京报的监督类报道视角新颖、内容详实，其《疫情下的"野味"有商家转场网络挂靠资质"洗白"》，揭开了疫情之下野生动物贩卖商的生意门路。对于武汉红十字会效率低下的官僚作风，财新《武汉红会仓库直击：堆满物资，多家医院等数小时领到少许》的报道引发了社会的广泛关注。媒体的舆论监督揭露了当时存在的问题，客观上推动了政府对危机应对工作的改进，从而有效促进了危机事件的解决。

四、深度报道医护人员感人事迹，用暖心故事鼓舞士气民心

危机传播中，传播充满正能量的感人故事能够鼓舞士气，使人民群众坚定了必胜的信念，收获了克服困难的信心和勇气。此次新冠疫情来势凶猛，尤其是疫情之初，处于风暴眼的武汉面临着非常大的压力。而正是在困难重重的时刻，社会上涌现出大量的感人事迹，医护人员的尽职尽责和各方志愿者的奉献精神，深深感动着人们的心。

各类中央党媒对这些事迹进行了广泛报道，通过正面报道来影响受众，鼓舞士气；通过对焦点话题进行引导，彰显正确的舆论导向和价值取向。如人民日报武汉前方报道组的记者们不畏艰险，采写了一系列感人至深的稿件，展现了医护人员可歌可泣的感人事迹和不怕牺牲的光辉形象，包括《冲锋，这里就是战场！——记抗疫一线的军队医护人员》《致敬！逆行的"白衣战士"！》等。同时，他们还以鲜活生动的笔触讴歌了在压力下坚强面对的武汉人民，如《英雄的城市英雄的人民——献给疫情防控斗争中的武汉人民》等。1月29日起，央广中国之声推出疫情特别节目"天使日记"，以语音自述的形式，记录了一线医护人员的日常工作状况。

财新、三联生活周刊等市场类媒体从不同角度对一线医护人员进行报道，其报道细节丰富、内容具体，使读者了解到疫情一线鲜活的实际情况。如财新摄影报道《除夕的武汉隔离病房：有人工作七小时不吃不喝,有人母亲手术无法陪同》以图片的形式，

展示了一线医护人员除夕的工作情况。界面《武汉隔离病房里的除夕夜》记录了武汉大学中南医院的医护人员除夕吃盒饭、给隔离病人送饭的场景。

对医护人员的关注和报道也是地方媒体抗疫报道中的重要主题。东方网派出记者对湖北医疗队的事迹进行报道，以特写的方式描写了武汉方舱医院中的感人故事。例如，《百人高呼"嫁给他"！援鄂护士归来遇青梅竹马男友求婚》《上海与武汉，两座城市同一款落日余晖，同一种希望梦想》等，使群众全面了解了上海援鄂医疗队的工作和生活。作为互联网传播新生态链条的一分子，地市级媒体主动积极融入，频频发声，如2月24日，黄冈市、罗田县电视台联手，对山东首批援助湖北医疗队在罗田县的休整进行全程拍摄，推出《以最高礼节欢迎最亲的人，感恩山东医疗队无畏支援黄冈》的短视频。这些报道温暖了人心，增加了人们战胜困难的信心。

五、组织联防联控报道，协助疫情防控机制建立

为应对此次疫情，2020年1月21日，国家卫生健康委牵头建立了联防联控工作机制，下设疫情防控、医疗救治、外事、宣传等工作组，明确职责，形成疫情防控的有效合力。在各级政府联防联控工作机制中，媒体宣传是其中重要的一环。迄今为止，国务院应对新冠疫情联防联控机制已经举办了一百多场新闻发布会，对各个时段疫情期间的核心问题进行解答，各方媒体对此进行了及时和深入的报道，有效促进了信息公开和疫情科学防控机制的建立。

习近平总书记指出，社区是疫情联防联控的第一线，也是外防输入、内防扩散最有效的防线。在疫情报道中，地市级媒体着力于社区疫情的联防联控工作的典型报道，对一线工作人员为阻断疫情蔓延、构筑安全防线的防疫工作进行浓墨重彩的报道，生动展示在这场战斗中发生的暖心故事、先进典型。如浙江卫视新闻采编人员奔赴防疫抗疫第一线，深入社区村落，把镜头对准基层的党员干部，力求全面反映各级党委政府疫情防控的科学部署和人民群众联防联控的有效举措。同时，农村地域广阔，群众防护意识较弱，新媒体的接入比例较低，一些年龄较大的村民很难通过网络媒体获取防护指引。为打通基层疫情防控宣传中的"最后一公里"，各地融媒体中心积极行动起来，运用"村村通""村村响"等广播系统快速传达信息，正确引导舆论，传播防疫知识。如中国电信的农村综合信息服务平台"村村享"在加强乡村的联防联动和群

防群控中发挥了积极作用。由于其对大数据、人工智能等技术的运用，目前的服务平台在功能上已经远超传统的农村广播系统，通过其一键喊话的大喇叭功能，重要的疫情信息和防控要求能够得到循环播放，从而使村民得到重点信息的反复宣教，起到重要的警示作用，这为乡村防疫屏障的筑立和稳定安宁的维护起到了不可或缺的作用。自新冠疫情发生以来，江苏江阴周庄宗言村利用全省第一套智慧广播系统进行定时自动和应急的疫情信息播发，不同的广播音箱还可以按需要播放不同内容，极大助力了疫情的防控。云南各县、乡、村通过电信的"应急广播"平台对防疫知识进行播报，通过通俗易懂的形式，使人民群众及时了解疫情、防疫要求和防治方法，成为防控的一大利器。湖北省汉川市已建成一个市级平台、26个乡镇平台及589个村级平台，拥有广播终端4100只。广东广电网络揭阳分公司利用"村村通"应急广播系统，每天3个时段，利用省、市、县、镇、村五级联网的5673个应急广播终端、27个户外大屏，向全市8县（市、区）、92个镇（街）、1627个村（居）定时播发防疫信息，在这一次次的"喊话"和"劝告"中，人们的疫情防范意识有了明显的提升。

六、报道群众居家抗疫情况，开启慢直播、倡导正能量

在此次抗疫行动的关键时期，作为突发危机事件报道的主体，新闻媒体担负着抚慰民众、动员社会等重要使命。国内的主流媒体全力承担起了这一使命，战斗在抗疫的一线，及时发布信息，回应社会关切。为了凝聚人心、鼓舞士气、营造良好的舆论氛围，我国主流媒体坚持以人民为中心的工作方针，将镜头和话筒对准普通人民群众，记录平凡人中的伟大，传递疫情严峻形势背后的人性的美好，展现了群众对于疫情的心理变化，同时也展示了全国人民在困难面前不畏艰辛、同舟共济、共克时艰的精神品格。地市级媒体报道了大量群众抗疫的场景，如宜宾日报《我市花样创新让群众抗疫不无聊》、华商报《抗疫工作者李晓华：居家隔离群众的"知心大姐"》、中国江西网《万众一心筑"防护墙"　群众注入温暖力量》等，在壮大主流舆论、深化社会宣传的同时引导人们少聚集、防疫情。

同时，新媒体在聚焦普通人、传播正能量中起到了非常重要的作用。抖音上可以看到大量社区发起的活动视频，展示了丰富多彩的充满正面导向的市民居家生活场景。媒体的新媒体公号通过对一些有趣逸事的分享，帮助市民树立良好的情绪，避免负面

情绪影响，鼓舞了前线的士气。

值得关注的是，此次疫情期间，广电媒体在提供专业化直播的同时，借助新媒体和网络直播平台开启了慢直播，为公众提供全程性的疫情信息。如1月27日，中央广播电视总台新媒体平台央视频App推出"疫情二十四小时"专题，24小时不间断播出武汉雷神山、火神山两家医院建设的现场施工画面；央视新闻推出的《云守护武汉监护室里出生14天石榴宝宝》，吸引了众多"云爸云妈"们在直播间里实时关注小石榴的病情。这现象级的传播数据，彰显出了主流媒体融合创新的能力，也有利于凝聚民心、鼓足信心，实现了舆论对正能量的关注。

七、对志愿者进行典型报道，记录抗疫战役中的闪光风景

作为一种美德伦理，志愿者精神中蕴含着极丰富的道德内涵，其中的公益与奉献具有温暖整个社会的力量。在这段疫情肆虐的特殊时期，志愿者如同城市的毛细血管，连结着城市的血脉。疫情期间，志愿者们从未缺席，困难帮扶、心理疏导，到处可以看到他们的身影，他们用实际行动筑起所在城市最温暖的防线，成为抗疫战线中的独特风景。他们的身影，也被我们的新闻媒体捕捉，成为鼓舞人们的重要力量。

在此次战"疫"报道中，新闻媒体深入志愿者队伍中，采写了他们的动人故事，2020年3月6日，中央广播电视总台央视社会与法频道"现场"栏目进行了网络直播报道《抗疫前线法治报道 | 武汉：志愿者抗疫纪实》，央视频等20余家平台同步直播，与武汉的志愿者来了场"荧屏之约"。快递小哥汪勇在疫情的风暴中心武汉，冒着重重风险，协助解决医护人员的出行交通、用餐及各种日常事务，成为医护人员的"大管家"，多家媒体对他的事迹进行报道，如澎湃《疫情风暴中心的"生命摆渡人"：快递小哥汪勇的逆袭之路》《快递小哥汪勇：每个付出的人都是英雄》、中国青年报《"超人"汪勇：你来保护武汉 我来保护你》、央视网《"组局人"汪勇：前线医护人员背后的守护者》、荆楚网《摆渡生命 守护英雄——快递哥汪勇讲述的战"疫"故事》等。

新华网的《绘就亮丽的"志愿红"——湖北黄冈疫情防控志愿者群体素描》、中新网《为居民送药的武汉社区志愿者》、央视网《战疫情特别报道·武汉有我志愿者满彩美：我在方舱医院做保洁》等……描述了在抗击疫情中，疫情期间坚持工作的快

递小哥、以马路为主战场的环卫工人、主动请缨前往方舱医院工作的保洁人员、为隔离的居民买药送药的志愿者,以及运送防疫物资、接送医护人员上下班的司机师傅等这些志愿者群体的艰苦付出。随着一个个感动人心的故事在媒体上传播、在人群中传递、在人心中扎根,人们看到了这些冲在前沿的志愿者们闪亮的心,人们增加了战胜困难的勇气和必胜的信心。

八、深化国际支援抗疫报道,彰显华人华侨家国情怀

自新冠疫情发生初始,国内的疫情就牵动着众多海外华人的心,为国家抗击新冠疫情贡献一份力量已经成为海外华人共同的心愿。在防护用品和医疗器材短缺的情况下,世界各地的华侨华人纷纷行动起来,购买口罩等防护品寄往国内。各大媒体也纷纷聚焦于华侨华人的爱国行为,对此进行专题报道。

网络媒体在深化国际支援抗疫报道中起到了重要作用。澎湃的《抗击疫情·华侨隔海援助|海外赤子之心!(独家)》专题报道了疫情期间,澳大利亚海外华人对国内的无私援助。环球网推出《中华好儿女——海外华人华侨及留学人员援助中国抗击疫情纪实》系列报道,充分描述了在这场战役中,海外华人对祖国深沉的爱。腾讯网在《面对歧视与争议,海外华人两度越洋援助》中,尤其提及了身处纽约的湖北同乡如何援助国内抗疫的故事。此外还有中国网的视频报道《共抗疫情 海外华侨华人与祖国在一起》、中新社—华舆《家国有殇筹物资,大爱无疆打全场——2020葡萄牙华人携手同心抗击疫情全纪实》、新华网《世界多地华侨华人助力抗击疫情》等,这些报道感动了千万人的心,见证了海外华人华侨在抗击疫情中的付出和他们心系祖国的一份热诚。

疫情期间,很多人注意到这样一则新闻:在一趟从内罗毕飞往广州的航班CZ634上,整个飞机座位上空无一人,全是华人同胞们捐赠的医用口罩。在三湘都市报发表这则新闻《共同战"疫"|回国飞机座位上"坐"满口罩,这一幕打动无数人》之后,很多媒体对这感人的一幕进行转载。这些正能量的抗疫故事鼓舞了士气,极大提升了大家必胜的信心。

九、强调新冠病毒科普报道，消除谣言产生的土壤

由于人们对于新冠病毒的变异、传播规律等并没有完全掌握，这一有限认知水平导致在疫情的发展过程中各种传言此起彼伏，对公众造成了极大的误导，有些甚至扰乱了正常的社会秩序。在这种情况下，新闻媒体运用自身影响力向社会阐释专业知识、传播正确信息便显得非常重要。

在此次疫情报道中，主流媒体力行信息公开的重要职责，在第一时间发布信息，针对人民群众关心的问题进行答疑解惑，帮助群众消除疑虑，起到了阻断谣言传播的作用。如，央视"新闻1+1"直播连线，主持人白岩松每天连线专家对公众关注的热点予以解读，并对当天微博热搜中受到关注的话题作出回应，在一定程度上满足了人们对疫情信息的需求，起到澄清谣言的作用。浙江日报集团联合有关部门打造了官方辟谣平台，联合今日头条等发布了大量权威可信的内容，对公众进行科学引导。丁香医生团队专门推出辟谣专版，发布网民关注率高的内容，帮助澄清事实，辨别谣言，科学认知疫情。自 1 月 23 日起，凤凰新闻生成辟谣日报，将每日常见谣言加以整理，并以图片形式辟谣。丁香医生、阿里健康与腾讯"较真"的辟谣专版还支持用户一键生成图片进行保存与分享。

同时，媒体对有关新冠病毒的相关知识进行科普报道，对焦点话题主动设置议程，帮助公众了解把握科普信息。官方媒体对国家卫健委发布的《新型冠状病毒感染的肺炎防控方案》进行各种方式的解读，如新华网《【图解】新型冠状病毒肺炎怎么预防？快来了解一下！》《新型冠状病毒感染的肺炎防护指南》、央视新闻的《新型冠状病毒感染的肺炎怎么预防？官方指南来了！》等。这些报道通过知识图谱、海报图片等丰富的形式使这一关于疫情防范最权威和专业的信息为受众所知悉，引导受众理性看待疫情，增强自我防护意识。中国广播电视总台联合国家卫健委宣传司推出每部时长 1 分钟左右的系列宣传片，对新冠肺炎疫情的防范知识进行普及，引导公众增强自我防范意识，有效、便捷地传播了防控观念，并指导公众防控的科学操作。

第二节　我国传媒抗疫报道的经验

一、及时发布，客观报道，用权威信息阻断谣言通道

危机事件往往事发突然，出于对自身安全的担忧，公众对危机相关信息会有一种天然的渴求。自2007年11月1日《中华人民共和国突发事件应对法》正式施行以来，信息公开已经成为危机管理的基本原则。英国危机公关专家里杰斯曾提出关于危机处理的"三T原则"，"Tellyourowntale"（以我为主提供情况）、"Tellitfast"（尽快提供情况）、"Tellitall"（提供全部情况）。在危机事件中，作为社会资源掌握者的政府应当迅速利用媒体发布信息，与公众取得沟通，将真实权威的信息告知公众，从而安定社会情绪，制止不良传闻，稳定人心。

在此次抗击疫情过程中，媒体起到了很好的信息沟通作用。自1月22日中央全面布局疫情防控以来，国务院联防联控机制召开了一百多场新闻发布会，针对疫情防控、复工复产、民生保障等问题作出回答，这些权威解答通过报纸、广播电视、互联网、手机客户端等传达到全国公众，在充分保障了公众知情权的同时也赢得了社会各界的信任，规范了疫情应对活动，并消减了公众的心理恐慌，在第一时间控制了危机局势，为疫情的防控奠定了良好的基础。

二、坚持以人为本的报道理念，深化典型报道，加强舆论引导力

在信息传递环节，媒体是将危机相关信息传递给公众的最快捷有效的路径；而在舆论引导环节，媒体则是形成和引导公众舆论的不可替代的平台。在危机状态下，媒体根据舆论的发展，寻求危机治理的关键点，及时判断社会舆情，有针对性地设置议题，深化正面报道和典型报道，引导公众形成合力，引导舆论朝着有利于危机解决的方向发展。媒体在将权威信息及时传递给公众、消除疑虑的同时，能够给予公众以鼓励和支持，帮助他们取得战胜危机的力量和信心。"以人为本"是马克思主义的本质，是社会主义的根本价值目标，是当代共产党人执政理念的集中体现，其基本要求是，始终把实现好、维护好、发展好广大人民群众的根本利益，作为党和国家一切工作的出发点和落脚点。

在这次重大突发公共卫生安全事件中，消极情绪的滋生难以避免，为了传递积极

情绪,在此次抗击疫情的报道中,媒体坚持"以人为本"的报道理念,从公众需求出发,体察民情民意,对人们关注和关心的话题进行深入报道,通过建设性的传播宣传正能量,比如人民日报制作的《最有烟火味的应援!加油,热干面!》原创海报,结合武汉热干面和各地的特色美食为武汉加油,被称为温暖的"治愈系"传播。同时,媒体还多角度多层次地强化正面报道,通过建设性的新闻报道引导社会积极的情绪,为人们提供美好愿景,弥合社会裂痕,促进社会协同,维护社会的安定,如湖北广播电视台垄上频道出品的武汉城市宣传片《爱和希望比病毒蔓延得更快》、新华社《武汉"封城"这七天》等都通过描述武汉的生活场景来弥合武汉与其他城市的隔阂,将希望和力量给予受众。这些报道稳定了民心,动员了民众,帮助人们建立必胜的信心,使各方救援力量在有序的引导中更好地发挥效能,弘扬主旋律,激发正能量。

三、广泛利用新媒体技术,提高传播力、影响力和引导力

目前,以互动式、参与式为特点的网络传播已经对传统新闻传播业带来了深刻变革,涉及内容生产、渠道构建、传播方式等各个环节。此次疫情报道中,传统媒体也适应时代要求,广泛利用新媒体构建传播大平台。

此次疫情报道中,包括中央电视台、人民日报等的官方媒体,利用其在微博、抖音等新媒体平台上的账号进行消息发布,公众足不出户便可获知疫情信息;除了进行常规直播之外,央视综合频道、新闻频道等一方面在"央视新闻"客户端推出24小时不间断"共同战'疫'"直播节目,另一方面联合微博、抖音、快手等社交媒体和短视频直播平台,同步进行直播报道。各大省级广电媒体也与此类短视频直播平台联合推出直播报道,提高信息覆盖面、提升信息传播效果。浙江卫视联合中国蓝新闻App、中国蓝新闻公众号、浙江卫视微博、抖音号等新媒体平台,同步进行了移动端的小屏传播,利用多平台信息共享方式强化时效,提高了传播效果。自1月20日始,北京广播官方微博开始刊发新型冠状病毒相关信息,并同时在包括如抖音、快手、今日头条、网易新闻等11个新媒体平台推动。

近年来,5G、VR、AR等新技术的快速发展提升了新闻传播的体验感。此次新冠肺炎疫情直播报道也利用5G连线、VR全景直播等多种方式来提升用户互动体验。如浙江卫视推出"5G直播连线""'云对话'隔离区"栏目,通过5G技术视频连线

前方记者，为受众提供即时信息；中国广播电视总台新媒体平台"央视频"联合中国电信推出的慢直播更是有效消除了空间距离，带来了沉浸式的观看效果，信息的呈现也更为立体化。

总之，在此次新冠肺炎疫情中，我国媒体报道借助了新的媒体技术，实现了内容和形态方面的多种创新，从而提升了媒体的传播力、影响力和引导力。

四、积极提供公共服务，助力抗疫救助工作

在新冠疫情这类突发公共卫生事件的应对过程中，新闻媒体在提供救助通道方面具有不可或缺的作用，这也是媒体履行其社会责任的重要体现。此次疫情期间，媒体尤其注重这一公共服务职能的落实。比如，人民日报推出了《征集新型冠状病毒肺炎求助者信息》，对求助信息进行收集并反馈到有关部门，为很多救助者提供了及时的帮助，也为提高疫情防控的效率起到了积极的作用。新浪微博自媒体也组织开通了救助信息的征集渠道，为无法得到正规治疗的病患提供了对接平台，起到了信息交流的平台枢纽作用，使很多患者看到希望并得到救治。除此之外，人民网的人民好医生App上的《全国各地发热门诊名单》、财新的《了解你附近的"武汉肺炎"定点医院》，通过多媒体技术搭建了受众与医疗救治之间的桥梁，推动了抗疫救助渠道的畅通。读者可以通过地图定位，了解离自己最近的定点医院位置。另外，通过丁香医生微信公众号、凤凰新闻、支付宝阿里健康、腾讯新闻、财新等的确诊病例实时动态地图服务工具，受众可以实时查询自己所在地的确诊病例情况。同时，通过凤凰新闻客户端增设"患者同程查询工具"、新华社联合搜狗搜索的"新型冠状病毒感染的肺炎患者同程查询"等，读者可以查询自己所乘班次是否有疑似患者，极大助力疫情防控工作。

同时，各级融媒体中心也发挥出强大协同效应，搭建起战"疫"互助系统。长江云TV联手湖北有线网络鳄鱼TV推出"抗疫专享影视包"，向全省500万用户免费推送近百部优质电影电视节目；全国各地电视台也无偿提供优秀影视作品来支援武汉抗疫，湖南广电的芒果TV开启了"春节假期芒果TV免费看"活动，丰富人们的居家抗疫生活。

五、开展舆论监督，释放正向能量，推动危机的解决

在危机治理中需要动用大量的公共资源，政府的各项政策措施也需要逐步落实，这一切都需要建立一套完善的监督机制来保证危机治理效果。在此，通过媒体和公众的监督可以减少或避免不良事件的发生，协助危机治理的圆满完成。建设性的舆论监督是媒体的职责所在，监督并不仅仅意味着批评，而是对监督对象形成一种督促和社会压力，使危机治理能够在法治轨道内运行，保证公权力的正确行使，促成国家政府决策的合力落实，从而维护社会秩序，这极大有利于社会和人民。

此次新冠疫情的应对过程中，媒体对政府行为的监督为防疫机制的建立和完善起到了重要的作用，尤其是我国的一些市场化媒体，如财新、财经、南方周末等，在此次疫情报道中的建设性舆论监督方面沉着发力，在协助解决问题的同时保证了危机应对中的人力、才力、物力效能的发挥，助力于疫情形势的向好发展。

第三节　我国传媒抗疫报道的不足

一、疫情初期的相关报道不够及时

及时准确、公开透明报道是危机传播的基本原则。在突发危机事件中，新闻媒体通过及时准确、公开透明的报道，能够连接起政府、社会和公众，在它们之间搭建起信息沟通的桥梁，帮助公众在第一时间了解疫情信息，认清疫情危害，缓解心理压力，投入疫情应对。但是在此次疫情初期，疫情信息只停留在碎片化信息呈现状态，未引起足够的关注。比如武汉最主要的综合性报纸楚天都市报和武汉晚报，在1月20日之前，对疫情内容的报道篇幅也比较少，且基本都在"规定动作"之内；长江日报作为武汉影响力较大的媒体，12月31日—1月20日只刊登了18篇相关报道，且多为当地卫健委的情况通报。因此，仅仅依赖于自媒体的爆料，加上武汉地方媒体的失声，使疫情未受到公众的重视，也贻误了信息公开的时机。

同时，武汉媒体的后期报道力度依然不足。与其他主流媒体的报道相比，武汉地方媒体在数量、深度与广度方面都明显不足。例如自1月20日至今，楚天都市报网页端每日的更新信息和微信公众号的推动文章多为简单通讯或转载，少有自家采写的

高质量内容。

总之，初期对疫情信息公开报道的缺失在很大程度上降低了公众的防护意识，进而在一定程度上加大了后阶段在疫情防控方面的难度。但值得庆幸的是，随着疫情的发展，媒体的报道迅速跟上，报道涉及疫情变化、医疗救治、公众生活等各方面内容，这些迅速及时有效的报道有力协助了我国整体的疫情防控工作。

二、媒体报道专业性问题显现知识短板

疫情传播的专业性、科学性和权威性，是帮助公众正确认识疫情真相、遏制虚假信息传播、建立有效防范机制的重要条件。因此，疫情报道要在信源、内容、渠道和传播者身份的权威性上下工夫，确保信息源与传播者的权威性和可信度。在此次新冠疫情报道中，由于对新冠病毒和其传播途径缺乏科学的了解，媒体对突发公共卫生事件的报道原则和专业性修养不够，知识储备不足，再加上报道时效性的压力，很多媒体往往是先报道再核实，甚至不核实，就引发了一系列问题。

素养不足，迷信"权威机构"，缺乏对专业问题把控力成为媒体在疫情报道中出现问题的重要原因。1月31日，新华视点首发《上海药物所、武汉病毒所联合发现：双黄连可抑制新型冠状病毒》，随后引发公众的抢购潮。此后，专家及医学人士对这一观点提出了质疑，事实上，没有足够的公开数据能证明双黄连在人体中"可抑制新型冠状病毒"。2月25日，天津津云新闻刊发文章《重磅！天大实验室宣布已经研发出新冠病毒口服疫苗》，更有媒体以《疫苗已经研制成功》为标题进行转载。2月26日，杭州日报微信公众号发表文章《浙江省疾控：喝茶水或有益于预防新冠肺炎！茶水可杀灭并有效抑制细胞内病毒复制》……这些不负责任的信息发布使人们对媒体采编团队的素质产生质疑，极大影响了其公信力。另外，把关不严、出现低级错误的报道可能也会引起严重的后果。在2月11日举行的湖北省人民政府新闻发布会上，湖北省人大常委会副主任、黄冈市委书记刘雪荣在介绍相关防控情况的时候提到"目前排查发现发热病人13000人"，一些媒体将其做成标题推出，致使公众解读为"黄冈有13000多人感染"，引发恐慌情绪的蔓延。将发烧与新冠肺炎等同，极大暴露出某些媒体对医学知识的掌握不足。新闻媒体在科学报道中应当谨慎，时刻怀有敬畏之心，防止出现问题，损害新闻媒体的公信力和影响力。

三、报道价值导向出现偏差

疫情发生以来,广大新闻媒体围绕疫情应对措施、疫情防控知识、疫情发展情况等主题进行报道,以丰富的内容和多样的形式满足了公众的信息需求。但是一些报道失范的问题也同时出现,其中某些报道中价值导向的偏差便是一个重要问题。典型报道通过正面事迹的宣传可以起到鼓舞人心的作用,但是如果在报道的过程中没有把握好度,过度渲染煽情的故事,则可能会起到反作用,不仅无法带来积极影响,反而会遭到质疑和反感。例如此次疫情中有 7 名护士妈妈集体断奶奔赴抗疫前线的报道;有女医护人员驰援湖北前集体剪光头的报道;有高龄老人、贫困老人为抗疫捐出一生积蓄的报道等。须知,疫情中的典型报道要避免过于细碎,情绪化的呈现,避免生硬的表达和刻意煽情的口号式的话语,而忽视受众的心理感受,引发公众的不适情绪。

另外,地方媒体在面对舆论质疑时,如何设置议题也是一个极大的考验。在此次疫情重灾区武汉,当舆论情绪指向地方政府时,2 月 11 日,汉网发出《"疫"流而上,何不多给武汉市长暖暖心》,为武汉市长发声,本意引导舆论换位思考,但由于忽略了疫情爆发以来公众舆论中存在的抵触情绪,反而引发不良影响。

四、对外传播的话语权缺失

作为对外传播的主体,大众传媒承担着一国对外信息传播的职责。美国著名政治学家沙施奈德曾说过,"真正有权利的人,是那些掌握解释权的人"[①]。因此,大众传媒是对外传播中至关重要的主体。此次疫情发生突然,扩散迅速,受到国际社会的密切关注。由于传播路径和语言障碍,国家形象维护等原因,国内媒体很难将自己的声音传遍全球,这在很大程度上影响了我国媒体在疫情报道中的国际影响力,国内受众所看到的那些感人的抗疫故事极少呈现在国外受众的视野中。尤其是在抗疫初期,国际媒体中充斥着对中国傲慢的指责和大量的负面报道,有些国际媒体将此次疫情与 SARS 等病毒联系起来,并质疑中国的早期预警系统并没有起到良好作用,这些折射出了我国媒体在现有对外传播格局下话语权缺失的不利处境。与此同时,我国的对外

---

① 吴旭. "话语权"才是中国奥运的"首金"——兼论"后奥运时代"中国对外传播形势. 对外传播,2008(9).

传播缺乏整体的规划布局，呈现了"集中化"与"片段化"的特征，疫情爆发后，媒体的对外宣传侧重于报道我国防疫的路线等，文本较有局限性，经常以"地方性语言"阐释"世界性意义"，没有考虑到国外受众的特点，因此不容易被接受，在回应西方媒体的攻击时，也无法给受众呈现一个有效的认知。

第四节 提升我国传媒在重大突发公共事件中社会责任执行力的建议

作为公众认识世界的窗口和应对危机的重要助力，新闻媒体在突发危机事件报道中要始终坚持社会效益为先的原则，充分发挥新闻业深度报道与分析优势，通过客观报道进行知识的解读和观点的传播，帮助群众了解事实，把握正确立场。

一、坚持党的领导，将党性原则贯彻于报道之中

新闻出版工作首先必须要坚持党的领导原则，坚持正确的政治方向。2016年2月19日，习近平在党的新闻舆论工作座谈会的讲话进一步论证了新闻舆论工作的党性，他说："坚持党性原则，最根本的是坚持党对新闻舆论工作的领导。党和政府主办的媒体是党和政府的宣传阵地，必须姓党。党的新闻舆论媒体的所有工作，都要体现党的意志、反映党的主张，维护党中央权威。"在危机传播中，新闻媒体要坚持党性原则，充分领会新闻宣传工作应具备的政治素养，在危机事件报道中充分发挥正面宣传鼓舞人、激励人的作用，把弘扬主旋律、传播正能量的报道主线贯彻于新闻报道、理论宣传的实践之中，使主流舆论占据新闻宣传思想的主位，增强主动性、掌握主动权，坚持正确舆论导向，加强新闻报道的舆论引导力。同时，新闻报道也要遵循新闻规律，把握宣传艺术，从受众的实际需求出发，采用有针对性的目标考量，把党和政府的声音传播好，把主流的思想体现好，把人民群众的心声反映好，对政府政策进行深度阐释，帮助群众了解事实，从而提升危机传播的质量与效率，协助促进危机事件的解决。

二、把握正确舆论导向，让主流舆论引领社会共识

把握正确舆论导向，让主流舆论引领社会共识是新闻媒体社会责任履行中的首要

环节。在2016年新闻舆论工作座谈会讲话中,习近平强调"新闻舆论工作各个方面、各个环节都要坚持正确舆论导向",包括不同类型的媒体、不同形式的报道,以及不同的新闻、节目和栏目等,无一例外地都要讲导向[①]。导向是核心、是灵魂,导向出偏差,就会出大问题,这一论断成为新闻工作的基本指针。在新媒体时代,媒体的信息互动方式呈现出多元化的特征,把握舆论引导的主动权、领导权、管理权和话语权具有极大的重要性。随着媒体融合的步伐走向纵深,围绕全媒体建设,我国主流传统媒体和新媒体的合作已经成为解题方向之一,并涌现出了许多新的方式和手段。在此次疫情报道中,我国主流新闻媒体已经在很大程度上实现了媒体的高度融合,全面立体地呈现了此次疫情的全貌,有力提升了媒体的传播力、影响力和引导力。今后的危机事件报道中,新闻媒体要一以贯之地紧跟时代脉搏,充分遵循媒介融合的发展特征和规律,创新传播的方式方法,构筑起高效互动式的议程设置体系,掌握新媒体时代信息传播的主动权和话语权,真实传递党、政府和人民的声音,从而准确把握舆论生态,坚持正确舆论导向,通过发出主流舆论的权威声音来实现对舆论热点的主导和掌控。在当前的形势下,利用不同媒介之间的优势互补,通过创新舆论引导方法和途径,适应分众化、差异化的传播趋势,是加快构建舆论引导新格局、构建融合型的舆论引导新局面的题中之意。

三、尊重新闻规律,创新危机传播的方式方法

2016年2月19日,习近平对人民日报社、新华社、中央电视台等三家中央新闻单位进行调研,并在此后党的新闻舆论工作座谈会时强调,新闻舆论工作要坚持党的领导,坚持正确政治方向,坚持以人民为中心的工作导向,尊重新闻传播规律,创新方法手段,切实提高党的新闻舆论传播力、引导力、影响力、公信力。在危机传播中,创新传播的方式方法尤为重要,新闻媒体是公共价值观最重要的输出者,这就要求新闻媒体把握现代新闻传播规律和新兴媒体发展规律,通过打破旧的观念,转变工作理念,突破传统思维定式,用互联网思维对各种资源进行整合,提高信息传播的有效性

---

① 郑保卫.牢记职责和使命,做好党的新闻舆论工作——学习习近平总书记党的新闻舆论工作"48字要求".中国记者,2016(3).

和传播力。在此次疫情的报道中，很多媒体已经充分利用媒体融合的方式来优化报道方式，利用融媒优势、构建立体式、全覆盖的宣传网络，大力提高了媒体表现内容和形式对受众的吸引力。例如东方网通过新媒体的高度融合来立体呈现此次疫情的全貌和抗疫故事，以 H5 形式推出了《守护上海：这就是魔都结界》和《中国加油》线上战"疫"活动等，这些都通过创新的报道方式，切实提高了新闻报道的引导力和传播力，也是新闻媒体在重大突发危机事件报道中的应用之策。

四、健全应急报道机制，增强舆论引导的主动性

在危机事件发生时，时效性成为新闻报道中的重要原则，媒体要建立起一套有效的报道机制来指导危机应对，在事件发生的第一时间介入报道和评论，力求在舆论场上赢得先机，以正确的舆论疏导混乱的意见，避免可能出现的被动局面。须知，"主动引导是最有效的引导"，在新闻媒体的危机传播实践中，媒体要牢固树立舆论引导的观念，高度重视舆情的热点所在，加强选题策划，优化议程设置，通过信息的主动发布和正面宣传等工作来引导舆论，抢占舆论制高点，发挥主动引导的优势作用。总之，在媒体平台这一各方利益的角力场，媒体要遵循新闻传播规律，增强舆论引导的主动性、掌握主动权、打好主动仗，规范危机发生各时态的应对活动，协助维护国家安全、公共安全、环境安全和社会秩序。这也正是媒体社会责任履行的职责所在。

五、把握受众需求，探索切实践行媒体社会责任

在新媒体高度发展的今天，公众不单单是信息的接受者，同时也成为信息的传播者。这就要求主流新闻媒体在报道理念上改变过去单向传播的老套路和把受众视为被动接受者的思维模式和做法，高度关注受众对媒体的响应情况，多站在读者的角度，用老百姓的视角把来自一线的新闻有效传播出去，也使受众更加简单清晰地了解新闻事实，使报道更具说服力和准确性。疫情期间，与老百姓切身利益相关的衣食住行等问题成为新闻媒体高度关注的话题，媒体纷纷增设专题栏目予以报道，同时，为了主动提供便民利民服务，很多媒体通过微博、微信等平台，加强与网友的互动。针对网友关心的个人防护、政策动向等，推出专题报道或者一系列新媒体产品，并邀请专家在线答疑解惑，缓解人们的焦虑情绪，呈现出对受众需求的体认和对媒体社会责任的

践行。

六、用事实说话，发挥新闻舆论监督的功能

在突发危机事件的处置中，媒体作为信息传播的重要公共平台，承担着重要的社会责任，公众通过媒体来实现其知情权、表达权、参与权和监督权，政府借助媒体来推行信息公开，媒体也对政府的危机管理和应对进行监督。习总书记在新闻舆论工作座谈会讲话中曾提出，新闻媒体要直面工作中存在的问题，直面社会丑恶现象，努力激浊扬清、针砭时弊。这就对媒体新闻批评和舆论监督功能的发挥提出了具体的要求。媒体在突发危机事件中更是应及时回应社会关注，给予民众民意表达的渠道，并对政府工作中存在的问题展开批评与监督，为人民群众提供认知方向与专业释义。只有这样，媒体才能真正落实其"澄清谬误、明辨是非"的职能，协助推动突发危机事件的解决。

七、融入国际话语体系，打造有利的国际舆论环境

重大危机事件所引起强大的社会影响力和关注度，使其同时成为开展对外传播的重要机遇。由于中国文化和西方文化的差异，双方在思维方式、接受习惯等方面存在很大不同。为实现有效的国际传播，新闻媒体要着力把握新闻宣传工作的主动权，把握好国际新闻报道导向，构建科学的对外话语体系，用外国人容易理解的表达方式，运用贴近国外受众的思维逻辑开展报道，从而让他们理解我们的表达内容，遵循国际传播规律，融入国际话语体系，顺畅沟通渠道，提升传播效果，使中国媒体所传播的信息让国外受众既"入眼""入脑"又"入心"。同时，在报道中要紧扣热点事件，进行精准议题设置，根据事件的发展适时调整报道方案，寻找中国声音与国际议题的契合点，丰富报道视角，对重大事件进行精准化引导，建立中国国际传播的公信力。另外，还要有意识地利用好互联网的力量。由于传播平台的开放化、传播渠道的多元化和传播影响力的广泛化，网络媒体已成为大众传播媒介的生力军，我国媒体因其官方色彩，在国际传播中往往遭到西方受众质疑。而网络媒体的公共性可以有效减弱这种质疑的声音，网络具有强大的传播力和广泛的影响力，通过它可以协助阐明外交政策、介绍政治制度和价值体系，为整体的外交服务。

总之，在新媒体时代，多元化的信息传播渠道和采集手段使得信息传播的环境和样态都发生了很大变化，也为媒体的危机传播带来了新的挑战。因此，新闻媒体要牢固树立使命意识，用创新的发展理念直接指导危机传播的工作实践，与时俱进，优化报道体裁，积极应对复杂多样的传播环境，使主流新闻媒体切实掌握正确引导社会舆论的主动权，更好地提升危机传播的能力和水平，使传媒真正做到成风化人、凝心聚气，最终促进传媒的社会效益与经济效益双丰收，为传媒研究开辟新领域、新视角与新路径。

专题报告

中央级全国性媒体篇

第二章 人民日报抗疫报道研究报告

申玲玲　闫晋瑛[①]

本文梳理了人民日报及其新媒体在 2020 年抗击新冠肺炎疫情的报道，从信息发布、权威解读、舆论引导、对外传播等四个维度，总结了人民日报在此次疫情中报道的优点以及存在的问题，并给出了四个方面的具体建议。

第一节　人民日报基本情况

人民日报是中国共产党中央委员会的机关报，每天发行量为 300 多万份，是全国发行量最大的日报，也是世界十大报纸之一，发行遍及全世界 130 多个国家和地区。目前周内为 20 版，周末和假节日为 8 版，主要包括要闻、评论、经济、理论、国际、党建、周刊等版面。

人民日报现已建立起涵盖报、网（人民网）、端（中英文客户端）、微（微博、微信、微视频）、屏（电子屏）等 10 多种载体的"人民媒体矩阵"，累计用户超过 10 亿，其中人民日报客户端、法人微博、微信公众号的影响力在全国媒体中均位居前列。

[①] 闫晋瑛，西安欧亚学院文化传媒学院执行院长、副教授，研究方向：新媒体传播。申玲玲，西北政法大学网络与新媒体系主任、副教授、博士后，研究方向：新媒体传播。

第二节　人民日报抗疫基本做法

2020年1月25日，习近平总书记主持中共中央政治局常务委员会会议，并强调要把疫情防控工作作为当前最重要的工作来抓，人民日报当即成立前线报道组，奔赴武汉。3月17日，首批49支国家医疗队3787人踏上返程回家之路，全国陆续进入复工复产阶段。人民日报关于疫情的报道议题逐渐转为复工复产。

在抗疫一线，人民日报及其新媒体践行党报使命初心，及时准确做好宣传报道和舆论引导各项工作，唱响主旋律、激发正能量，充分发挥党中央机关报在舆论场的导向作用、旗帜作用和引领作用。

"人民媒体矩阵"在疫情严峻阶段的报道简况如下表所示。

表1：人民日报及其新媒体抗疫报道简况（1月底—2月29日）[①]

名　称	报道（传播）规模
人民日报	共推出疫情防控相关版面313块，报道1704篇
人民日报社全媒体矩阵	制作报道及视频12万余篇（条），总阅读（播放）量超500亿次
人民日报两微两端	两微两端（首页）日均发稿量311篇，阅读量7.29亿 至4月初，微博发布相关内容2.9万条；微信端发布1.1万篇
人民日报抖音号、快手号	报道近200条，抖音点赞量超过2亿，总播放量超过70亿
人民日报海外版	共刊发相关通讯353篇、消息237篇、言论85篇
人民网	发布疫情防控报道稿件及短视频超过8万篇，在自有平台总阅读量超过137亿
人民网法人微博	发布疫情防控相关内容4100余条，总阅读量超61亿

人民日报全媒体矩阵全方位、立体化地呈现出全民抗疫的实时动态，发布习近平总书记的重要讲话和指示，权威解读党中央的工作部署，多角度报道全国人民勠力同心抗击疫情的决心和行动。

综观人民日报的做法，大致可以归纳为以下几点。

[①] 根据下列文章中的数据整理，如非注明，数据截止2月29日。《人民日报》社新闻协调部：《〈人民日报〉：唱响众志成城抗击疫情最强音》，http://media.people.com.cn/n1/2020/0317/c40606-31654839.html；余荣华，朱利：《4855万超常规"增粉"，究竟有啥"料"》，http://www.zgjx.cn/2020-03/13/c_138874741.htm。

一、及时准确全方位报道抗疫工作

2020年1月20日,习近平总书记就疫情防控工作作出重要指示后,《人民日报》社迅速启动应急报道机制,根据疫情防控进程和各阶段重点任务,全社一盘棋,统筹安排,全力投入疫情防控报道工作,围绕贯彻习近平总书记重要讲话、重要指示精神和党中央决策部署,有力有序组织全媒体报道。充分发挥党媒优势,鼓舞人心、缓解社会恐慌,引导舆论,发挥疫情防控工作报道者、宣传者、解读者的功能。

(一)及时报道疫情防控工作,缓解恐慌

2019年12月31日,人民日报微博刊登湖北分社记者程远州的调查报道《武汉不明原因肺炎不能断定是SARS 7例病情危重》,引起广泛转载。2020年1月19日,人民日报微信公众号率先通报武汉市出现新冠肺炎确诊病例。1月21日,人民日报在头版位置刊发消息《习近平对新型冠状病毒感染的肺炎疫情作出重要指示 强调要把人民群众生命安全和身体健康放在第一位 坚决遏制疫情蔓延势头》,当晚,人民网发布评论《面对疫情,任何侥幸都可能夺人性命》;1月22日,人民网启动应急报道机制,动员二百多名采编人员投入报道工作;1月25日,人民日报紧急组建武汉前线报道小组,并在头版发表通讯《紧急驰援 共赴时艰——全国各地各有关部门支援武汉抗击疫情》《武汉分秒必争抗疫情》,第4版刊发《致敬!逆向而行的白衣天使》等5篇报道。此后,开始持续、密集、全面地报道全国人民疫情防控的各项工作。

总体来看,人民日报除了第一时间以大篇幅或整版刊发总书记重要讲话、党中央工作部署外,还在要闻版开设"应收尽收 刻不容缓""让党旗在防控疫情斗争第一线高高飘扬""全力奋战 英勇奋战 团结奋战""社区防控,我们在行动"等专栏专题,评论版和理论版陆续推出相关专题,发出理性、客观的声音,引导舆论。

人民日报新媒体发布的多种形式的"微报道"与人民日报的专版、专题的重磅报道和评论优势互补、相得益彰,在保证信息时效性的同时,也展示了主流媒体的权威性,实现了传播效果的最大化。

(二)发挥评论理论优势,鼓舞人心

评论是党报的旗帜和灵魂,在疫情蔓延、各种情绪化非理性表达泛滥的"非常时期",人民日报评论版通过评论员文章、评论员观察、人民时评、一线视角等栏目及

时发表评论,帮助人们以积极、客观、理性的态度继续疫情防控。《坚定信心 坚决打赢疫情防控阻击战》《武汉胜则湖北胜 湖北胜则全国胜》等数十篇评论员文章,有力发挥新闻评论的引领作用;"评论员观察"栏目发布《做好当前最重要的工作》6篇系列评论,激励全国人民万众一心抗击疫情,适时地鼓励、号召与建议,充分体现了党媒的号召力。理论版2月4日—2月17日陆续推出《发挥政治优势 打赢疫情防控阻击战》《越是艰险越向前》等15篇理论文章,重点阐释打赢疫情防控阻击战的着力点,鼓舞全民抗疫斗志,提振士气,坚定必胜信心。

（三）传递正能量,增强凝聚力

一线疫情防控,涌现出许多先进事迹和感人故事。人民日报及其新媒体派往前线的记者,深入一线,发掘并报道了很多奋战在一线的医护人员、社区工作者、警务工作者、普通志愿者和劳动者的感人故事,在人民日报"一线抗疫群英谱""一方有难八方支援""英雄的城市 英雄的人民"等栏目刊登,对于坚定信心、传递爱心、鼓舞人心起到了重要作用。

在做好疫情报道的同时,人民日报也积极做好外宣报道,向国内公众报道来自国际社会的支持和友好声音;面向国外公众的传播,则是通过向国外媒体推送稿件,或者与国外一些国家的主流媒体合作推出抗击疫情主题专版等方式来实现,向国际社会传递我国党和人民的防疫行动和成果,塑造负责任的大国形象。

二、宣传报道总书记讲话批示,坚定抗疫必胜信心

人民日报编委会明确要求紧紧围绕习近平总书记关于疫情防控工作的重要讲话、重要指示批示精神,积极宣传党中央国务院决策部署和各地区各部门贯彻落实的有力行动,深入报道各地防控疫情工作,讲述抗疫一线的先进事迹和感人故事,为确保打赢这场防控阻击战提供舆论支持。

（一）及时刊发习总书记重要指示

1月21日,人民日报在头版报眼位置刊登《习近平对新型冠状病毒感染的肺炎疫情作出重要指示 强调要把人民群众生命安全和身体健康放在第一位 坚决遏制疫情蔓延势头》的重磅文章;1月25日,习近平总书记在中共中央政治局常务委员会会议的讲话中强调"要及时准确、公开透明发布疫情,回应境内外关切;要加强舆论引导,

加强有关政策措施宣传解读工作，增强群众自我防病意识和社会信心"；1月27日，习近平总书记作出重要指示，强调"各级党组织和广大党员干部必须牢记人民利益高于一切""紧紧依靠人民群众坚决打赢疫情防控阻击战"。

习近平总书记和党中央高度重视疫情防控工作，因此，人民日报头版均以大篇幅或者整版篇幅报道总书记的重要讲话、重要指示。

（二）重点宣传中央决策部署

2月27日，总书记在统筹推进新冠肺炎疫情防控和经济社会发展工作部署会议上发表重要讲话，人民日报头版刊登《打好武汉保卫战　不获全胜不收兵》，深入宣传阐释总书记重要讲话精神，增强武汉广大干部群众的必胜信心；3月10日，总书记亲临湖北武汉考察疫情防控工作，人民日报头版头条刊发长篇通讯《不获全胜决不轻言成功——坚决打好湖北保卫战、武汉保卫战》；总书记在考察时指出武汉人民识大体、顾大局，人民日报3月12日刊登评论员文章《英雄的城市　英雄的人民》，展示湖北人民的艰苦努力和奉献精神；3月13日，中办国办印发通知《组织29个工作组开展复工复产情况调研》，此后人民日报增加了关于各地复工复产新闻的报道数量。

（三）权威解读中央决策部署

人民日报社的编辑记者们第一时间学习领会习近平总书记重要指示批示精神和党中央重大决策部署，及时组织来自一线的重点报道、发表评论员文章，条分缕析阐释习近平总书记最新重要讲话、重要指示的要义，权威解读中央决策部署，提高各级党委政府的认识，帮助人们进一步明确疫情防控工作的总体战略部署。

1月25日，中共中央政治局常务委员会召开会议研究新型冠状病毒感染的肺炎疫情防控工作，1月26日起，人民日报即在头版连续推出9篇评论员文章，强调把疫情防控作为当前最重要工作；2月3日，中共中央政治局常务委员会会议指出要切实维护正常经济秩序，人民日报及时推出《统筹抓好改革发展　稳定各项工作》系列报道；2月23日，统筹推进新冠肺炎疫情防控和经济社会发展工作部署会议召开后，人民日报刊登《我们一定能战胜疫情，保持良好发展势头》等3篇报道，一方面做好党中央重大决策部署的宣传解读，另一方面深入报道各地统筹推进疫情防控和经济社会发展的好经验好做法，增强全国凝聚力。

三、建设性舆论监督

人民日报不仅是新闻宣传的排头兵,也是抗疫一线工作问题的发现者和监督者。前方记者,借助身处一线采访的优势,发现问题,做好建设性的舆论监督工作。

(一)注重发现问题,开展建设性舆论监督

记者针对采访中发现的具体问题,如医疗垃圾处理压力大、金银潭医院面临的防护物资短缺、医护人员超负荷工作、疫情防控工作中出现的官僚主义和形式主义的作风等及时报道并撰写相关评论。针对抗疫中出现的负面新闻,人民日报微信公众号发布《唐主任被问责,为谁敲响警钟?》、人民网发布《疫情是考题,各级领导干部请答卷》等,提醒相关部门关注此前没有注意到的问题,促进个别部门改进工作方式和效率。

(二)及时澄清谣言,引导舆论

针对网上热传的各种谣言,人民日报通过现场采访,还原事实,及时辟谣、澄清。如1月23日武汉"封城"后,传闻四起,人民日报分社记者采写的报道《直击:离汉通道关闭第一天》,通过见闻和事实澄清谣言,并在微博上发起《转发为#武汉加油#》的倡议,引导公众的大部分负面情绪转化为正面情绪宣泄。针对"扣押防控物资"的新闻,人民日报发表评论员文章《疫情防控要坚持全国一盘棋》。人民日报新媒体在李文亮医生逝世当天,推出《全面调查李文亮事件,让正义抵达人心》,及时表达官媒立场,起到了稳定人心的作用。

(三)提醒大家保持警惕

在武汉疫情形式稍微好转的时候,社会上出现了一些盲目乐观心态和放松现象,人民日报客户端推出评论《现在还不是盲目乐观的时候》《现在就"人山人海"?可真得长点心!》;人民日报新媒体制作《一念大意,前功尽弃!》《全民战疫,故意隐瞒就是给病毒当帮凶》等海报,在不同时间节点提醒大家保持警惕。

(四)有力批驳来自国际少数人的无端指责和攻击

针对国外少数媒体和人对中国的不实报道和攻击性言论,人民日报连续发布《意识形态偏见也是病毒》《过激反应无助于合作抗击疫情》《乘人之危的"看客"做派当休矣》等多篇评论评论予以有力有节的回击与批驳。人民日报海外版向37家海外

华媒合作伙伴积极介绍中国的防控形势及措施，及时澄清纠偏。诸多面向国际受众的报道，不仅丰富了读者了解事实的视角，也表明了自己的态度，赢得了对外宣传的主动权。

四、聚焦全力奋战在一线的医护人员

疫情发生后，全国医疗卫生系统四万多名医务人员逆行出征、驰援武汉，全国数百万医务人员奋战在抗疫一线、救护患者。他们的努力对疫情阻击的成功起着重要作用。人民日报全方位、多角度，采用多种形式持续报道众多的医护人员。

1月23日，人民日报客户端刊登图文报道《不计生死！武汉7名医生在请战书上按下红手印》；1月26日，要闻第2版刊发报道《抗击疫情，筑起钢铁长城》；2月12日，开设"应收尽收 刻不容缓""一线抗疫群英谱"等重点栏目。《用生命谱写英雄的壮歌——追记武汉市武昌医院院长刘智明》《记者夜访金银潭医院重症监护病房——"疫情不结束，我们不撤退"》等重磅报道和评论，感动全国。习近平总书记提出广大医务工作者要"发挥火线上的中流砥柱作用"，人民日报发布5000字的长篇通讯《火线上的中流砥柱——记无私奉献英勇奋战的医务人员》《冲锋，这里就是战场！——记抗疫一线的军队医护人员》《院士，也是战士》等整版的报道全面展现了军队医护人员和科研工作者的忘我付出。新媒体也通过视频、海报、MV等多元形式展现医护人员的奉献精神，吸引网民高度关注与赞扬。

五、各级政府组织联防联控报道

1月28日起，人民日报要闻2版的"来自疫情防控一线的报道"栏目以《让党旗在防控疫情斗争第一线高高飘扬》为大标题，全面展现党员干部响应号召冲锋陷阵的英勇风采。《战斗在社区疫情防控第一线》等多个整版报道，集纳全国各地党员干部、居民群众等的故事，深刻反映全民抗击疫情的决心和行动。《疫情防控，基层干部高擎党旗》等文章，多角度、多侧面反映各级政府组织扎实细致的联防联控工作。3月11日，要闻4版刊登的整版报道《守严守牢疫情防控的关键防线——全国城市社区党组织和广大党员全力打好疫情防控人民战争》，详细报道全国基层党组织和党员全力防控的事迹，展示了政府和基层党组织、党员的高度重视和辛勤付出，彰显了党

中央"人民至上、生命至上"的执政理念。

六、志愿者抗疫报道

武汉"封城"之后,全国各地纷纷从人力、物力、资金等方面援驰武汉。活跃在抗疫一线的众多志愿者主动接送医护人员,并为他们提供必要的帮助。很多志愿者主动在医院、社区等地方为群众提供消杀、防控、采买等服务,有力保障城市的运行。2月4日,人民日报推出《致敬,为城市正常运行而奋战的人们》等8期整版特别报道;视觉专版刊登组图《志愿服务温暖的力量》,人民日报客户端、人民网均以新闻专题显示持续报道全国各地志愿者的事迹,传递社会正能量,凝聚人心。

七、打通内宣外宣,报道国际支援抗疫

人民日报主要通过如下几种方式,传递国际社会和各界人士对我国抗疫工作的支持:①集中报道外国政要、国际组织负责人等对我国的支持和高度评价;②及时报道世界各国友好人士、海外华人华侨对我国抗疫工作的支持和援助;③约请重要人物以亲身经历表达对中国战胜疫情的坚定信心;④大量刊发表现外国政府、民间组织、在华企业、华侨华人等捐款捐物的文字和图片报道;⑤发表"大使随笔",让驻外大使们撰文讲述国际社会守望相助的动人故事。

八、进行科普报道,提供查询和救助服务

人民日报充分发挥自身平台优势和资源优势,通过访谈钟南山院士、李兰娟院士等专家,普及传染病相关知识;以 H5、长图、表情包等形式,将防护知识具象化,权威解读、普及新冠肺炎疫情防护知识,积极回应群众关切或有争议性的防控热点问题、帮助公众提高自我保护能力;人民日报推出的《请扩散!新型肺炎求助通道开启》,为患者提供及时帮助;人民好医生 App 则发挥"辟谣+科普+公益援助"的特长,为公众服务。上述信息和服务,在一定程度上舒缓了公众焦虑,稳定了公众情绪。

第三节　人民日报抗疫报道中的成功经验与问题不足

人民日报记者深入现场，挖掘一线故事，传递权威信息，发布新闻评论，起到了暖民心、聚民力的作用。及时准确的报道、实用便捷的信息服务、有力的舆论引导、打动人心的创意作品，在彰显党报责任感和使命感的同时，也实现了人民日报新媒体用户的激增（4800多万）。

一、成功经验

人民日报的全媒体组合全线上阵，对接国家级专家、政府要员、援助医疗队、当地政府部门和群众，打通"报网端微屏"，以文字、图片、海报、短视频、H5、网络直播、MV等形式发布权威信息，充分展示了国家级主流媒体的专业能力和责任担当。

（一）前后方协同作战，高效配合

纵观几个月的抗疫报道，人民日报社各部门、各媒体通力合作，前后方高效协同作战。前线报道组的记者深入抗疫工作一线，扎实采访，获得大量的一手素材和图片视频，上千篇来自一线的报道；后方编辑精心修改集纳稿件，展示了强大的凝聚力和战斗力，协同效应明显。

（二）全媒体矩阵传播效果显著

除了人民日报的持续性、规模化报道和聚焦式评论，人民日报新媒体矩阵在此次抗击疫情报道中也充分发挥各自优势，综合运用图文、H5、海报、视频、直播等形式，全方位地呈现抗疫动态及感人故事场景。《习近平的战疫日历》《武汉加油》海报、纪录片《生死金银潭》、MV《热血出征》等都成为爆款。报纸的权威发布、专业解读和评论与新媒体平台的融媒体作品交相辉映、优势互补，在抗击疫情工作中既展示了来自中央的全面部署，也呈现了全国上下一心、共同抗疫的凝聚力与必胜信念。

（三）借助平台，承担组织者的角色

面对疫情急剧扩散蔓延，抗疫中渠道不畅通、信息不对称、需求不匹配的突出矛盾和问题，2月5日，人民日报在其全媒体平台推出征集"四类人员"求助信息的网络通道，为推动"应收尽收、应治尽治"发挥了重要作用，成为主流媒体创新平台服务的范例。此外，人民网、人民视频充分发挥平台优势，推出"人民战'疫'"直播节目，融合全国多家媒体参与联动直播，提高传播效果。

（四）挖掘典型人物故事，传递社会正能量

人民日报前方记者报道组以强烈的使命感和敬业精神，深入医院、隔离点、社区等抗疫一线，夜以继日，积极参访，撰写了数千篇新闻报道，拍摄了大量现场图片和视频，真实生动地呈现了大量抗疫一线的真实状况和感人事迹，起到了稳民心、聚民力，激发全民抗疫、增强凝聚力的重要作用。

二、问题与不足

（一）预警功能有待加强

此次新冠疫情，从武汉警方发布的一条查处谣言的通报，到2019年12月30日的武汉卫健委官网发布的信息，再到1月19日人民日报微信公众号的相关报道，直至1月25日人民日报关于抗击疫情的报道才进入白热化阶段。如果在武汉警方发布查处谣言通报的时候，能及早介入、深入调查，那么，我们对疫情的防控可能更主动、更及时，损失也会极大降低。专业媒体要承担环境监测和舆论监督的功能，必须保有对新闻事件的敏感，才能当好"船头的瞭望者"。

（二）外宣力度有待加强

疫情期间，一些个别媒体与人员诋毁、攻击、抹黑我国的防控努力，对我国的外宣工作带来了一定的干扰和压力。人民日报的要闻、评论、国际等版面的内容更多地是面向国内公众的报道，而回应国际不同声音、塑造国际形象的相关报道占比不高。面对"后真相时代"复杂的传播环境和国际局势，如何更好地塑造负责人的大国形象，讲好党和政府"人民至上、生命至上"的理念，营造良好的舆论氛围，都对主流媒体的国际叙事带来了更大的挑战和更高的要求。

（三）个别报道审核不严

1月31日晚，未经充分核实，人民日报微博账号转载来自新华社的消息，称"双黄连口服液可抑制新型冠状病毒"，引发刷屏后登上热搜，引发民众哄抢行为。作为拥有数亿粉丝的官方媒体的编辑，不能为了追求时效性而牺牲真实性，尤其是在疫情期间。

第四节　人民日报如何在突发重大公共卫生事件中开展有效报道引导舆论

一、增强国际传播力度，传递中国声音

新冠疫情，是一个突发的公共卫生事件，但西方个别媒体和个人有意将这一议题政治化，然后质疑、抹黑我国政府和人民的努力。如何有力批驳此类声音，既需要充分利用人民日报英文客户端、人民日报海外版、人民日报海外社交媒体账号等传递权威声音，还需要真实、客观的报道有力有据地回击。

二、增强"四力"，做好正面宣传与舆论监督工作

"人人皆记者"的新媒体时代，面对重大公共卫生安全问题，各种谣言、传闻、负面情绪等容易引发恐慌与忧虑的信息更容易传播开来，在特定场景中可能引发一些消极作用。突发重大公共卫生事件的发生，对记者的"四力"提出了更高的要求。主流媒体应该与时间赛跑、与谣言角力，以专业能力做好上情下达、下情上传工作，以权威声音、扎实报道，回应公众关切，缓解焦虑，还原真相，引导舆论，发挥媒体应有的环境监测、舆论监督功能，赢得官方和公众的认可与支持，促进社会稳定发展。

三、培养公众的科学理性态度

新冠肺炎疫情的防控工作也是一个提高公众科学素养的机会。疫情期间的公众反应和网络舆情，也体现出公众对于公共卫生事件的高关注度与科学素养不高的矛盾。媒体如何在平时加大科普力度、运用先进的技术进行知识的科普，就变得非常重要。媒体可以选择与专业机构、行业专家合作，更高质量地面向社会大众进行科普，提高公众的科学素养。

四、发挥技术优势，挖掘数据价值

智媒时代，大数据来源丰富，如何借助人工智能、大数据技术，寻找数据和现象背后的规律，并进行科学解读和预测，是未来主流媒体在面对突发公共卫生事件报道工作的重点与关键。此次报道中，诸多媒体借助信息可视化技术，实现了疫情在时间

和空间维度的动态呈现，但很少从专业角度解读数字变化背后的含义与趋势。今后，媒体应该充盈自身技术力量，增强对数据的敏感性和解读力，挖掘、解读数据背后的价值。

结　语

人民日报及其新媒体在抗击新冠肺炎疫情过程中，发布权威信息、及时澄清谣言、传递来自疫情防控工作一线的正能量，适时发表重要评论，起到了暖人心、聚民心、引导舆论的重要作用，体现了主流大报的使命、责任与担当。此次新冠肺炎疫情，也给媒体如何预警、报道突发公共卫生事件提出了新的要求。国际局势的复杂变化、西方媒体和个别人的蓄意指责与抹黑，都要求央级主流媒体做到回应国际社会关切、以生动鲜活的故事和详实的数据展现真实、全面的全国抗疫阻击战，有力回击各种抹黑和指责的声音，以专业报道在国际传播中树立负责任的大国形象。

第三章 中央广播电视总台抗疫报道研究报告

蔡海龙　陈思宏[①]

2019新型冠状病毒肺炎疫情对国内经济社会发展带来突出的负面影响。面对疫情带来的冲击,多方力量积极参与相关防控工作。其中,战斗在抗击疫情一线的不仅有"最美逆行者"的医护人员,也有勇于深入抗击疫情前线、及时收集抗疫信息、向公众普及防疫知识、宣扬抗疫典型、有效引导社会舆论的新闻机构及其工作者。本报告对中央广播电视总台在此次新冠疫情防控中履行社会责任的表现进行归结,同时也指出了未来在应对突发重大公共卫生事件中,中央广播电视总台及国内其他新闻传播机构需要努力改进、提升的方向。

第一节　中央广播电视总台概况

中央广播电视总台是国务院直属事业单位,于2018年4月19日正式揭牌。中央广播电视总台是根据《深化党和国家机构改革方案》,由中央电视台(中国国际电视台)、中央人民广播电台、中国国际广播电台合并组建而成的新型媒体机构。新组建的中央广播电视总台对内保留原呼号,对外统一呼号为"中国之声"。中央广播电视总台的成立,是加强党对重要舆论阵地的建设和管理,增强广播电视媒体整理实力、竞争力,推动传统广播电视媒体与新媒体融合发展,加快我国新闻媒体国际传播能力

[①] 蔡海龙,北京工商大学传媒与设计学院新闻系副教授;陈思宏,北京工商大学传媒与设计学院2019级新闻与传播专业研究生。

建设的重要举措。

2019年9月26日,组建不久的中央广播电视总台全面启动改版工作,"故事里的中国""正点财经"等多档新节目陆续亮相。这次改版涉及19个电视频道、17套对内广播频率、44种语言对外广播和主要新媒体平台、3个中央重点新闻网站以及央视新闻客户端等新媒体。

第二节 中央广播电视总台新冠肺炎疫情报道中社会责任的履行情况

新冠肺炎疫情这一重大突发公共卫生事件爆发以来,由于其巨大的危害性,我国政府及公众一直保持着对疫情防控进展的密切关注。这也给国内的新闻传媒业带来新的挑战,提出了诸多全新的课题。中央广播电视总台作为国家级的新闻舆论机构,面对突如其来的疫情,其工作人员深入一线,依托强劲的采、编、发实力,采取多终端、多形式报道,多方位、多层次全面展开战"疫"行动,站在国家高度及时发布权威信息,持续、正确引导舆论,科普防疫知识,稳定社会民心,再次凸显了国家台强大的传播力、引导力、影响力和公信力,充分展现了一流的媒体实力与责任担当。

春节前夕,新冠肺炎疫情突然爆发。总台积极响应习近平总书记号令,投入5500多人的采编播力量,先后派出216人的报道团队深入湖北防控一线组织宣传报道,超过2200家国际主流媒体连续转发总台疫情防控报道,各项数据刷新海外传播纪录。[①]

本次新冠疫情的发展过程表现出阶段性,总台在疫情发展的每个阶段都高度关注疫情变化并及时进行追踪报道。本文以疫情出现后官方首次权威发声为起点,以武汉市结束离汉离鄂通道管控措施、有序恢复对外交通为时间选取终点,对总台抗疫报道进行梳理分析,归结中央广播电视总台作为国家级主流媒体展现出的社会责任,提出总台在未来应对重大突发公共卫生事件时履行社会责任应采取的策略。

---

① 中央广播电视总台央视网:《中央广播电视总台2020年工作会议召开》,2020年5月11日,http://ygzq.cnr.cn/20200511/t20200511_525085246.shtml。

一、及时、全面发布权威信息

媒体在突发公共卫生事件中须承担起社会守望者的角色，发挥预警功能，及时、全面为公众提供权威信息，以保障公众的知情权。[①] 在此次新冠肺炎疫情中，中央广播电视总台在疫情报道中体现了我国媒体的责任担当，及时、全面、客观、公开地进行信息传递，为有效控制疫情发挥了重要作用。2019年12月30日，在疫情的初始阶段，李文亮医生等8人通过微信群传播不明肺炎的信息。此时，对于疫情信息的各路传播让武汉民众一时难辨真假，只能等待官方通报。12月31日，国家卫健委抵达武汉，武汉卫健委发布疫情通报。随后，央视新闻在第一时间进行了正式报道，总台首次权威发声，为武汉民众拉起警戒。1月20日"新闻联播"播报习近平总书记对新冠肺炎疫情作出的重要指示，第一时间传递习近平总书记关于疫情防控的重要指示和部署。当天，央视主持人白岩松在"新闻1+1"节目中连线中国工程院院士、国家卫健委高级别专家组组长钟南山，介绍新冠肺炎疫情的基本情况。钟南山表示，新型冠状病毒肺炎存在人传人的现象。这次报道是国内媒体针对新冠疫情发挥危机预警功能的重要标志，相关报道引起全国范围内民众的关注。自此，总台贯彻习近平总书记指导新冠肺炎疫情防控工作时的重要讲话精神，全面展开抗疫报道。

疫情爆发以来，中央广播电视总台先后共派出二百多人的报道团队驰援一线，成为新闻战线的"逆行者"，在湖北卫视设立专门演播室，传递前线最及时、最真实的信息。自1月20日开始，总台央视新闻频道"新闻1+1""新闻直播间""新闻30分"等多个新闻栏目统筹安排、策划抗疫专题报道，滚动、持续报道新冠肺炎疫情。除此之外，总台将一线资源分发网络，实现多渠道传播，并结合新媒体平台迅速推出多档新媒体特别节目。在央视新闻客户端、微博、快手等新媒体平台推出15小时不间断直播"共同战'疫'"，直击抗击疫情一线战报；央视频"疫情24小时"采用全天候不间断直播方式，昼夜无休为网友提供与疫情相关的最新实时动态。总台各平台联动，及时跟进疫情最新进展，以即时性的权威消息聚焦与疫情防控相关的政策举措、经验做法，传递真实信息，有效保障了公众的知情权，凸显了中央广播电视总台强大的传播力、

---

① 文秀维. 突发公共卫生事件中的媒体责任——以甲型H1N1流感事件为例. 新闻世界, 2010（6）: 118-119.

影响力。

二、持续、正确引导舆论

在应对重大突发公共事件时，新闻媒体的舆论引导十分重要。在危机事件中，正确的舆论引导可以妥善、迅速地处理突发事件，甚至化危机为转机，推动社会更好地发展。[1] 此次新冠肺炎疫情期间，中央广播电视总台在疫情发展的各个阶段，通过跟进疫情发展情况、及时辟谣、科普防疫知识、宣传党中央指示精神、注重人文关怀等，打出了专题、评论、深度报道的"组合拳"。在疫情防控过程中，总台积极配合党和政府的相关工作部署，从各个方面做出努力，有效缓解社会恐慌，进行合理的舆论引导，营造了团结抗疫的舆论氛围，体现了总台作为国家级媒体的实力与责任担当。

（一）及时辟谣，科普防疫知识，缓解民众恐慌

风险社会中，公众对政治、经济、科学的功能和合法性提出质疑，对信息更为关注，因此为谣言泛滥提供了温床，而恐惧、焦虑、不信任也成为社会普遍心态。在危机状态下，恐慌心理扰乱了正常的社会心理，公众容易形成集体无意识，甚至失去社会责任感和自控力。[2] 此次新冠肺炎疫情传染性高、危险性大、控制难度大，有可能危害每一个公民的生命健康。在如此危机面前，大众的不安感强烈，再加上各种谣言通过微信、微博等社交平台趁虚而入，对信息环境和真相的传播造成负面影响。部分谣言对于公众来说属于"一眼假"，识别难度较低；但有的谣言看起来有一定道理，辨别起来不是很容易。"隔行如隔山"，对于普通人来说，对涉及某个领域专业知识的信息并没有辨别能力。此时，作为面向普通大众进行信息传播的新闻媒体的报道就显得尤为重要。

面对重大突发公共卫生事件，新闻媒体不仅需要及时传播疫情防控信息，还需要有效地进行舆论引导，在疫情的各个阶段动员防范，消除谣言，化解疫情中的社会矛盾，维护良好的社会秩序。在新冠疫情防空期间，媒体对新冠病毒相关知识的科学普及和提升公民科学素质水平也成为防疫抗疫的重要手段。科普宣传有助于人民群众克

---

[1] 陈力峰，陈新勇.公共危机中媒体的责任担当——以阻击"甲型H1N1流感"为例.今传媒，2009（7）：10-12.
[2] 孙多勇.突发性社会公共危机事件下个体与群体行为决策研究.博士论文.国防科学技术大学，2005.

服因疫情导致的不安焦虑情绪，让民众懂得用科学的态度和手段对待疫情、防控疫情，有利于提高民众的自我保护能力，增强人民群众战胜疫情的信心。

新冠疫情期间，在公众信息需求不断增加的情况下，中央广播电视总台及时进行信息跟进和科学传播。从2020年1月26日开始，总台央视新闻频道"新闻直播间"推出了直播节目"战疫情"、中国之声"新闻晚高峰"开通直播战疫情特别报道。这些节目聚焦全国抗疫动态，对抗疫现状、防控措施等民众关心的问题进行跟进报道。"焦点访谈"每日进行抗疫防控专题系列报道，聚焦防控一线，传播抗疫正能量，连线权威专家，科普科学防控疫情的知识。白岩松主持的"新闻1+1"主题调整为"今日疫情分析""今日疫情应对"，根据当天焦点问题连线多位权威嘉宾，关注当前重症和危重症的治疗情况以及科研方面的新进展，解答公众关于国内疫情防控、病人救治、国外疫情发展态势等问题。1月22日，白岩松在节目中对"喝酒能抵抗病毒"这一网传谣言进行辟谣，对谣言的来源以及该谣言的传播套路等进行了深度分析，提醒广大民众要有意识地鉴别信息，抵挡谣言的传播。此外，央视网微信公众号开设了"疫情辟谣""战'役'前线"通道，为民众提供权威解答入口。

2020年1月21日，央视主持人欧阳夏丹率先在"主播说联播"中戴上口罩，表示"要少去人流密集的地方，出门要戴口罩"，起到了非常好的示范作用。2月13日，湖北省公布新增14840例新冠肺炎[①]，由于监测标准调整，疫情数据的大幅度增加引起了民众的恐慌。央视新闻在发布疫情数据后就及时发布了独家专访中央指导组专家、北京朝阳医院副院长童朝晖的视频，从科学角度解释了什么是临床诊断病例，以及为什么要增加临床病例诊断，缓解了民众的恐慌情绪。新闻联播公众号在推送通报内容的同时也第一时间增加对相关信息的解释，后续推出权威专家深度解读。在晚间的"主播说联播"视频中做了更为通俗易懂的说明，使公众正确理解数据变化，科学抗疫。

（二）坚持贯彻党中央决策部署

习近平总书记指出："让群众更多知道党和政府正在做什么、还要做什么，对坚

---

① CCTV-4中文国际频道《今日环球》：《12日湖北省新增新冠肺炎病例14840例》，http://tv.cctv.com/2020/02/13/VIDEgHZwTfYhpC1EvWHeVwSp200213.shtml。

定全社信心、战胜疫情至为关键。"①在及时、全面报道新冠疫情及其防控信息的基础上，国内新闻媒体的舆论引导始终把宣传报道习近平总书记的重要讲话和系列重要指示批示精神作为重心，凝聚社会共识，坚持党性和人民性相统一，弘扬主旋律，激发正能量。②

在此次疫情防控报道中，总台始终以高标准做好时政报道，依托强劲的平台实力，运用全媒体矩阵，把宣传报道习近平总书记重要讲话和指示批示精神作为重中之重，其中包括：2020年1月20日习近平总书记对新冠肺炎防控工作作出重要指示；1月27日习近平作出重要指示，要求各级党组织和广大党员干部团结带领广大人民群众坚决贯彻落实党中央决策部署，紧紧依靠人民群众坚决打赢2020疫情防控阻击战；1月28日习近平会见世界卫生组织总干事；2月5日习近平主持召开中央全面依法治国委员会第三次会议，强调全面提高依法防控依法治理能力，为疫情防控提供有力法制保障；2月12日中共中央政治局常务委员会召开会议，分析新冠肺炎疫情形式，研究加强防控工作；2月26日中共中央总书记习近平主持政治局常务委员会会议，分析新冠肺炎疫情形势，研究近期防控重点工作，等等。对于上述与新冠肺炎疫情防控相关的内容，总台第一时间制作播发时政新闻，"新闻联播""新闻和报纸摘要""中国新闻""今日环球"等节目，深入阐释总书记作出的系列重要讲话和指示批示精神。与之配合，总台全媒体推出十集系列时政微视频《总书记指挥这场人民战争》以及纪录片《人民至上——习近平指挥战"疫"进行时》等。这些内容成为政府与民众之间沟通的桥梁，增强了全国人民打赢疫情阻击战的信心。

（三）注重人文关怀，营造团结抗疫舆论氛围

习近平总书记指出：抓好疫情防控工作，"要加强心理干预和疏导，有针对地做好人文关怀"③。不断变化的疫情发展情况造成民众不稳定的恐慌心理，新闻媒体要坚持以人为本，以人文情怀积极引导公众，彰显主流媒体强信心、暖人心、聚民心的作用。

---

① 《习近平在中央政治局常委会会议研究应对新型冠状病毒肺炎疫情工作时的讲话》，中国政府网，2020年2月15日，来源《求是》杂志，http://www.gov.cn/xinwen/2020-02/15/content_5479271.htm.

② 高晓红.畅通信息 增强信心 温度人心——中央广播电视总台在抗击新冠肺炎疫情中的报道分析.中国广播，2020(3)：5-10.

③ 《习近平主持中共中央政治局常务委员会会议 研究加强新型冠状病毒感染的肺炎疫情防控工作》，新华社，2020年2月3日，http://politics.gmw.cn/2020-02/03/content_33521008.htm.

面对新冠疫情防控，中央广播电视总台整合各方资源，发挥平台优势，服务国家和人民群众抗疫，营造积极的舆论氛围。

总台央视纪录频道、新闻中心、湖北广播电视台等媒体单位与多个短视频平台进行合作，征集作品，向有潜力的视频作者定向邀约，专门制定推出融媒体短视频《武汉、我的战"疫"日记》。2020年1月29日起，央广中国之声推出疫情特别节目"天使日记"，以语音自述的形式、第一人称的视角，记录一线医护人员日常工作状态。同时上线"喜马拉雅FM"音频平台，以敏锐、细腻的笔触，传播了抗击疫情一线的正能量故事。央视"军事纪实"栏目推出《人民军队战"疫"纪实》。同时，央视综艺频道推出"战'疫'故事"专题节目，播出跨度历时一个多月。节目将抗疫过程中细碎化片段凝练为全景故事，将个体感知升华成集体抒怀，兼顾了"新闻故事化"和"故事新闻化"，在抚慰人心同时引导舆论，激发公众树立众志成城、战"疫"必胜的信念，为民众建立起共克时艰的情感纽带。

新冠肺炎疫情的爆发正值春节期间，2020年央视春晚在疫情不断扩大的情况下，临时新增由白岩松、康辉、欧阳夏丹等主持人共同朗诵的情景报告"爱是桥梁"节目，向奋战在抗击疫情第一线的医务工作者致敬。这是春晚历史上准备时间最短，也是唯一没有经过彩排的节目。一经播出即登上微博话题热搜榜，全网二次传播倍率超过1400倍。人民日报、新华社等超过百家媒体平台在新媒体端对节目内容进行了转载，相关阅读浏览量达1.27亿次。路透社、美联社、德新社等众多西方媒体也作了报道和评论。

除了春晚，央视在2020年元宵节推出了元宵特别节目，采用零观众的录制形态，用情景报告、朗诵等节目向奋战在抗疫前线的医务工作者以及身在武汉的普通老百姓们，传递了全国人民抗击疫情的决心和信心。2020年2月14日情人节，央视客户端制作发布原创特稿《疫情下的爱　不负使命不负卿》，记录了在防疫一线坚守和战斗的几对医护伴侣以爱坚守的故事。在2020年清明节播出"战'疫'正清明"特别节目，以"五件疫情见证物"为切入点，展现了医护人员、社区工作者和基层干部、普通民众、志愿者、公安干警等一线战士们的典型故事。央视新闻平台还推出《疫情一线见字如面：写给最挂念的你》《蜜月游变"抗疫之旅"：武汉籍小夫妻在凉山州治愈出院》《这封家书看到泪目！"责之所在，道义在肩，我无怨"》等多篇特稿，给疫情期间的新闻报道注入了有温度的、柔性的情感表达。

三、发挥舆论监督功能

新闻媒体除了具有传递信息、引导舆论的功效之外，还具有舆论监督的职责。在公共危机事件中，新闻媒体舆论监督功能的正确发挥能够达到以正视听、抑恶扬善的作用，能够将公众对危机的认知引导到有利于危机解决的正确轨道上来。[①] 本次新冠肺炎疫情中，中央人民广播电视总台充分发挥了环境守望者的角色，对不良商家贩卖高价口罩、防护用品制假售假、哄抬物价等不法现象进行揭露，对疫情中不作为、乱作为的官员进行公开报道。相关舆论监督报道对类似不良行为和人员产生了强大的威慑力。

2020年1月29日，总台央视记者跟随中央指导组督查组深入黄冈市实地了解当地情况。在中央指导组督查组意识到当地硬件条件无法达到"传染病"防控要求之后，对当地主管领导进行约谈。总台记者第一时间开机，完整记录下约谈的全部过程。约谈结束后，总台央视记者向黄冈市卫健委主任追问与疫情防控相关的数据情况，对方理直气壮地表示就是不知道。这一段采访视频也在网络上被大量转载。总台央视记者用专业化的电视手法，真实呈现约谈过程，捕捉现场细节，连夜制作节目，前后方通力合作，对相关内容进行制作。1月30日，总台"战疫情"特别栏目播出报道《中央指导组派出督查组赴黄冈市督察核查》，该报道一经播出立即引发强烈的舆论反响，播出当天"黄冈疾控负责人一问三不知"等话题登上微博热搜，累计阅读超10亿。随后，黄冈市宣布对相关负责人予以免职。总台在本次报道中坚持问题导向，履行监督智能，敏锐地捕捉到基层应对疫情中的突出问题，推动了基层疫情防控工作的抓实抓细。

2020年2月1日，央视新闻直播央视记者试图进入武汉红十字会物资仓库探访，却遭到现场工作人员阻拦，直播过程多次中断。"武汉红十字会保安拦央视记者"的话题迅速登上微博热搜，引起民众的广泛讨论，截至5月30日相关话题阅读次数达8.5亿次、讨论次数33.6万次。在广大网友以及自媒体的讨伐声中，总台对武汉红十字会物资捐赠问题高度重视，央视记者也持续进行真相查证，随后央视网喊话湖北红十字

[①] 陈力峰，陈新勇.公共危机中媒体的责任担当——以阻击"甲型H1N1流感"为例.今传媒，2009（7）：10-12.

会:"瓜田李下这类'失误'不应该"。"主播说联播"等多档新闻栏目对湖北武汉红十字会进行点名批评,倒逼其改变歪风邪气,接受媒体和人民的监督。

四、充分利用新媒体传播平台,满足公众信息需求

疫情期间,公众对与疫情发展、防控相关的信息需求强烈。面对这一情况,中央广播电视总台全力整合资源,构建体系化的疫情融媒体传播矩阵,新媒体平台全面发力,不断满足用户需求,全面助力疫情下的社会治理。

央视客户端、抖音、微博等新媒体平台发布的短视频节目"主播说联播"在疫情期间持续更新,密切关注疫情防控中的热点问题,用通俗的语言传递主流声音。2020年2月11日,火神山医院护士吴亚玲的母亲突发主动脉夹层破裂,在云南昆明过世,吴亚玲面向家的方向三鞠躬后继续投入工作。央视新闻抖音号及时发现新闻线索,制作短视频发布,视频播放量迅速达到1.1亿次、点赞近800万。2月13日,经中央军委主席习近平批准,军队增派2600名医护人员支援武汉抗击新冠肺炎疫情,央视新闻精心制作,推出气势恢宏的原创微视频《保卫武汉——像黎明出发》,全网推送,各大网站置顶转载,阅读播放了逾亿。同时,央视新闻微博《"胖妞"运20机票致敬白衣战士超有爱》并配发"独一无二"的机票图片。随后,央视新闻制作的互动H5产品模拟生成"运—20机票",根据用户姓名和出发地使用程序制作成一张专属的战"疫"纪念票,引发了网民的正向反馈。

在湖北地区疫情最受关注的时期,总台新媒体平台央视频用《疫情二十四小时》H5回应大众需求,打造建医院慢直播,网友在线"云监工"。2020年1月27日,央视频开通了火神山和雷神山医院的直播。当晚同时在线观看人数突破100万。2月5日,新增方舱医院抢建现场直播,引来更多网络"云监工"前来围观,H5内观看人数在当日凌晨破亿。2月12日开始,央视频陆续上线武汉地标类慢直播"云守望",以景观广角镜头24小时不间断为用户实时直播武汉"此时此刻"的状态。其中,长江大桥夜景慢直播上线不足1小时,观看人数破万。央视频打造的与疫情防控相关的慢直播形态产品,营造了沉浸式叙事氛围,充分调动了大众的集体智慧,在疫情中实时传递一线疫情,提升信息透明度,把事物发展全过程较为真实地呈现在受众眼前,给予用户较大的自主选择与自主参与空间。这些产品的开发是尊重和保障用户知情权的体现,更是出于对用户心理需求的关照。直播中良好的互动进一步消解了公众紧张、焦虑、恐慌的情绪。

因疫情要求公众减少流动,居家抗疫,继慢直播"云监工""云守望"之后,央视频继续上线"云陪伴""云充电""云招聘",聚合优质垂直内容和服务,构建流量新入口。在"云陪伴"直播中,尼格买提、李思思等央视主持人,用朋友一样真诚互动的直播语态直播分享美食料理、语言学习、运动健身、亲子时光等内容。公众看到了平时节目中感受不到的主持人的居家一面,满足了公众的好奇心理,提升了公众对央媒的亲近感。同时,为了满足公众刚需,央视频推出的"云充电"提供全国众多优质平台的K12慕课内容,吸引了大量"00后""10后"学生用户。除此之外,"云充电"还上线了更多动画、动漫、科普小知识等各品类优质视频,为学生用户提供更多元内容。2020年3月2日开始,央视频推出"云招聘",利用平台优势发布招聘岗位,联动各大高校和教育领域的专家,直播分享毕业生就业规划指导。此外通过"云宣讲""云投递"的方式,央视频为疫情期间企业人力短缺和无法线下招聘的困境,开辟了解决路径。

疫情防控期间,总台新媒体平台央视频搭建的信息高效聚合平台,以短视频等形式呈现优质内容。同时,央视频客户端还提供回放功能,满足错过直播用户的回看需求;投屏功能则方便用户使用高清大屏观看,进一步优化用户体验。

总台新媒体平台央视频在全国共同抗疫的特殊时期,面对社会关切和公共诉求,通过技术和平台优势,发挥了主流媒体的责任与担当,充分运用新媒体平台实现更多的社会服务职能。

第三节　重大突发公共卫生事件中总台社会责任坚持与提升的方向

新冠肺炎疫情爆发以来,大众对疫情信息高度关注,新闻媒体在扮演社会"瞭望塔"方面发挥重要作用,同时也面临着创新话语方式和传播形态的挑战。生产出形态新颖、内容专业、传播高效的融媒体产品,成为新闻媒体战"疫"报道的关键。中央广播电视总台作为国家级媒体平台,在疫情的各个阶段凸显了主流媒体的专业与实力。

总台在疫情防控期间作为防疫信息传播与舆论导向的引领者，表现可圈可点，为今后开展相关工作积累了宝贵经验。但中央广播电视总台要在应对重大突发公共卫生事件中更好地体现自身的社会责任，还需要继续坚持正确的舆论导向，注重回应社会关切，提升相关报道的专业性，坚持融合转型，继续创新发展。

一、坚持正确的舆论导向

面对重大突发公共卫生事件，总台要坚持正确的舆论导向，牢记大局意识，努力提高主流舆论的公信力、传播力、影响力。总台的新闻报道、信息传播活动，要配合党和国家应对重大突发公共卫生事件的方针、政策以及具体举措的实施，帮助维护社会稳定，凝心聚力，及时辟谣，消除社会恐慌。

二、及时回应公众关切

面对重大突发共同卫生事件，作为国家级的广播电视机构，中央广播电视总台必须跟进公众对事件的关注情况，及时提供公众关心的事件进展信息和相关防控、治疗知识。同时，总台也需要根据此类事件中舆情的具体走向，及时对热点舆情进行回应和引导。

三、构建高效信息传播渠道

本次疫情进一步反映了新媒体发展战略的必要性与重要性。疫情期间，手机成为大部分公众获取相关信息时优先选用的媒介，互联网传播渠道成为媒体信息传播的主渠道。今天，5G技术的出现与发展正在推动着新闻媒体的又一轮变革。面对全新的传播技术革命，总台在未来的发展战略中仍应坚持融合转型和创新发展。同时，总台也应适应新闻传播生态的变化，在新闻报道中革新传播理念、转变话语方式、坚持内容为王、创造融媒体精品内容，以符合时代潮流的传播理念、内容形态、平台渠道等来满足互联网时代公众的信息需求。

四、完善应急预案设计

此次疫情的初期阶段，我国媒体包括总台在及时预警方面发挥的作用有限。总台应总结历次重大突发公共事件报道的经验,在今后工作中完善面向同类事件的应急预案准备工作。这样可以让总台再次面对重大公共卫生事件时做到未雨绸缪,能够更加有效地发挥自身的社会功能。

五、提升报道专业性

在构建现代新型传媒的同时,总台也应注重采编队伍科技素养的提升,要培养既懂新闻传播知识又具有其他某一领域知识的复合型新闻传播人才,如此才能提升相关报道的专业性,才能增加新闻采编队伍对相关信息的警惕性与甄别能力,从而增强总台在重大突发公共卫生事件中的预警能力,进而不断提升总台的公信力、传播力、影响力。

结　语

在类似新冠肺炎疫情这样的重大突发公共事件面前,舆论环境复杂,因此主流媒体对相关信息的把关与传播、对于防疫知识的普及尤为重要。中央广播电视总台在新冠肺炎疫情防控中,及时、全面地发布权威信息、贯彻党中央的决策方针,坚持正确的舆论导向,在缓解民众恐慌、稳定社会民心上发挥了重要作用。同时,总台依靠强大的平台实力,发挥舆论监督功能,凸显了总台的媒体社会责任。面对新传播环境下公众对信息获取渠道和获取习惯的改变,总台把握受众需求,充分利用新媒体传播平台,打造了多档有影响力的节目,提供了丰富的内容产品,成为国内媒体行业的标杆与榜样。但新冠疫情尚未结束,总台应总结经验,继续坚守主流媒体的责任与担当,迎接新的挑战。

省市级传统媒体篇

第四章 新京报抗疫报道研究报告

张 勤[①]

新京报全媒体矩阵以 App 客户端为中枢运营核心,用全新的移动互联新闻思维来制作和报道疫情数据、习近平总书记讲话与指示、政府抗疫政策、国际援助等事实信息,解读联防联控抗疫举措、防控分级,规范与指导消毒消杀、居家隔离、复工复产等行为。

新京报疫情报道一如既往贯彻与呈现"优先移动""优先视频"和加强基于公共利益注重图文介质深度报道满足"用户体验"的三大经验,为重大突发公共卫生事件报道提供"第一时间反应、及时阻断谣言、权威证言"的成功报道机制。

基于新京报"优先移动,先网后报"的报道发布模式,本研究以文本研究法遴选"高专业、高品质、高新闻价值"特性的纸媒内容为研究中心脉络,再补充他类载体优质精彩内容加以分析。

第一节 新京报概况

新京报于 2003 年 11 月 11 日创刊,原由光明日报报业集团主管、光明日报报业集团和南方日报报业集团主办;2011 年 9 月 2 日变更为中共北京市委宣传部主管主办;2018 年 10 月 31 日新京报 App 正式上线,撤销新媒体部,全员转型客户端,形成"融为一体,合而为一"的组织架构与传播平台。

---

① 张勤,华北电力大学人文学院广告教研室主任,副教授,博士。

新京报现拥有新京报App、新京报网、微信矩阵、微博矩阵以及多个抖音快手等短视频聚合平台号，进驻今日头条、一点资讯等聚合媒体类平台，其旗下有千龙网、千龙发行App等，深度合作的有腾讯、搜狐、新浪、网易等门户网站，爱奇艺、优酷等视频网站延展其报道的影响面与传播力。

定位于"优先移动、优先视频、优先用户体验"的新京报，以"好新闻无止境"的品牌口号，慎始如终地秉承"品质源于责任"的传媒理念。作为谋求媒体融合转型力度与效度成功的纸媒，新京报成功晋身"2019年报纸融合传播百强榜"，2018年新京报社全年盈利达到千万元级别，"确保了社会效益与经济效益的双丰收"。[①]

第二节 新京报全景报道疫情

新冠肺炎疫情是"新中国成立以来发生的传播速度最快、感染范围最广、防控难度最大的一次重大突发公共卫生事件"[②]。1月20日中央作出重要指示，新京报全员投入全国上下共克时艰的抗疫报道。

一、公开透明报道疫情，夯实舆论基础

（一）实时公布疫情数字，满足受众知情权

2019年12月31日—2020年1月20日，主流媒体包括新京报在内未能及时对疫情信息公开。1月20日新京报开始多类别、多载体、多形态、多角度地呈现疫情数据，让民众及时了解疫情发展实时状态。

新京报头版与要闻、封面报道无缝隙对接，及时披露疑似、确诊、死亡等数字及变化原因。2月14日A06封面报道《湖北新增病例为何一夜间过万？》解释因"临床诊断"统计口径使得湖北新增新冠肺炎病例突增至14840例。

新京报App视频栏目专门开辟"聚焦新冠肺炎"专题，下设16子栏目，分设"5月各地防疫""4月各地防疫""5月国际疫情""4月国际疫情""4月权威发布""聚

[①] 陈实.媒体寒冬之下 《新京报》实现千万级利润的秘密，2019年01月29日，新浪财经-自媒体综合，http://finance.sina.com.cn/chanjing/gsnews/2019-01-29/doc-ihqfskcp1576396.shtml.

[②] 国务院新闻办公室6月7日发布《抗击新冠肺炎疫情的中国行动》白皮书 《中国抗击疫情的艰辛历程》.

焦武汉""驰援湖北"等栏目,来介绍武汉及全国各地、国际社会防疫新情况、新挑战及伴随出现的社会动态。"梳理科普"子栏目由"动新闻"用动画方式生动演绎如新冠药物何时问世、吃外卖能否感染新冠等问题;"吹哨人"子栏目由我们视频记录武汉曾被训诫医生、感染新冠医生的隔离治疗过程、疫情观点、生活起居等。

6月11日北京疫情再次严重,新京报技术与版面设计团队迅速对客户端报道形式推陈出新。新京报App 6月16日在首页推出"抗肺炎"专栏,6月19日专栏创新设计"北京疫情地图H5实时更新",分"疫情防控""科普分析""实用信息"框架,以长海报形式为受众提供疫情数据及解疑释惑,可视感与易读性结合紧密,方便受众认知与理解。

新京报网推出首页图片链接专题,"北京市新冠疫情动态"实时更新目前确诊、累计确诊、累计死亡、累计治愈数据,分设"最新消息""病例详情""防控升级""防控措施""市场保障""专家释疑""现场探访"栏目,一键点击这些栏目进入相关报道,内容分类整合,方便受众快速搜索、定位有需求的信息,极大满足了受众对新冠肺炎疫情的知情与了解。

(二)"封城"不是"围城",抵消受众紧张情绪

面对市民对武汉关闭市内外交通与通道的疑惑与焦虑,2020年1月24日A04封面报道《"武汉'封城'不是'围城',而是众志成城》,提出封城是应对春节人口迁徙高峰时而采取不得已为之的物理隔离措施;3月25日A03版报道除武汉外解禁;4月8日A01、A04版联动我们视频"见证武汉重启"。新京报App"沸点"编辑转载南方都市报《从封城到解封,武汉76天经历了什么?》,延展报道内容有广度与深度,进一步缓释受众对封城认知不清造成的情绪紧张心理。

(三)各地"小汤山"医院,应收尽收保胜利

新京报App"聚集新冠肺炎"专题下设"各地'小汤山'医院"子专题,记录各地紧急兴建方舱医院与应急定点医院,并快速交付使用抗疫,成功解决医疗不足、应收尽收所有隔离病人的报道。

围绕火神山兴建与交付使用,1月26日新京报App"沸点"报道《雷神山医院2月5日投入使用,火神山医院将移交军方管理》;1月27日新京报微博《武汉火神山医院建设进场第四天,第一批箱式板房开始搭设》;1月29日A04版封面报道新京报联动我们视频，记录记者走进武汉火神山医院建设工地，实地探察进度；2月3日头版报道《火神山医院2月2日完工已举行军地交接仪式；编设床位1000张，不设门诊，主要救治确诊患者》，配合A03封面报道《经中央军委主席习近平批准，军队抽组医疗力量承担火神山医院医疗救治任务，1400名军队医护今起承接火神山医院》，同时我们视频70秒航拍直击火神山医院正式落成。

（四）粮食不短缺，囤粮无必要

疫情期间，多国叫停粮食出口，各地民众担心粮食短缺而抢购粮食。新京报疾速跟进相关部门发布会，4月、5月连续发9篇深度报提供中国粮食生产、囤积与进口结构等数据，引导公众理性购买、不必屯粮。

4月2日A06封面报道《粮食危机"来了？专家：中国主粮充足》；4月5日A01版《国家粮食和物资储备局：我国目前稻谷小麦库存充足》、A03要闻版《我国粮食产量丰、库存足，老百姓没必要抢购囤积》；4月7日A05版《北京粮储局：供应充足不必囤粮》；4月12日A05封面报道《湖北粮食库存可供全省消费一年以上》、A06版北京新闻《粮库成品粮"存一备一"存储量增一倍？》；4月13日A03封面报道《武汉市商务局：粮油销售货源充足、价格稳定》。

5月22日新京报App速递"部长通道"，报道农业农村部长韩长赋用四句话"粮食连年丰收、库存比较充裕、口粮绝对安全、饭碗端在手里"概括中国不会发生粮食危机。5月27日新京报App"深度"栏目以《粮食大考：破局疫情下的农业生产》为题，强调粮食安全一直是国家战略中最重要的一环。这些文章引用官方数据、内容详实，有力支撑"粮食短缺恐慌"是不正确的观点。

二、总书记讲话批示，引领抗疫大局

新京报全媒体矩阵以重要位置、显著标题图片、专题集中等方式报道总书记讲话、批示、指示、重要文章，同步落地新京纸媒头版，再以要闻版或封面报道版面承接与解读。

（一）疫情防控，亲自部署、领航定向

疫情发生后，总书记时刻把人民群众生命安全和健康放在第一位，全面统筹、统一领导，稳住了湖北武汉疫情，稳定了全国大局胜利。

2020年1月21日A01头版《习近平：坚决遏制疫情蔓延势头》，强调要把人民群众生命安全和身体健康放在第一位；1月26日A01、A04版封面报道习近平主持中央政治局常委会会议，指出必须加强党中央集中统一领导，各级党委和政府要增强"四个意识"、坚定"四个自信"、做到"两个维护"；1月28日A01版报道习近平要求"全面落实联防联控措施，构筑群防群治的严密防线"；2月4日A1版强调"疫情防控要坚持全国一盘棋"；2月6日A03要闻版强调"为疫情防控提供有力法治保障"；2月11日A03要闻版习近平强调"打赢疫情防控的人民战争、总体战、阻击战"；2月16日A03要闻版刊发《习近平：把防护资源集中到抗疫第一线》文章。

4月27日新京报App推出"习近平总书记最新报道集"专题，对总书记各地考察、国际关系交往、重要指示进行全面集中报道。

新京报报道跟进总书记召开的一系列重要会议，严谨负责地报道讲话、调研、考察，将总书记英明果断的疫情判断与重要指示传递给全国人民，引领人民遏制疫情蔓延势头，打赢疫情防控阻击战。

（二）国际合作，中流砥柱、共赢胜利

新冠肺炎疫情在中国首先爆发、传播速度快、感染范围广，2月底开始在全球持续蔓延，多国政府接连升级防疫措施。4月16日新京报A03封面报道习近平总书记在求是杂志重要文章《团结合作是战胜疫情最有力武器》，指出需要各国凝聚起战胜疫情的强大合力。

新京报持续报道了2020年1月23日应约同法国总统马克龙、德国总理默克尔通电话；1月29日会见世卫组织总干事谭德赛；2月19日同英国首相约翰逊；2月28日同蒙古国总统巴特图勒嘎会谈、3月14日应约同联合国秘书长古特雷斯通电话。3月15日A03版刊发习近平致电韩国总统文在寅《携手合作早日共同战胜疫情》一文，表示中方将继续提供力所能及的援助。3月27日A01版报道了习近平在G20领导人应对新冠肺炎特别峰会上发表重要讲话，"坚决打好疫情防控全球阻击战"，倡议有效开展国际联防联控。

新京报App"要闻""快讯"栏目报道了习近平总书记同伊朗总统鲁哈尼、意大利总统马塔雷拉、俄罗斯总统普京、老挝总书记、国家主席本扬通、巴基斯坦总理伊姆兰汗、古巴国家主席迪亚斯—卡内尔地、美国总统特朗普、意大利总理孔特等国家领导人致慰问电或通电话的情况。

这些报道清晰勾勒出总书记与多国国家政要交流，表示加强抗疫国际合作的重要性，清楚回答"为什么"要国际抗疫合作和中方提供国际援助、愿同有关国家分享新冠肺炎疫情防控经验等"怎么做"两大核心问题。

（三）复工复产，亲自指挥、生机盎然

新京报综合利用多媒体工具，深入一线报道，注意专栏专题设置，报道总书记在中共中央政治局、中央政治局常务委员会等会议，及在北京、湖北、武汉、浙江宁波等地调研、考察时不断强调的要在疫情防控常态化条件下加快恢复生产生活秩序的指示和讲话。

2月头版、封面报道有4篇相关总书记复工复产、推进经济社会发展工作的报道。3月19日A03要闻版报道习近平主持召开中共中央政治局常委会会议，研究部署"以省域为单元推动经济社会秩序恢复"。4月25日新京报App"要闻"栏目编辑刊登新华社、人民日报"习近平总书记陕西考察纪实"，强调"危和机总是同生并存的"，复工复产要化危为机，迎难而上。

新京报将总书记共克时难，尽快建立与疫情防控相适应的经济恢复举措讲话、指示传递给全国人民，提振建构社会恢复"生机盎然"的舆论环境。

三、建设性报道，正能量引领社会

（一）联防联控，不得擅自"断路"

针对某些村镇设卡、断路、封村等强硬物理防御行为，新京报1月22日A02社论《以对生命负责名义，联防联控新型肺炎疫情》指出防疫涉及的管控需依法而为，实现更高效合理的联防联控。1月30日A02社论《非常之时当行非常之事，但不可行非法之举》，以公安部应对新冠病毒感染肺炎疫情专题会议决定支持"不得擅自'断路'：'硬核防疫'也需依法而行"的观点。

2020年2月6日A02版刊登了习近平主持召开中央全面依法治国委员会第三次会议的《越是最吃劲时越要坚持依法防控》，这篇报道为防控治理必须依循法律法规定调。

（二）提倡"减负企业"，助力恢复生产

新京报通过社论、要闻等手段积极报道各地政府"停征部分事业性收费、减免房租、金融机构增加信贷投放、加大政府向中小企业购买产品和服务的形式"等有效举措，助力企业恢复生产信心。

新京报1月30日A02版《共度时艰，不妨为受疫情影响行业"减负"》、2月4日A02版《中小企业纾困，"苏州十条"值得借鉴》、2月5日A02版《"北京19条"，让企业经营防控"两不误"》、2月7日A02版《减租降费增贷，北京"十六条"为企业雪中送炭》等社论高度评价这些城市减负企业举措帮助企业解决了生产经营的后顾之忧。

2月4日A04封面报道《国家发改委表示解决"口罩荒"企业可开足马力生产，疫情后富余产能将由政府收储》；2月6日A03要闻报道李克强主持召开国务院常务会议"确定支持疫情防控和相关行业企业的财税金融政策"，要求切实做好疫情防控重点医疗物资和生活必需品保供工作。2月19日03要闻版报道国务院"阶段性减免企业3项社保费"，多篇文章向社会传递国家与各级政府大幅降低企业成本，帮助企业渡过难关，树立国家政府与企业共克时艰的美好形象。

（三）复工复产，树立美好愿景

重大突发公共卫生事件冲击经济秩序、破坏社会稳定性。新京报追求疫情报道中从"理性"和"建设性"舆论引导，注意提供复工复产事实数据、深入现场专访生产状态，为受众谱写疫情恢复"欣欣向荣"的美好景象。

新京报首先以经济专题整合多个企业复工复产。2月28日A05版记录北汽集团、同仁堂复工复产；2月29日A05版刊发凯因科技、金豪制药紧急生产抗疫物资；3月3日A06封面报道顺义区两大园区257家规模以上企业复工复产。

2020年6月10日新京报App"产经"频道推出"振翅计划"，设"正在复工""云端旅行""大咖专访""旅业观察"等栏目描绘旅游行业虽遭遇重创仍积极助力抗疫，旅游经营从"新"出发，报道描写了旅游业恢复的新动向、新举措，有力化解当下社会普遍存在经济下滑的悲观情绪为正面积极态度。

四、逆行而上，最美医护者

新京报集中大量资源，文字、图片、视频、动画息数上阵，报纸分设"北京医疗队驰援武汉""援鄂日志"专题，集中报道抗击新冠的医护人员逆行而上奋战抗疫一线，呼应时代召唤的事迹。

1月20日全国发起联防联控抗击疫情总动员，新京报迅速一线采访报道北京医护抗疫现场。1月20日A01版图片新闻报道北京协和医院急诊医护人员开始戴着口罩接诊。同日新京报派记者进入武汉深入疫情一线采访定点治疗医院、医护人员，从不同角度为受众提供零距离、最鲜活的现场报道。1月23日A01版图片新闻报道武汉大学中南医院隔离区病房医护人员为新型冠状病毒感染的肺炎患者输液。

1月30日设"北京医疗队驰援武汉"专题，当日A06版封面报道在武汉协和医院西院区"北京医疗队8小时收治15位感染者"；2月2日A04版报道"由北京大学三家综合性附属医院组建北大第二批援鄂抗疫医疗队赴武汉"；2月3日A06版报道"北京医疗队一周内开设三个病区"，已累计收治患者66人。2月4日A06版封面报道《防疫老兵曾宪红：帮孤独的隔离者建立信心》、2月5日A06版《北京医疗队在鄂累计收治患者102人》、2月8日A08版《北大再派334名医护人员驰援湖北》、2月17日A10封面报道《北京医疗队又治愈2名重症患者》、3月5日A05版封面报道《北京医疗队收治患者已达300名》、3月8日A05版封面报道《当医生不轻松但我热爱这个职业》……这些文章记录了北京医护人员奔赴武汉与死神作战、无私忘我的抗疫精神。

"援鄂日志"专题中，报道了抗疫中坚力量医护人员的日常生活与情感，建构全面、完整、真实的医护者形象。2月6日—3月5日共刊发了6组日记，不吝笔墨与版面为受众呈现了"最美医护人员，弃小家顾大家，不愧为国人脊梁"的非常时刻。

总书记高度肯定了医护英雄们逆行而上的抗疫贡献与意义。2月20日A03新京报要闻版刊发习近平《务必高度重视对医务人员保护关心爱护》；3月11日A03版封面报道习近平在湖北省考察疫情防控工作时强调"防疫斗争进入关键阶段气可鼓不可泄"，党和人民感谢武汉人民，要给广大医务工作者记头功。

五、志愿者助力，社区发力战疫

新京报用场景再现图文、视频等方式刊发多篇报道，记录了阻击疫情做出平凡而伟大贡献的志愿者、外卖小哥、心理咨询、社区、物业等各行各业战"疫"者。

2月13日A11版报道孝感民间自发组建志愿者团队为一线人员募集、采购防护物资。2月16日A12版"荐读"联动我们视频报道疫情防控志愿者黑人姑娘吉娜。2月17日A03版时事评论高度评价"80后"汪勇及其志愿团队凭着爱心、借着勇气，接送武汉金银潭医院医护人员上下班。3月15日新京报网"深度"频道《疫情中的快递、外卖员：我们在工作，就代表城市在运转》。

2月17日A12版封面报道湖北荆州开通各种心理诊疗服务，"看不见的战'疫'：心理诊疗就像一缕阳光"；新京报官方微博2月25日"78岁退休主任护师做志愿者在线抗疫，每天超12小时"为居民做心理疏导；2月24日A06版报道除夕夜天津微医互联网医院上线，提供免费义诊等多项服务。

2020年2月21日A01版图片新闻防疫《守夜人》后，新京报推出"战'疫'者"专题报道，赞扬作为疫情联防联控第一线居委会社区工作者、物业，冒着严寒值夜，为居民保驾护航。从2月27日至3月8日再发出5组报道，赞扬他们精准服务、摸排值守、应对基层防疫挑战的平凡事迹。

第三节 新京报抗疫报道成功经验

一、"移动优先"，多形态融合拳最大化覆盖受众

新京报融媒体矩阵积累了丰富的受众资源，目前新京报微博新京报号4238万粉丝、我们视频1256万、动新闻536万、新京报评论29.5万；新京报抖音账号318万粉丝、知道视频201.3万、动新闻206.4万；新京报头条号636.7万、动新闻208.8粉丝、新京报评论155.8万；微信矩阵里28个公众号，新京报官微、政事儿、动新闻等公众号都具有非常大的社会影响力。

新京报疫情报道，将所有原创资讯新闻优先移动再互联网站，App移动端与PC端首页版式设计、内容上高度相似，增加传播认知与记忆效果。新京报App现有21

个频道下设 160 多个子栏目，子栏目再依疫情变化设专题专栏。这些内容最后遴选出重要性、指导性、影响力大的资讯落笔于新京报纸媒，保证传播覆盖面最大化。

围绕"北京市援鄂医疗队 138 名队员圆满完成支援武汉抗击疫情的重任回京"主题，记者现场视频、采访录音、摄影拍照，App 中"现场""北京看点"栏目图文报道、"直击""通报"栏目文字视频结合报道；这些现场资讯进一步落地"两微"、抖音快手号、各资讯聚合平台，最后新京报 3 月 31 日 A01 版刊发图片新闻《"战友"，再见！》、4 月 1 日 A06 版《谢谢你们为武汉拼过命》，并在图片上配有二维码，联动进入我们视频现场报道，全方位到达受众群体。

二、"优先视频"，零距离吸附受众注意力

新京报疫情视频报道采"广电新闻"所长，按移动互联传播规律操刀视频制作，拍摄时加强核心画面现场感，剪辑时注意缩短时长、字幕紧密配合解说画面，发布追求零距离时效性，成功吸引受众注意力。

曾获 2019 互联网星光盛典最具影响力媒体奖、运营已经四年的我们视频，采取实时视频直播报道国家、地方政府发布会重要抗疫政策与举措。直播报道融合现场核心画面、解说字幕、记者出镜解说等丰富符号，同时记者在现场口述报道，展示医院救治状态、聚集疫情发布地检测、社区防控状态、市民生活等一线情况。

新京报另一品牌"动新闻"动画新闻视频，秉承"还原一切消失的新闻现场"的价值观，疫情报道中除了跟进事件热点如 6 月 16 日"北京累积超 100 例确诊，如何安全买菜"等热点新闻，还推出"动画解'毒'：新型肺炎疫情歼灭战"专题。专题中的动画视频逐一解释了"战'疫'知识小科普""新冠药物问世还有多久""零号病人有多重要""新冠病毒如何感染人体""避免聚集性疫情"等疑问。

三、"优先用户体验"，图文还原公共利益性

新冠肺炎疫情作为重大突发公共卫生事件，具有突发性、破坏性、不可控性的特征，信息传播处于"无限生态位"的新媒体传播语境，考验着参与信息场传播的新闻媒体对受众信息需求基础上"使用与满足"的用户体验精准定位。

新京报疫情报道坚持公共利益性原则，在强调鲜活快捷的短视频、小视频、即时

短讯等速配民众碎片化时间阅读需求的同时，没有一味追求流量和经济效益的话题，报道内容挖掘图文深度报道为民众解疑释惑，引领受众树立抗疫必胜的信心。

6月18日新京报App"抗肺炎"专题"北京市新冠疫情实时动图"H5实时更新疫情数据，点击地图可获取各区详细数据，下拉长海报"疫情防控""科普分析""实用信息"子栏目；"拍者"栏目下《多图直击北京核酸检测实验室日均40万的样本怎么测》、6月19日A08封面报道记录记者探访《北京大学首钢医院核酸检测实验室日测上千样本，核酸采样不到十秒的速度》，力证医疗设施接纳能力与国家政府医疗设施能力防疫执行力与决心，疏导受众态度与国家抗疫主流价值观一致。

第四节　对重大公共卫生事件报道中媒体舆论引导的启示

一、及时反应，掌控话语权

2019年12月27日—2020年1月19日，武汉市监测到不明原因肺炎病例，信息舆论场充斥个体爆料与自媒体语料，武汉及全国主流媒体缺位失声，一度贻误发声良机。

1月20日，新京报与其他11家媒体第一时间进入武汉，发布多篇消息、短讯、通讯、深度报道公开透明地还原抗疫初期武汉医疗资源极度匮乏的事实，进一步向受众解释党和政府为此已经采取的紧急解决措施。1月24日A06版封面报道《武汉计划6天建成"小汤山模式"医院》，集中收治新型肺炎患者，2020年02月21日A03版封面报道国新办发布会表示确保武汉有医治能力的病床达7万张，随时接收患者。报道如注入"疫苗"一般，掌控话语、抢占舆论高地，争取到社会民众对党和政府的信任。

1月20日前后主流媒体报道状态的变化意味着重大突发公共事件必须及时准确、公开透明地报道事实，同时加以"报刊有机运动"持续报道，补充未尽事实，提振民众对党与政府抗疫能力与执政力的信心。

二、阻断谣言，"泄压"社会恐慌

新冠肺炎疫情爆发时，病毒来源、传染途径、传染力、治疗方案、药物等都处于未知状态,高烈度、多维度破坏性让武汉乃至湖北整个医疗系统猝不及防。信息不确定、权威真相缺场与迟到曾让流言、谣言充斥舆论场，甚至被加持流量的自媒体或别有用心的个体组织利用，成为制谣、传谣的温床。

因此"突发公共事件，及时、精准辟谣既是主流媒体的职责所在，也是面临的巨大挑战。"① 针对2月中旬有关复兴医院聚集性疫情再传社区的传言四起，2月20日我们视频报道《复兴医院聚集性疫情确诊36例：医护等卫生人员17人》，2月21日A05版封面报道复兴医院新发确诊病例都来源于之前确诊病例的密接者，没有向社区蔓延。新京报的报道及时阻隔谣言的扩散，有效"疏解"了北京市民恐慌心理与情绪。

三、权威证言，增加可信度

权威专业性是信源可信度决定要素之一。重大公共安全事件公布疫情数据、防控政策、居家隔离、检测医疗、疫苗药物等重大举措事实与意见解读时，一定要依托官方发布、专家意见，才能有效发挥主流媒体稳定民众情绪、缓解社会矛盾"信息阀"的功能。

新京报矩阵报道新冠肺炎疫情以显著位置、专设频道加强权威信息发布。如App"通报""发布厅"、新京报网首页、新京报头版与要闻、封面报道配合进行疫情数据更新与解读，报道党中央、国务院、各级政府联防联控措施、经济贸易生产数据，这些数据引用官方来源，解读依靠知名专家证言，引领社会舆论与党、政府观点方向保持一致。

对舆论场存在的谣言反击，更需要权威证实、官方证言。新京报App"四九城"栏目6月10日《一图识破北京疫情6大谣言》、"科普"栏目6月17日《北京疫情谣言粉碎机（第二期）》，都注意使用了权威部门证实来加强反击谣言的力度与效度，成功说服受众远离谣言。

---

① 蒋欣如.面对重大突发公共卫生事件，地方党报如何履责担当——浙报集团新冠肺炎疫情防控宣传报道探析.传媒评论,2020(02):10.

第五章　湖北广电抗疫报道研究报告

张　韦　梅　婕[①]

疫情期间，位于疫情风暴眼的湖北广电顶住压力，围绕新冠肺炎疫情展开了全方位、多维度的报道。本研究以湖北广电旗下星级卫视平台的"湖北新闻"栏目作为典型案例进行内容分析管窥湖北广电抗疫实践，研究发现湖北广电应用六种内容主题、运用两大类视听元素、结合四种叙事手法来组织新冠肺炎疫情报道，体现了抗疫报道的时效性、新鲜性、重要性、形象性等新闻特点。在抗疫新闻生产过程中，湖北广电的抗疫经验包括：新闻采集重视审视与合作，把握新闻原则；新闻加工注意手法与形式交融，构建电视新闻美学；新闻发布注重不同媒体特性，最大化实现媒介效果；新闻反馈注意对话与公众参与，完成共同叙事。同时，研究也指出抗疫报道存在缺乏对民间话语空间的内容挖掘和节目创新意识不强等两方面的问题。最后，研究发现在突发公共卫生事件中，应从四个方面来引导舆论：一是掌握舆论主动权，协同政府把握第一落点；二是建立智能媒体应急平台，主动应对突发事件；三是充分考虑群体异质性，差异化舆论引导策略；四是健全新闻众包机制，促进公众参与。

第一节　湖北广电发展概况

作为省级大型综合性传媒机构，湖北广播电视台（集团）拥有广播、电视、电影、

[①] 张韦，管理学博士，华中科技大学医药卫生管理学院讲师，主要研究方向为互联网医疗政策、健康传播；梅婕，华中科技大学医药卫生管理学院硕士研究生，主要研究方向为健康传播。

电视剧、新媒体、有线网络、报刊等丰富的媒体资源。其历史最早可追溯至 1949 年成立的武汉新华广播电台，在历经多次融合转型后于 2011 年 10 月正式更名为湖北广播电视台。近年来，湖北广电结合传统媒体自身优势，广泛布局融媒体业态，积极运用移动互联网、云计算、大数据、物联网、人工智能等信息技术，探索移动客户端、网站、新媒体等多种渠道整合的媒体形式。在广播方面，湖北广电旗下拥有湖北之声、楚天交通广播、楚天音乐广播等 10 个广播频道、11 套广播频率，所研发的移动端 App 九头鸟 FM 已经成为湖北省移动互联网音频传播的主渠道、新阵地[1]。在电视方面，湖北广电坐拥多家电视频道且各有所长。其中，湖北卫视围绕新闻、民生、娱乐等领域打造出"长江新闻号""非正式会谈"等金牌 IP 节目；湖北电视综合频道侧重舆论监督，代表性的栏目包括"媒体问政"和"党风政风前哨"等[2]。在融媒体方面，湖北广电推出了全国首个将舆论引导与意识形态管理、政务信息公开、社会治理和智慧民生服务三者融为一体的"新闻＋政务＋服务"的融媒体平台——长江云，能够高效地实现新闻生产的采集、制作和发布等全生命周期内信息的共享与交换[3]。

自新冠肺炎疫情爆发以来，在湖北广电应急宣传报道指挥部的领导下，全台坚持疫情和舆情"两面作战"，坚持"长江云"首发，频道资源共享，新媒体各展所长的融媒体模式进行全方位报道，主动承担媒体责任，积极引导公众舆论[4]。疫情期间，湖北广电第一时间撤掉百余档娱乐节目和春节特别节目[5]，通过旗下广播多时段滚动播放省市防疫工作最新动态，及时推出"疫情防控共度时艰""众志成城抗疫情"和"抗击疫情湖北乡村在行动"等多档新闻节目来报道疫情。同时，借助于"长江云"首发，新闻报道能够高效地联动全省各地广播电视台和 120 个云上系列客户端，实时共享湖北广电"长江云"的"湖北权威发布""战'疫'地图"和"抗击疫情云端联动"等专题，快速同步省级各项重要疫情动态、抗疫部署、发布会等消息，全面营造抗疫的舆论氛围。

---

[1] 邓昌浩. 湖北广播电视台广播媒融发展的探索与实践. 电声技术,2019,43(02):23-27+44.
[2] 滕小华,鲍立纲,童文龙. 新时代政治生态建设与舆论监督的互利效应——以湖北电视综合频道创新舆论监督为例. 新闻前哨,2019(08):4-6.
[3] 郑妍. 长江云融媒体内容生产平台业务设计和运营. 现代电视技术,2020(02):104-106.
[4] 湖北卫视：在战"疫"最前沿发声. 电视指南,2020(Z1):68-71.
[5] 湖北广电：在疫情风暴中心彰显媒介责任. 电视指南,2020(Z1):24-27.

第二节 湖北广电抗疫报道的内容分析

自 2020 年 1 月 23 日武汉封城以来,全国性的抗疫攻坚战役正式打响。处于疫情风暴眼的湖北广电,疫情期间顶住压力,充分利用优势人力资源与平台资源,联合中央和省级各级媒体,传达以习近平总书记为核心的党中央作出的重大决策部署与战疫精神,客观真实地报道一线疫情新闻消息,以人民群众关切为中心,密切关注线上线下舆论走向,科学引导舆论氛围,承担媒体责任,彰显媒体担当。湖北卫视上播出的地方新闻节目"湖北新闻"是湖北广电推出的疫情新闻直播节目"众志成城抗疫情"的重要组成部分,也是湖北广电对疫情报道的内容缩影。因此,本部分选取"湖北新闻"管中窥豹,试图勾勒出湖北广电抗疫报道实景。具体而言,本部分运用内容分析方法,基于电视新闻节目形态及其基本元素对"湖北新闻"的疫情报道展开研究[①],具体的编码框架如表 1 所示。

表 1 "湖北新闻"内容分析框架

序号	具体编码	具体分类
1	主题元素	政府防治,疫情动态,医护人员、志愿者、基层人员的抗疫报道,人民群众居家生活与抗疫报道,谣言治理与建设性舆论监督,其他类报道
2	叙事手法	主题事件化、事件故事化、故事人物化、人物细节化
3	新闻元素	时效性、真实性、新鲜性、重要性、形象性、贴近性、互动性、综合性
4	视听语言	视觉元素、听觉元素

资料来源:孙宝国《电视新闻节目形态的定义与元素》

一、"湖北新闻"的主题元素分析

电视新闻节目的主题元素是指节目中消息的基本观点、报道主旨、中心思想。分析主题元素,可帮助理解新闻节目的主要思想与新闻内容设置的缘由。而"湖北新闻"的抗疫报道可分为"政府防治""疫情动态""医护人员、志愿者、基层人员的抗疫报道""对人民群众居家生活与居家抗疫报道""谣言治理与建设性舆论监督""其他类报道"等六大类别,涵盖疫情背景下的政治、文化、经济、法律、社会等领域。

"政府防治"是"湖北新闻"报道的关键,也是"湖北新闻"抗疫报道比重最大

---

① 孙宝国.电视新闻节目形态的定义与元素.东南传播,2008(11):110-111.

的部分。一是围绕以习近平总书记为核心的党中央有关疫情的批示进行宣传与解读，对公众进行价值引导，坚定抗疫必胜的信心。考虑到权威性与准确性，该部分报导主要援引自中央电视台。在顺序安排上，该部分内容通常设置在节目的开头部分，以充分彰显党和国家的担当与责任。二是对湖北省各级政府组织的联防联控行动进行重点报道，将地方政府抗疫工作及时有效地传达给广大受众。因疫情发生在湖北，政府的工作内容、工作效果与公众信任密切相关，稍有不慎，极易引发舆论危机。湖北广电顶住各种压力，针对不同报道目的进行分级报道，如湖北省政府与地市级政府的报道、重度与轻度疫情地区的报道、城市和乡村的情况报道等。首先是播报湖北省政府重要领导的工作内容，突出湖北省重点精神文明建设和抗疫工作及其效果。其次联合湖北省地市级媒体，对湖北省的各市、州政府防治落实情况做深入报道，分享各部门和基层单位的抗疫进展情况和先进经验，如多次重点播报基层政府运用"村村响"落实乡村防疫工作。

突发公共卫生事件下，信息匮乏是导致公众恐慌和谣言传播的主要原因。为向公众提供及时准确的疫情信息，针对疫情不同阶段的特点，湖北广电采取多样化的传播策略，确保疫情信息的持续、有效供给。在针对新冠病毒科普报道方面，"湖北新闻"的报道涵盖新冠病毒知识、流行病知识、检测设备、疫苗研发、治疗方案、预防方法、心理疏导知识等诸多方面，通过政府官员、公卫专家、一线医护人员等多元化的视角，综合运用文本、图表、动画和短视频等多样的视觉呈现形式，深入浅出、通俗易懂对疫情知识进行科普与解读。例如，为提高报道的可读性，从最开始的文字播报，逐步实现与图表、动画等形式结合，更加清晰、直观地呈现疫情发展态势。随着疫情态势日趋平稳，"境外输入""无症状感染者"等新词进入大众视野，在完成疫情态势的报道后，积极组织公共卫生专家、医生等专业人员针对热词、新词进行大众化解读。

围绕突发公共卫生事件下医护人员、志愿者、基层人员的抗疫事迹进行报道，弘扬社会正能量是突发事件报道重要的议题之一。在"湖北新闻"的报道下，多位参与一线抗疫的英雄群像鲜活起来，展现出疫情中的无私与大爱，能够积极引导公众形成抗疫工作的全面认知。在疫情爆发初期，报道聚焦于医护人员和社区工作人员无惧于被感染的风险与高强度的工作负荷，放弃春节期间与家人团聚的机会投入一线抗疫工作的奉献精神；在抗疫攻坚阶段，重点推出八方驰援系列报道，讲述来自全国各地的援鄂救援队的感人故事；在疫情平稳阶段，邀请援鄂医疗队、基层工作人员、志愿者讲述他们坚守在不同岗位的抗疫故事，后续还推出《谢谢你！为武汉拼过命》的专题报道，向所有为武汉抗疫作出过贡献的英雄表示感谢。

在突发公共卫生事件的新闻报道中，平民化的诠释视角更能引起广大公众的情感共鸣。疫情期间贴近社会公众的新闻报道，其所表现的不仅是老百姓的生存状态和心理状况，更是他们的生活追求和心灵渴望[1]，而围绕疫情下普通公众的居家隔离和日常生活状态的报道就成为"湖北新闻"的重要关切。总体而言，本部分报道的内容主题广泛，主要通过生活、生命、生存[2]三个层次来呈现。一是疫情期间普通群众的生活状态。在疫情初期，深入报道普通群众的衣、食、住、行等情况，积极宣传居家抗疫好的做法；在疫情中后期则关注社区防控和省内外市民的复工情况，并积极发起为市民复工提供支持的倡导。二是生命层次的报道，该部分题材涉及疫情期间公众情感、精神、文化等价值层面，通过对普通市民、志愿者们、一线工作人员间的情感描述，传达人们互帮互助、共度难关的积极情感关系。三是关于疫情的生存思考，该部分主要是引导人们对突发公共卫生事件下人性、社会等层面的思索。

疫情期间，"湖北新闻"还针对公众中话题度高、讨论热度高的话题追踪，及时进行谣言治理与建设性舆论监督，与相关政府部门进行及时沟通，对假消息、失实信息做到及时辟谣，杜绝谣言发酵后的不良后果；针对真实的、可改进的、侵害公众权利的话题做到持续跟踪报道，如针对市场上可能出现的乱收费、乱涨价的情况，联合执法部门进行持续报道与追踪，起到舆论监督的作用。而其他类的报道则涉及国际支援的抗疫报道、社会各界的志愿行动、疫情间暴露出的不良问题及其影响等方面，这些报道使抗疫期间的报道主题更加立体和丰满。

二、"湖北新闻"叙事手法的分析

电视叙事文本以电视叙事学的基础[3]，通过新闻报道的文本揭示其内在的逻辑思维。新闻故事则是电视叙事文本研究的关键内容，通过对新闻核心事实（时间、地点、

---

[1] 景志刚.我们改变了什么？——《南京零距离》及其民生新闻.视听界，2004,000(001):8-10.
[2] 冯艳凤，张力翔.民生新闻报道的创新思考.现代视听，2010,000(0S1):P.32-32.
[3] 石长顺，成珊，赵伟.叙事理论与电视.现代传播，2004,000(002):59-61.

人物、事件)、事实所引发的后果、背景、新闻评论等基本叙事元素的分析把握其叙事主线与支线[1]。新闻节目通过叙事元素的组合，演变出新的叙事手法，具体表现为主题事件化、事件故事化、故事人物化、人物细节化[2]。

主题事件化是指围绕同一主题，选取最有代表性的事件进行报道。疫情报道要结合疫情态势和受众的心理状态，在新闻选题的选择中懂得取舍。疫情期间，牢牢把握党中央对宣传工作的指示，时刻考虑不同疫情阶段的多样化宣传，基于媒体责任与义务，作出符合当前防疫态势的内容安排，以此达到突出及深化新闻主题的目的，加深公众对新冠肺炎疫情的全方位认知。事件故事化则是指用故事的结构来进行新闻事件的报道，在深度新闻领域中有着广泛的应用。事件故事化的叙事实现了电视语言的回归，使得电视新闻更富感染性，更具冲击力[3]。疫情期间，在价值议题的报道时，更多的采用事件故事化的手法，通过故事化的叙述结构，结合同期声等电视语言元素，加强新闻的感染力。

故事人物化和人物细节化往往同时出现，是指通过对新闻故事中的主人公进行细节、个性的人物刻画，使得主人公形象立体、鲜明起来，加深观众对新闻的印象，以此更好地为新闻主题服务[4]。在对医务人员、志愿者、基层人员的报道时，广泛运用这两种叙事手法。在疫情故事的讲述时，选取典型人物进行着重刻画，充分挖掘人物的生活细节。如对原处于产假期间的医护人员发来的"请战书"进行焦点报道，报道采用了简单的微信截图，既表现出医护人员上战场的坚定与无畏，也让观众收获了最真实的感动。

三、"湖北新闻"新闻元素的分析

电视新闻元素包括时效性、真实性、新鲜性、重要性、形象性、贴近性、互动性、综合性[5]八个亚元素。在电视新闻的生产过程中，不同新闻要素的有机结合，能够产

---

[1] 蔡骐，欧阳菁.电视新闻节目的叙事艺术.现代传播，2006,000(001):75-77.
[2] 孙宝国.电视新闻节目形态的定义与元素.东南传播，2008(11):110-111.
[3] 赵蔺.电视新闻故事化浅析.当代传播，2005,000(004):106-107.
[4] 李治学.人物故事化故事细节化——电视新闻人物报道手法初探.科技传播，2015,007(013):8-9.
[5] 孙宝国.电视新闻节目形态的定义与元素.东南传播，2008(11):110-111.

生较好的新闻效果。因综合性、形象性会与本部分其余内容有所重复,故本部分重点对其余六大新闻元素进行阐释。

时效性是新闻报道的基本特性[①],也是衡量新闻价值的关键标准之一。为确保疫情新闻的生产,湖北广电统一组织了采编力量,将记者编辑集中归口到融媒体新闻中心,统一指挥调度。如在 1 月 23 日对封城后的交通进行报道,针对武汉火车站、武汉宏基客运站、武汉公交枢纽站、武汉铁路交通等多个交通要点,精选处于不同现场的新闻记者发回的报道,清晰、全面地呈现出封城后的交通情况。在重要性与真实性方面,始终坚持将党中央对新冠肺炎疫情的指示,并在 1 月 22 日开始,组织对新冠肺炎疫情的节目报道,时长也从原来的 20—30 分钟变成 45—60 分钟。同时,素材的来源上也以湖北台自采、统筹全省各地广播电视台、援引央视等主流媒体为主,确保疫情报道的真实性与权威性。在新鲜性方面,始终以良好的观感、适当的趣味性为导向,充分考虑广大受众的特点。如疫情期间的健康教育和科普工作相对比较枯燥,但考虑节目的调性不能过于娱乐化,因此在报道视角、呈现方式上需要作出相应调整,既有专门的报道来针对专家、一线医生围绕新冠肺炎疫情的解读和建议,也会综合运用图片、视频等形式呈现出政府对公众的温馨提示。

一般而言,贴近性体现在利益、地理、心理三方面,而疫情中"湖北新闻"尤其侧重心理上的贴近。时刻贴近医护人员与基层工作人员的日常工作与湖北市民的生活状态,聚焦群体生活中真善美,通过细节化特征与典型人物刻画的表现方法,充分展现灾难面前平凡人物的可贵品质与大爱精神。互动性则体现在与公众的互动、与同类媒体的互动等方面。疫情期间,一方面,时刻关注社会舆论的动向,如在报道封城期间关注食物储备、物价问题方面,联合湖北省市场监督局,进行多次报道、追踪;另一方面,注重与同业媒体的互动与沟通,其中"长江云"策划组织了"战'疫'集结号"全国媒体联动特别报道联盟,全国共有涉及 24 个省份 40 家媒体机构近 50 多个端口加入,为联合报道、信息共享打下坚实基础。

---

① 桑苗.浅谈现代新闻的时效性.青年记者,2010(02):13-14.

四、"湖北新闻"视听语言分析

区别于以文字载体为主的媒介，电视以图像、声音、影像等多重信息载体来刺激观众的感官。在双重感官的刺激下，电视媒体会根据不同的节目调性、属性，运用视听语言来给予观众不同的观感。而电视新闻，主要的节目作用是在于还原事实与价值观的传递，常常通过应用视听语言来制造给观众以记录还原、场景再现的强烈观感。基于此，本部分重点对视觉因素和听觉因素展开分析。

在视觉因素方面，诚如前文所述，通过将疫情数据进行可视化，能够有效地提高传播效果。在听觉因素的运用方面，同期声、音乐元素等得到了充分的利用。例如，在报道救援物资下货的时候，现场杂音、回音虽然降低了声音质量，却加强了新闻的真实感、现场感[1]。音乐元素则体现在对一线医护人员、基层人员的感人事迹的报道，通过音乐元素的烘托与加持，增加了新闻的感染力[2]。《武汉一定能》《武汉伢》等一系列抗疫音乐作品在"湖北新闻"片尾播出，能够起到鼓舞人心、心理疏导的作用。

第三节 湖北广电抗疫报道的成功经验与不足

一、抗疫报道中的成功经验

（一）新闻采集：审视与合作，把握新闻原则

在新闻采集方面，湖北广电疫情报道的成功经验之一便是充分利用手头采编人员资源、媒体资源，尽可能地实现信息覆盖面的全与广，保障信息的真实性。不同于传统突发事件，受疫情影响，居民区实行严格的封闭式管理，非专业人员难以抵达一线现场。但公众对于新冠隔离病房、方舱医院等与疫情密切相关的信息充满好奇和疑虑，这部分的新闻就依赖于采编人员的报道。湖北广电对台里的采编人员进行一体化统筹与管理，全台八百多名来自各频道各频率与融媒体中心的采编人员受到统一的调度与安排，在保障题材全面丰富的情况下，避免出现报道重复与人力、物力资源浪费的情况。

---

[1] 胡梅红,张健.同期声在新闻报道中的作用.现代视听,2010(S1):52-52.
[2] 陈辉,高鹏.音乐在电视新闻中的形态及其应用价值研究.当代电视,2014,000(011):107,109.

而采编人员在防护物资紧缺的情况下，依然第一时间进入发热定点医院、重症监护病房、华南海鲜市场"风暴眼"等较为危险的地点进行报道[①]，协助政府实现信息公开与信息报道。同时，湖北广电策划组织了全国媒体联动报道联盟，与各地市州的地方媒体合作，促进跨区域的地方媒体与主流媒体的联动与融合，形成辐射全国的传播效力[②]。

自媒体为现代新闻环境带来了前所未有的快速性与时效性，但同样受制于流量导向与新闻素养的相对缺乏，自媒体博客主缺乏新闻把关人的意识，但盲目要求公众进行信息的自我把关更是不切实际的。而基于网络虚假信息的舆论场，主流媒体与地方媒体更应该在海量信息背景下，做好"新闻把关人"。疫情期间，大量虚假信息与相对无新闻价值的信息在社交媒体上大量流通，但消息失真也会降低公众对信源的信任程度，做好真实的新闻是传媒人的底线。湖北广电采用四审制度，且启用新媒体版面审核员24小时巡查制度[③]，全力保障信息的真实性及其质量。

（二）新闻加工：手法与形式交融，构建电视新闻美学

融媒体运营模式如今已成为重要业界生态，为新闻业带来了媒介功能的融合与内容生产的整合[④]。疫情期间，湖北广电面临报道时效、报道量等多重压力，采用"中央厨房"式内容生产模式，集中策划、内容制作两大团队，合理运用表现形式与表现手法，构建电视新闻美学，增强公众兴趣，引发公众情感共鸣，合理引导舆论。

一是还原美学。现场直播是还原美学的实施形式之一。现场性、真实性和时效性等属性造就了现场直播在融媒体中的独特优势。一方面可对报道事物进行充分的还原，另一方面是让受众互动性提高，成为事件的见证人[⑤]。"长江云"利用5G技术，以直播的形式联合组织专题内容报道，如湖北省政府疫情间的例行发布会、火神山医院建设发布会等，解决了物理条件上发布人和记者无法见面的难点，通过"长江云"为

---

① 尚政民,徐开元.疫情风暴考验媒体社会责任——湖北广电抗击新冠肺炎疫情应急宣传报道的经验和启示.中国广播电视学刊,2020(03):14-16+22.
② 曹曦晴,孙俊,赵轶.湖北广电：吹响集结号发出战"疫"前线最强音.传媒,2020(05):35-37.
③ 曹曦晴,孙俊,赵轶.湖北广电：吹响集结号发出战"疫"前线最强音.传媒,2020(05):35-37.
④ 黄旦,李暄.从业态转向社会形态：媒介融合再理解.现代传播：中国传媒大学学报,2016(1):13-20.
⑤ 孟建,董军.新媒体环境下我国电视新闻的嬗变与发展.国际新闻界,2013(02):8-14.

所有媒体平等地提供相同的高质量直播信号资源①，给观众带来清晰、流畅的观看体验，成功吸引大规模观众。二是原生美学。Vlog 和抗疫纪录片是当下年轻群体、社交媒体中极为火爆的视频形式，其魅力在于原生性与生活性，是一种带有强烈个人风格的视频短片，而画外音通常是制作人自身，强调的是互动性和陪伴感。此次疫情报道中多次发布由不同视频主体制作的 Vlog，如记者、患者、医生等，试图从不同人群的生活视角或工作视角切入，为公众带来全新体验。三是情感美学。在软新闻的制作上，湖北广电试图用符号化或叙述化的方式来寄托新闻人物的复杂情感，作为受众与新闻人物之间的连接渠道，通过音乐、短视频、音频等形式完成对公众情感的输送与传递。

（三）新闻发布：针对不同媒体特性，最大化实现媒介效果

疫情期间，湖北广电采用融媒体内容机制，即在"中央厨房"式内容中心制作好内容后，采取权威信息长江云首发，进行多客户端、多电视台、多平台分发。新闻作品多端发布也不单纯是信息同步，湖北广电因地制宜根据不同的媒体特性，针对不同平台内的活跃群体，实现内容的灵活调整与发布。

一是采用同类型媒体同步更新，形成全省传播矩阵。疫情期间，湖北广电与多地电视台、"长江云"连同多地云上客户端，进行百台百端联动发布，形成全省权威信息传播矩阵，产生多重联动效应。同时，就传统媒体与新媒体之间产生线上线下的全维度覆盖效应，抢占舆论传播最高点。二是针对不同媒体特性，进行适合于不同平台特性、不同平台用户的内容再造。针对微博、微信等以静态内容形式为主的平台，发布以文本、图片等形式为主的新闻作品；而针对抖音、快手等短视频平台，则以动画、视频等动态形式的新闻作品为主。

（四）新闻反馈：对话与公众参与，完成共同叙事

新闻反馈环节是公众与新闻媒体互动最频繁的部分，代表着新闻传播的效果。其有利于媒体的选题再收集，推动公众群体中的理性发声；同时对政府的治理行为也能形成舆论监督。

具体而言，一是针对各媒体渠道传播效果较好的报道，进行吸收与再创作。相较

---

① 南方都市报.亲历武汉一线疫情新闻发布的45天：再忙再累也要坚持每日发布,http://news.southcn.com/gd/content/2020-06/09/content_191002673.htm,2020-06-09.

于传统媒体，以传播热度为核心的新媒体的传播效果的结果评价更为直观。这些指标能够为新闻工作者下一阶段的工作提供方向，通过对选题的深挖、持续报道，或是对热门新闻的表现形式进行多次利用，用后续的新闻作品完成与公众的对话。二是重视公众的反馈议题，媒体协同来完成新闻作品的共同叙事。湖北广电开放了一系列由线上到线下的收集公众议题的途径，包括"长江云"客户端、新媒体评论板块、频道、频率热线电话、小程序等，旨在尽可能多地收集公众议题，并反馈给有关政府管理部门，完成舆论监督的作用。通过协同公众完成新闻生产，湖北广电拉近了与公众的距离，对后续舆论引导的说服行为能够起到重要作用。

二、抗疫报道中的问题与不足

（一）缺乏对民间话语空间的内容挖掘

在新媒体的背景下，存在着有明显交错的双重话语空间：一是以官方大众传播媒体、文件、会议为载体的官方话语空间；二是以互联网、手机短信、各种人际传播渠道为主的民间话语空间。[①] 而在突发公共事件的背景下，民间话语空间以其极大的丰富性，往往会超越官方话语的引导，渲染社会情绪会占极大部分。[②] 而正是因为民间话语空间的不稳定性与不确定性，主流媒体与地方媒体对民间话语空间的关注有限。尽管湖北广电密切关注民间话语空间，但主要是针对舆论监督与谣言治理部分。事实上，民间话语空间内的内容主题极其丰富，空间内不少网友关于疫情的反思、质疑、呼吁非常有价值，这些内容往往是能够引发公众集体记忆和共鸣的部分，但该部分在此次报道中尚未得到充分体现。

（二）节目创新意识有待加强

虽然湖北广电在疫情报道中做到了班底团队最大化利用，集结外部合作资源进行优质新闻作品的输出，但其在创新方面仍有所缺乏。一是缺乏对专家报道的解读，绝大多数与疫情相关的专业知识的信息是来源于专业组织与专家群体，而媒体承担着传播与解读的责任。疫情期间，虽然湖北广电努力将这些专业知识通过诸多形式表现出

[①] 何舟，陈先红.双重话语空间：公共危机传播中的中国官方与非官方话语互动模式研究.国际新闻界,2010,032(008):21-27.
[②] 王凌云，姜鸿文，马凌，等.基于突发公共事件的双重话语空间对比分析.当代传播,2013,000(002):45-48.

来，但仍充斥大量专业名词，对医学素养偏低的公众造成一定理解上的困难。而对专业信息的加工和处理不仅需保证信息的真实性，还要避免过度解读，这也是突发事件下媒体报道的一大难点。在未来，如何高效地平衡疫情报道中对特定知识的专业性和通俗性解读是值得深入探讨的议题。二是节目形式缺乏创新，虽然湖北广电新媒体渠道众多，但其中内容与形式多局限于将电视、广播等内容在多个新媒体渠道上分发，而采访对象也以线下市民为主。未来湖北广电需整合自身力量，有针对性地吸纳新媒体策划人才，力求在节目形式上的创新。

第四节　对突发重大公共卫生事件报道中媒体舆论引导的启示

舆论是公众关于现实社会以及社会中的各种现象、问题所表达的信念、态度、意见和情绪表现的综合，具有相对的一致性、强烈程度和持续性，对社会发展及有关事态的进程产生影响，其中混杂着理智和非理智的成分[①]，对于整体社会价值观具有巨大的影响。而在突发重大公共卫生事件中，由于引导对象特殊、社会背景特殊、媒介环境特殊等原因[②]，舆论引导的难度加大。有效的舆论引导，能够提高公众应对危机的能力，维护社会稳定、防范次生危机的产生起到积极作用[③]。作为政府与社会之外的第三方，媒体首先需要找准自己的定位与原则，协同政府把握舆论第一落点，从而掌握舆论的主动权。其次，针对海量疫情信息，建立智能媒体应急平台，及时做好舆情监控与处理。在进行舆论引导时，应考虑到受众的异质性与共性特征，采用多样化的策略精准应对。最后，应建立健全突发重大公共卫生事件新闻众包机制，整合公众力量实现突发事件下新闻报道的协同生产。

一、掌握舆论主动权，协同政府把握第一落点

当前网络环境下，公众舆论往往容易出现"群体极化"的趋势，通常表现为对外网络民族主义，对内批判现实主义。但这两种主义并非狭隘与极端，公众在具体舆

---

① 陈力丹. 舆论学：舆论导向研究. 中国广播电视出版社, 1999.
② 喻发胜, 赵振宇. 新形势下突发事件舆论引导机制的构建. 新闻记者, 2010,000(010):73-76.
③ 刘笑盈. 当前突发公共事件的新特点与舆论引导应对. 对外传播, 2017(5):27-29.

论场域中往往表现出非理性、盲从等特点[①]。在舆论导向正确的情况下，群体极化有助于坚定信念、增强信心、团结集体，形成强大舆论、发起组织行动、推动价值实现[②]，在突发重大公共卫生事件的背景下，尤其是本次全国性的大隔离措施使得公众的社交与信息需求在网络上展现得淋漓尽致，而掌握舆论的主动权，就是将主流价值导向有机地融入群体极化，从而为疫情应对带来积极影响。

在突发重大公共卫生事件的背景下，主流的价值观和疫情有关信息必须源自高权威主体，如中央政府、国家卫健委专家和其他公卫专家等。而媒体在此背景下，应协同政府、专家等做好舆论引导，将高质量的信息或主流的价值取向通过媒体渠道尽可能及时、准确地向公众输送。

二、建立智能媒体应急平台，主动应对突发事件

智能媒体是将云计算、大数据、物联网、人工智能等技术，融入内容生产、加工、呈现等过程中去，是一种全新的媒介传播范式[③]。在突发公共事件的背景下，建立起智能媒体应急平台[④]，更能帮助媒体做好舆情监测、舆论引导。基于海量互联网和社交媒体大数据的信息收集、处理、分析和反馈，能精准地识别谣言信息和高价值、高影响的信息，从而能够服务于疫情报道工作。对于谣言信息，能够通过疫情报道及时地辟谣和预警；对于高价值和高影响的信息，可将其纳入疫情报道的知识库。

除利用智能化技术推动突发事件下媒体应急平台对疫情报道的支撑作用外，平时也应当利用好智能化技术实现对互联网数据的高效监测与利用。国外已有常态化的针对突发公共卫生事件的大数据监测平台，能够深度挖掘网络和社交媒体大数据，智能地识别潜在的风险点，并有针对性地进行上报和发出警报。未来，突发公共卫生事件的报道一方面可依赖于智能监测的动态数据与结果，另一方面媒体可与相关公共卫生机构实现联动，为突发事件舆论的引导提供专业支持[⑤]。

---

① 赵金，闵大洪.网络舆论，民意表达的平台.青年记者,2004(10):37-39.
② 张桂霞.网络舆论主体的群体极化倾向分析.青岛科技大学学报(社会科学版),2005,021(004):104-107.
③ 刘庆振.媒介融合新业态：智能媒体时代的媒介产业重构.编辑之友,2017,000(002):70-75.
④ 许志强，曹三省.全媒体视域下突发公共事件智能媒体应急平台研究.现代传播,2016,038(012):133-136.
⑤ Velasco E, Agheneza T, Denecke K, et al. Social Media and Internet-Based Data in Global Systems for Public Health Surveillance: A Systematic Review[J]. Milbank Quarterly, 2014, 92(1):7-33.

三、注重群体的共性与异质性，差异化舆情引导策略

一般而言，舆论引导强调从舆论事件的特征、发生地点及机制、影响、应对策略等方面出发[1]，着重考虑集体行为逻辑下群体的共性，但对群体异质性关注有限。然而，实际上个体信息素养和固有经验性认知的差异，会影响个体对风险的感知与判断，并最终导致个体行为的差异。因此，在舆论引导过程中，我们应当摒弃将社会公众一概而论的观点，充分考虑个体的独特性。同时，在当前的用户自我内容生成盛行的媒介环境下，意见领袖的作用不容忽视[2]。对网络意见领袖的个性化管理，有助于整体舆论环境。

此外，不同媒体平台的用户特征也会存在一定的差异性。因此，针对不同的渠道平台的舆论引导策略也应当有所差异。对于媒体而言，突发公共卫生事件的报道不仅应当考虑群体的异质性，还应该注意到不同媒体平台的用户特征，从而采取多样化的策略实现舆论引导的精准化。

四、健全新闻众包机制，促进公众参与

随着互联网日益成为公众发表言论、表达意见的重要平台。公民话语空间相较于过去主题更丰富、数量更庞大，其所发挥的舆论监督作用较传统媒体也更为显著[3]。但公民往往受制于身份、地域，无法对舆论场形成的内在原因进行深入挖掘，而媒体可将公民话语中有价值的话题作为选题，进行深入挖掘与报道。

不仅如此，新闻媒体应把握主动，将公民话语空间与媒体话语空间紧密联合起来。一是多在媒体渠道上释放参与信息，为公众参与新闻生产广开渠道；二是深度挖掘已呈现在网络、现实社会的公民新闻的优质内容；三是健全新闻众包机制，为公众参与到新闻线索提供和新闻生产，促使"公民新闻"向"专业余新闻"转变[4]。在多空间的协同作用下，突发事件的主题丰富度能够得到显著提升。这些丰富化后的主题报道与公民议题的契合程度也会更高，因而舆论引导和监督也能够更好地发挥作用。

---

[1] 陈林.国内突发事件舆论引导研究综述(2012-2017).东南传播，2017,000(007):90-92.
[2] 马克斯韦尔·麦库姆斯.议程设置：大众媒介与舆论.北京大学出版社,2008.
[3] 赵金,闵大洪.网络舆论,民意表达的平台.青年记者,2004(10):37-39.
[4] 吴乐珺."众包"模式推进美国公民新闻再发展.国际新闻界,2007(08):42-45+75.

第六章 长江日报抗疫报道研究报告

杨青山　朱昊敏[①]

　　长江日报作为中部地区发行量最大、影响力最强的城市综合性党报，尤其武汉处在这次疫情的"震中"位置，长江日报全媒出击，凝聚社会正能量、重点突出，有效引导舆论场，角度全面，展现责任与担当，在信息供给、舆论监督、舆论引导、社会责任、知识普及等方面履职尽责，对打好此次疫情防控阻击战发挥了重要的作用，并提供了应对突发重大公共卫生事件报道的宝贵经验。当然，因源头被分流，影响了长江日报的优势发挥，采编人员专业性知识短板使报道具有局限性，因而，需要信息监控，及时辟谣，坚持公开透明原则；"权威性报道"与"饱和式输出"相结合深化宣传效果；发挥公共服务职能，满足受众需求，以达到更佳的传播宣传效果。

第一节　长江日报简介

　　长江日报创刊于 1949 年 5 月 23 日，报头由毛泽东同志题写，不仅是武汉市委机关报纸、武汉市委指导全市各项工作的重要舆论阵地，还是中国中部地区发行量最大、影响力最强的城市综合性党报，其综合实力在全国城市机关报中排名前列。

　　长江日报的前身是新武汉报，武汉解放后，武汉市军官会批准其继续出版，并派张若达担任总编辑，意在通过此报发布政府相关政策和重要指示，办报过程中坚持全

---

　　① 杨青山，云南财经大学传媒学院党委副书记、副教授、硕士生导师，兼任新闻系主任，主要从事财经新闻理论与实务、媒体融合与展研究。朱昊敏，云南财经大学新闻与传播 2018 级专业硕士研究生。

党办报、群众办报的方针，对恢复国民经济、土地改革等重大事件多有宣传，起到了指导配合中心工作、实际行动推进政府工作的重要作用。自改革开放后，长江日报紧跟时代步伐，始终坚持正确的价值观导向，为改革发展的局面创造良好的舆论氛围，提出"主流媒体、权威报道"的办报理念，服务全省，并辐射华中地区，占据着中部地区的舆论高地。

第二节　长江日报抗疫报道研究

2020 年的春节期间，新冠肺炎疫情突然袭来。在这场没有硝烟的攻坚战中，长江日报深入贯彻习近平总书记的重要指示及在湖北省考察新冠肺炎疫情防控工作时候的重要讲话精神，围绕抗疫中心展开报道、保持服务大局意识、主动引导、发声迅速，坚持引导舆论导向，发挥着地方主流媒体的重要作用。

一、及时、准确、真实地报道疫情

新冠肺炎疫情来势汹汹，在湖北省各市州的紧急"封城"情况下，上级媒体也同样被封锁在了湖北以外，而当地的主流媒体具有天然的优势，成为疫情期间信息传播的"排头兵"。及时、准确地向公众传达疫情防控相关的权威信息，是主流媒体的职责与使命所在。疫情防控的权威信息通过城市党报等主流媒体的平台第一时间发布，既能及时传递党的声音和主张，让公众了解各级党委及各级政府的决策和部署，也能缓解公众对疫情的恐慌和不安。

自 2020 年 1 月 21 日起，长江日报开辟专版，聚焦疫情防控工作。随着疫情的发展，专版版头后改成了"战'疫'"。自 2020 年 1 月 25 起，每天刊发的内容都与疫情防控有关。自 2020 年 1 月 31 日起，围绕坚决打赢疫情防控阻击战，每天推出 12 或 8 个整版的战"疫"报道。长江日报刊发的《习近平对新型冠状病毒感染的肺炎疫情作出重要指示》《武汉多措并举严防疫情扩散》《严控春节大型公众聚集性活动》《武汉两夜三天连发 9 条通告》《雷神山医院开工 12 天内交付》《武汉疫情防控上升到法治层面》《用强制集中隔离切断传染源——武汉疫情防控进入攻坚新节点》等报道，聚焦疫情，保证报道真实准确，传递权威信息。

二、宣传报道、引导价值、坚定信心

融合传播、全媒体报道、多种报道手段结合，是本次疫情期间媒体报道方式上的特点。原来以纸质平面媒体为主的武汉市地方党报，充分利用自身近几年发展壮大起来的新媒体投入抗疫报道，取得了较好的宣传效果。

在这次疫情防控的宣传报道中，长江日报与千万市民一起共克时艰。除夕当天，推出"武汉挺住我的城我来守"的组合报道，刊发了《武汉，你不是一座孤岛》《不平静一日很坚定一天》《武汉加油，有困难我们一起扛！》《10位武汉"守城"市民的一天》《全国医疗队伍驰援武汉》等多篇稿件，既直击暂时关闭出城通道后的市民生活，同时也给大家信心和鼓励。

"不断增强脚力、眼力、脑力、笔力，努力打造一支政治过硬、本领高强、求实创新、能打胜仗的宣传思想工作队伍。"这是习近平总书记对新形势下宣传思想战线干部人才队伍建设提出的总要求。长江日报把这次抗疫报道，作为锤炼新闻工作者"四力"的实战平台，为取得抗疫胜利提供强有力的舆论支撑，坚定了大众的抗疫信心。

三、建设性舆论监督

所谓的"建设性"就是通过报道促进问题解决并推动社会进步。长江日报提供多元的公共论坛；组织舆论，营造理性和谐的监督氛围；及时刊发反馈信息。通过组织舆论来引导他们对国家公共权力行使过程进行讨论与协商，表达民众的意愿，对公共政策进行参与式监督。同时通过解读公共政策，满足知情权；表达民意，开拓多种参与渠道；培养公民意识和参与意识。通过新闻媒体表达民意，使广大人民群众参与到公共政策制定与实施的整个过程之中。新闻媒体开辟了一个广阔的参与渠道，提供了一个民意表达的公共平台，鼓励、协助广大人民群众参与到公共事务的管理中去，具有非常突出的现实意义。解释事态对突发性事件进行揭露式监督。突发性事件，特别是重大的灾难性和事故性突发事件，往往牵扯到直接或间接的责任人或相关的责任机构。在这种情况下，新闻媒体必须发挥新闻舆论监督的强大功能，不断反映各类社会信息，对突发性事件进行揭露式监督，澄清真相，稳定社会情绪，做好群众工作。

四、医护人员抗疫报道

面对疫情，医护人员克服重重困难，始终奋战在战"疫"一线，长江日报通过一篇篇过硬的报道，体现了医务工作者的责任担当和职业素养。2020年1月26日见报的《武汉抗疫一线医护自述：每次打招呼都是互道珍重，"今天没什么症状吧？"》，以第一人称自述的形式，生动细致，内容抓人，引人共情；1月31日见报的《社区防疫战中的一片芳草小巷书记杜云口述实录》，通过口述还原汉阳芳草社区的防疫工作，细节丰富，有指导性；1月31日见报的《生命线上的生死阻击战》组照，记者连着两天进入120急救车，通过与医护人员和患者近距离接触，全方位记录急救车转运患者的24小时；2月2日见报的《最早上报疫情的她怎样发现这种不一样的肺炎》刷屏，全国近百家媒体转载，《#最早发现疫情的武汉女医生#》这一话题登山微博热搜榜，累计获得5.3亿阅读量。

五、各级政府组织联防联控报道

长江日报在疫情期间，发挥主流媒体的舆论引导作用，加强新冠肺炎疫情防控，有效减少人员交流和聚集，最大可能阻断疫情传播，积极推进城市和全国疫情防控工作的重要新闻报道，积极普及疫情防控知识，引导群众加强自我防护，进一步坚定全市人民众志成城打赢这场疫情阻击战的信心和决心。长江日报秉承"权威、责任、服务"理念，及时做好党中央国务院、省委省政府关于疫情防控的重大决策部署和要求、政策举措、重要信息发布和重要会议、重要评论、最新动态及防控成效等方面的宣传报道；深入报道各地各部门的防控措施及行动；挖掘展示各地、各部门、各单位及社会各界在疫情防控中涌现出的感人故事及先进典型；及时通报疫情态势；积极普及防控知识；权威解读疫情防控政策措施。角度全民，惠及人民，以强大的全媒体传播力在疫情联防联控工作中做出了身为党媒的表率，并收获了良好的反响。

六、人民群众居家抗疫报道

在对群众居家抗疫报道中，长江日报接受湖北群众的投稿，如《居家抗疫，不出门》《我的居家战役时光》等报道，通过小朋友有关抗疫故事的画作，表达了"居家抗疫不出门,就是对美丽江城武汉的最大贡献"的主题;设置话题"居家战役运动汇"来丰富群众的居家抗疫生活,通过群众投稿的运动视频与运动图片,传播健康运动意识,增添了生活乐趣;对具有代表性的市民进行线上采访,分享生活经验,通过被采访的市民生活,让同样在经历封闭管理的受众有认同感,增强共同抗疫的决心,提高凝聚力。

七、志愿者抗疫报道

在对志愿者的抗疫报道中,长江日报联合武汉晚报、南国早报和"阿里巴巴天天正能量"进行表彰报道,对莫仁云医生颁发正能量奖,这篇报道不仅是对在前线逆行的莫医生的鼓励宣传,更是对在前线战斗的医护人员们的支持与表扬,蕴含了感恩情怀,更有全国人民的敬畏。

关于志愿者抗议报道的数量较多,截止至 6 月 20 日,相关报道数量近千条。报道形式包括了简讯、视频、文字报道等,宣传志愿者的行为包括了自愿服务车队、新冠疫苗实验、"勤务兵"、社区"守门人"、医护工作、自愿支持心理辅导工作、翻译服务等,报道面较广、角度全面,多以个人视角进行报道宣传,使受众在阅读稿件时代入感强,引发共情心理,由此激发抗疫热情,提高积极配合政府防疫工作的意识,推动群众参与抗疫行动的情感高潮,促进疫情期间社会秩序的良好进行。

八、国际支援抗疫报道

从支援情况的报道内容上看,长江日报所报道的国际支援抗疫报道中,疫情爆发期间发布他国支援武汉的报道篇数较多,疫情平稳期间发布我国支援他国的报道篇数较多。前期报道了包括德国、非洲各国等物资援助武汉、国际留学生助力武汉等方面的新闻,后期报道了中国专家奔赴各国疫情一线、物资援助等方面的新闻,在报道的采写中,表达了"人类命运共同体"的价值观念,通过各国的援助与我国抗疫经验的分享,国际社会日益成为一个你中有我、我中有你的大家庭,面对疫情这场战役,任何一个国家都不能独善其身,相互支援、相互帮扶,寻求共同价值,共同发展。

从新闻源的挖掘渠道上看,来自长江日报本报采写的新闻较少,多数来源于新华社、央视网、央视新闻客户端、人民日报等主流媒体。对于来源于主流媒体的新闻源,长江日报多进行整合传播,通过挖掘背景进行新角度的宣传报道,如《万件国际邮件搭乘中欧班列（武汉）前往欧洲》的报道中，结合文字与视频，从防疫物资的出发地的新视角进行报道，整合主流媒体宣传的价值观，进行新的内涵赋予，达到不一样的传播效果。对于来自本媒体采写的新闻，多来自武汉本地留学生，以国际物资到达武汉等视角进行报道，以小见大，包含深情。

九、新冠病毒科普报道

从形式上看，发布了包括如《揭秘！北京确诊病例活动轨迹，是这样"侦查"出来的》的文字报道，如《医护人员创作新冠病毒科普漫画，3岁小孩到80岁老人都能看懂》《新冠疫苗的"全景式科普"来了！》的漫画报道等，多种形式对新冠病毒的防控、解释进行科普宣传。一方面，科普内容的"硬"通过多种形式"软"着陆，受众不论年龄层次都能接受传播的内容；另一方面，多种形式与渠道进行科普宣传有利于引导社会大众进行科学防控，引导受众用理性且辩证的思维方式看待疫情。

从内容上看，截止至2月15日，长江日报App中报道了168篇有关新冠病毒的科普报道，设置"新型冠状病毒科普知识""防疫科普"专题，内容包括了复工复产的防护、口罩佩戴、饮食安全、公共交通的乘坐、诊断与治疗等，有时间性与节奏性的科普报道让受众更容易接受，日积月累的科普能潜移默化地改变受众的知识储备，有利于缓解大众的恐慌情绪，促进政府各项工作的高效开展。

第三节 长江日报抗疫报道中的成功经验与不足之处

一、长江日报抗疫报道中的成功经验

（一）全媒出击，凝聚社会正能量

随着新媒体在新闻传播领域的不断发展应用，新闻传播途径发生了由主流媒体垄断性传播到新媒体多角度自主性传播的转变。与传统媒体相比，新媒体所具有的即时性、强交互性、通俗性等优势，打破了传统媒体对新闻报道的垄断地位，使得新闻受众可以更便捷、更快速地了解到更多角度的新闻资讯。

全媒体时代，面对新闻舆论生成方式和传播渠道多元多样的新形势，提高话语权亟须创新传播手段、丰富传播形态，推动传统媒体和新型媒体深度融合发展。其中，

最根本的是要做好正面优质内容的供给。长江日报聚合报纸、客户端、网站、微信、微博等平台，彰显全媒体一体化生产和传播的力量。

在抗疫报道中，长江日报还在可视化方面进行了积极尝试。如 2020 年 1 月 21 日 3 版刊发的《新型冠状病毒不会重复 SARS 疫情》，通过可视化让怎么洗手、怎样戴口罩等问题变得一目了然，增强了服务性。推出公益海报是抗疫报道的亮点之一。自 2020 年 1 月 23 日起，利用封底版通过公益海报的方式聚焦奋战在疫情防控一线的医护人员和建设者。公益海报在设计上以照片为视觉中心，同时配以简洁的文字，既朴实又动人。武汉市金银潭医院 26 岁的护士樊莉是公益海报的主角之一，照片上，她的面部被护目镜勒出的痕迹看着让人心疼，但其坚毅的眼神又给人信心和力量。

（二）重点突出，有效引导舆论场

疫情就是命令，防控就是责任，宣传就是战斗。疫情发生后，长江日报根据市疫情防控指挥部及市委宣传部要求，迅速部署疫情防控宣传报道相关工作，为打赢疫情防控阻击战营造良好舆论氛围，凝聚强大正能量。

在疫情防控期间，融媒体记者把镜头、笔尖聚焦一线，针对普通的医护工作者、党员群众，讲好武汉抗击疫情的故事；加强策划，及时总结报道盐城各地在防控工作中的好经验好做法；提前谋划，聚焦正式上班后疫情防控工作、企业复工等各项工作；生动呈现了全国抗击疫情中的武汉担当，确保各发布平台全天候随时更新发布内容。

评论是长江日报抗疫报道中特色之一。习近平总书记对新型冠状病毒感染的肺炎疫情作出重要指示后，即在重要版面迅速推出"坚决打赢疫情防控阻击战"系列，相继刊发了《把人民安全健康放在第一位》等评论。这组评论的特点之一是言简意赅，直面问题，统一认识，指导工作。特别是《火神山上这一架看到更多的是一腔热血》的评论，直面热点问题，正面进行引导，微信上阅读量达"10 万 +"。《在疫情战斗中识别干部，也要识别专家》《速度快不等于"小汤山模式"》《每一次扎堆排队，都是病毒派来的卧底》《疫情面前，党员不是嘴上说说》《让公益与社会需求的对接更精准更顺畅》《口号喊得响，不如专业能力强》等也都具有很强的针对性。

（三）角度全面，展现责任与担当

抗击疫情，党媒先行。为解决群众求医的问题，长江日报报业集团在其官方网站、客户端为市民推出在线问诊服务。他们向全国征集了 1100 多名医生为市民提供 24 小时在线义务问诊，分担了当地医院诊疗压力，也妥善解决了部分市民在疫情特殊时期看病难的问题。在武汉市新冠肺炎疫情防控指挥部部署下，长江日报这一问诊平台后来升级为武汉市网络问诊官方平台。

长江日报还为武汉市居民提供生活保障服务。在疫情防控期间，住宅小区实行封闭管理，限制居民外出，禁止外来人员和车辆进入，群众的生活物资购买便成为难题。为保障群众的日常生活，长江日报联合武汉市农业农村局，对接 50 家优质农企，在自有的"长江严选"电商平台上为武汉市 660 多个社区的居民提供了蔬菜团购服务。团购服务支持线上下单、线下无接触式配送，而且与超市以及其他线上销售相比，长江日报推出的蔬菜团购价格还更便宜、菜品更新鲜。长江日报的团购服务是不少武汉市民疫情期间的生活刚需。团购配送范围覆盖武汉所有城区，这个平台还成为武汉市商务局以及各区全力向市民推介的特殊时期线上买菜平台。据长江日报报道，面对疫情中群众买菜难的问题，他们的电商平台马上转型，推出不收取供货商任何费用的公益团购模式。平台有 20 人参与线上服务，另外还在各个小区招募志愿者，负责在小区买菜群里收集团购订单，负责蔬菜的分发等服务工作。该平台为满足市民的要求，还不断扩充蔬菜以外的其他团购品种。"功夫不负有心人"，长江日报的努力和付出也赢得了市民的口碑："长江日报组织的团购活动，靠谱放心！"

长江日报请市民在有困难时上长江网的"武汉城市留言板"进行网上求助。市民在这里留下的求助信息将及时转到武汉市各区各部门 120 多个单位进行办理。另外，还有封面新闻推出的"云求助"通道，网友可在这里反映自己的困难和需要寻求的帮助。封面新闻 24 小时实时解答、跟进，并提供协助。封面新闻在自己的平台向社会发布这些求助信息，最终促成社会各方帮助这些求助者，为公众提供最大程度的帮助，用实际行动担负起党媒为人民服务的责任。

二、长江日报抗疫报道的不足之处

（一）源头被分流，影响优势发挥

新媒体时代，通信手段的丰富多样、信息传播的便利，使信息源流出的渠道呈弥散性增加，大大缩短了前后方的空间距离。许多情况下，我们前线记者立足未稳，有关文章、图片、视频等已经通过各种渠道出现在后方，甚至被相关人士编辑处理后，分发到各类媒体，以多种产品形式出炉，迅速赢得大量关注。这让传统媒体略显无奈。

随后的信息传播局面更可谓"百家争鸣、百花齐放"。例如一些省外派员医院清晰地意识到这次疫情将会是他们品牌推广、树立形象的最佳时机，都专门成立了后方报道保障支持系统，安排专业人士负责及时收集并整理来自前方医疗队队员信息的报道，在医院官网、公众号、客户端等新媒体上组合发表后，还同步将相关内容通过原有新闻宣传渠道，向各大传统媒体输送分发。而这些素材正是后方媒体急需的重磅"炮弹"。很快，一条完整的"医护人员+医院宣传人员+后方记者+媒体"的全新内容生产供应链构建完成，直通新闻当事人、新闻发生地，一方面连接新闻源，一方面执行后方编辑部的部署，直接对后方媒体服务。这些经过多方协作形成的报道，无论是数量还是质量，都毫不逊色于前线记者，甚至是新闻单位报道数量的若干倍。这对传统媒体提出了挑战，也使得报道源头信息发生分流，影响专业记者与采编人员的优势发挥。

压迫之下，必须要运用现代信息技术手段，建立基于新技术、新传播、新形势条件下的通讯员网络，建立与新闻源的联系，提升新闻产品与受众的契合度，增强受众的认可度、忠诚度和用户黏性，使优势得以发挥。

（二）采编人员专业性知识短板使报道具有局限性

在此次战"疫"报道中，快餐化、碎片化、情感化的特点明显。疫情暴发后，各家媒体均以超常规的阵容全方位展开报道，除原有"跑口"记者外，大量抽调临时力量加入，难免暴露出记者专业性知识储备的不足。同时，各类媒体大举跟进报道，但难见高质量的作品，多局限于单个故事、一个镜头或片段、抒发个人情感等细节。过于细碎、情绪化的简单呈现，甚至放大、渲染焦虑、恐慌等负面情绪，使公众在纷繁无序的信息中张皇失措。

越来越多的专业化和小众化为特征的媒体生态变化，对传统主流媒体提出了挑战。多年来，传统主流媒体以时政、社会新闻为主要关注点的大众化的内容和传播方式，与当前受众群的深度阅读需求发生偏离，需要媒体人"转方式、调结构"，将报道专业性议题提上日程。

在疫情中，由于采编人员的失误以及管理者把关不严的原因，长江日报的一些报道也引起了社会舆情。例如，2020年2月12日，长江日报刊出评论员署名文章《相比"风月同天",我更想听到"武汉加油"》),引发轩然大波。前后脚时间,长江日报集团旗下又有诸如《"疫"流而上,何不多给武汉市长暖暖心》《流产10天后,武汉"90后"女护士重回一线》等两篇文章引发争议,被业界统称"三大奇文",这也暴露出新闻人专业知识以及专业素养的把握能力有待提升。

第四节　长江日报在突发重大公共事件中有效引导舆论的路径研究

全媒体时代下的长江日报,面对新冠肺炎疫情这样的突发重大公共事件中坚持及时报道,不断创新报道,探索新的路径有效引导舆论,成为地方性媒体实现高效传播、帮助推动区域现代化社会治理的领头羊。

一、信息监控,及时辟谣,坚持公开透明原则

(一)发挥媒体监督力量,引导正面舆论

长江日报作为华中地区具有影响力量的党媒,受众数量多,因此,在报道内容上发挥监督职责,坚持客观公正的原则,围绕抗疫主旋律进行报道宣传,这对引导正面舆论起到重要作用。在信息互动上,App与公众号开放评论栏,保证受众的监督权与批评权,通过读者对新闻的反馈意见,扩展报道方向,把握市场舆论的动态,对谣言进行及时更正,对群众不清楚的领域及时公开,确保舆情的稳定性。在信息内容监督上,定期发布有关疫情的权威动态,如每日报道湖北省新冠肺炎疫情情况等;对地方交通、生活的具体细节进行监督报道,如对市场环境监测与区域疫情环境监督的报道等;对谣言进行定期澄清,如"辟谣!"栏目的开设等……这些对信息内容的监督行为,发挥着地方党媒的绝对带头作用,发布政府信息的同时监督政府工作,承担媒体的社会责任,推动人们切身利益的问题的有效解决,引导舆论朝着正确的方向发展。

(二)坚持公开透明原则,促进信息传播公开化

坚持公开透明的原则,是媒介引导舆论的利器。习近平总书记在中央全面依法治国委员会第三次会议上曾说过:"要依法做好疫情报告和发布工作,按照法定内容、程序、方式、时限及时准确报告疫情信息。"长江日报深入贯彻总书记的讲话,面对

各界通过武汉市慈善总会捐赠的物资数据进行定期公开,对湖北省每日新冠肺炎感染人数进行公开报道,公开政府的应对策略,不瞒报、不谎报,保证人民大众的信息知情权利,为防控工作做好服务需要,保证了舆情的平稳状态。

二、"权威性报道"与"饱和式输出"相结合深化宣传效果

(一)公信力与首发力铸造权威性报道

不论在疫情的初期、爆发期还是如今的平稳期,受众们的消极情绪仍然容易产生并且蔓延,此时权威的报道在舆论引导中起着重要作用,权威而无错的信息也能促成公共社会中的自由讨论,填补由谣言导致的社会治理裂痕,推动社会的协同发展。

公信力是一个媒体获得受众信任的能力,长江日报发布权威性报道、引导舆论的关键在于具有强大的公信力。一方面,保证新闻的真实可靠是获取公信力的有效途径,在"2020年1月22日新型冠状病毒感染的肺炎疫情情况"、对武汉市红十字会接受社会捐赠物资的具体条目的报道等新闻信息发布过程中,长江日报的采编人员不仅第一时间发布信息,在对新闻源头的事实核查上也下工夫,确保信息真实可靠后才发布出去,保证了公信力,留住了读者的信任。另一方面,防止片面报道是保证媒体公信力的又一途径,多角度报道与辩证的报道是媒体获取信任的基础,在3月份的一篇生活物资零售价格的相关报道中,涉及多家商场与超市,采编人员没有单独报道哪一家生活市场的物资价格,而是将多家代表性的超市一同进行对比,不偏颇,保持客观性,把关市场动向,有着较高的可信度。

首发力是媒体获取独家的能力和对新闻信息进行深度报道的能力。一方面独家新闻的特色性与价值性更容易获取受众注意力,疫情期间,长江日报的记者们多奔波于前线,医院、社区等地方都有记者们的身影,这也为长江日报获取独家新闻、发布权威报道打好基础,《成功救治1例!武大中南医院用了这个办法!前线独家视频来了》《武汉"方舱医院"读书哥火了!是名博士后 | 独家音频》等独家报道让长江日报在同城媒体中占据首发地位,多篇高质量的独家新闻推动了疫情期间的绝对宣传作用。另一方面,长江日报 App 中"长江评论"栏目的深度报道与评论,对疫情期间的新闻与报道进行多维思考,既有深度,更有影响力度,从微观到宏观,从大局中放大细节,传递了正能量内容。

（二）多渠道发布信息，"饱和式输出"推动舆论宣传

在疫情这个特殊时期，报纸版面设置多个专题栏目进行宣传报道，新闻App设置"阻击疫情""复工复产"栏目进行正面报道，公众号"留言板"栏目设置"我要问诊"通道，并坚持发布每日不少于三条有关疫情的新闻信息，多个渠道进行输出宣传，在疫情的不同阶段进行有序的信息传播，回应地方受众及全国受众较为关切的问题，"饱和式"信息发布不仅体现了长江日报的媒体责任，凸显了政府对疫情防控工作的重视，还有效地进行了正面宣传，有力地引导了舆论。

三、发挥公共服务职能，开展舆论引导的创新路径

（一）发挥公共服务职能，满足受众需求

新冠肺炎疫情影响深远，这也要求长江日报充分利用自身资源来服务于社会，在特殊时期，长江日报不仅是处于疫情中的参与者，是这一场战役的记录者，是新闻信息的发布者，也是为社会公众的服务者。服务的对象是全体公众，对于抗疫一线的人员，他们需要及时知道物资捐赠情况、感染区域及感染者的活动范围，长江日报定期发布物资捐赠情况，让医务人员心里有数；配合社区管理者及时发布人员活动信息，让抗疫一线的人们放心外围环境；对于隔离在家的普通百姓们，"一图科普""防疫科普""新型冠状病毒科普知识"等栏目，宣传报道包括提高免疫、孕妇防护、核酸检测知识、消毒知识、复工复产防护措施等知识科普，引导人们理性思考，补充知识，缓解受众的恐慌情绪，提供信息服务的同时安慰受众心理，引导百姓积极的情绪，提高群众的自我保护意识和健康意识；对于他省受众，及时发布感染人数数据、感染者路径数据、出入湖北省人数的数据，发出线上公益邀请，为一线缺乏物资的医院寻求帮助，让他省受众对一线情况有清晰的了解，对一线抗争有参与感，树立了湖北包容、美好的城市形象，给予全国人民努力奋斗的抗争信心。

（二）创新舆论控制的新方式，促进城市形象发展

新冠肺炎疫情期间，有关疫情最新进展的新闻、人物事迹的新闻占据了受众注意力的绝大部分，千篇一律的格式化报道并不能让长江日报拥有竞争力，创新报道形式与服务功能，成为其获取受众关注的必然通道，因此，在疫情报道的另一侧，关于复工复产、娱乐生活的报道，拨开疫情期间的阴霾，用轻松的报道、开通专属服务通道

等方式平复受众紧张的情绪，引导舆论，维护了武汉的城市形象。

在具体报道上，《二期一个接一个，还是选武汉！》《从方舱医院回归比赛场地，武汉体育馆装进防疫工作不放松》等新闻报道，通过人才引进、企业创业环境构建、体育娱乐等信息的发布，让受众缓解紧张的情绪，看到武汉在就业上的鼓励政策，在生活上逐渐恢复秩序，媒体的报道缓解了社会消极情绪，促进了民众信心的恢复。

在专属服务通道的建设上，一方面长江日报公众号中开设"长江严选"专栏，通过党报的权威力与公信力，让受众放心武汉产品，放心湖北产品，从蔬果到酒水、从母婴到美妆，"为鄂拼单"不仅帮助了疫情期间的困难商户销售产品，还间接促进了湖北地区的经济发展，树立了武汉良好的城市形象。另一方面长江日报公众号中开设"留言板"栏目，主张"民有所呼，我有所应"；开设"我要问诊"渠道，方便市民进行症状查看、预约核酸检测，帮助受众询问其他病情；设置"市长专线"，为舆情控制提供权威回答通道，有效地控制舆情发展。

第七章　浙报集团抗疫报道研究报告

金　波　陈新梁　蒋欣如[①]

突发重大公共卫生事件发生时，持续做好信息发布与舆情引导，既是主流媒体必须担起的职责、不容回避的挑战，也是对自身媒体融合水平的检验。新冠肺炎疫情发生以来，习近平总书记多次强调做好宣传和舆论工作的重要性，强调"要做好宣传教育和舆论引导工作""增强舆情引导的针对性和有效性"。在统筹推进新冠肺炎疫情防控和经济社会发展工作部署会议上，习近平总书记又专门对"提高新闻舆论工作有效性"进行阐述。

在浙江省委和省委宣传部的正确领导下，浙报集团紧紧围绕省委省政府的决策部署，把好导向、把准节奏，利用融合成果，多渠道多形式及时发布权威信息，讲好全省上下合力抗"疫"的生动故事，有效回应社会关切，为浙江省"两手硬两战赢"营造良好舆论氛围。

第一节　浙报集团简介

浙江日报系中共浙江省委机关报，1949年5月9日创刊。2000年6月25日，成立浙江日报报业集团。2002年，成立浙江日报报业集团有限公司。拥有浙江日报、钱江晚报、浙江共产党员、红旗出版社等报刊社、出版社26家，发展了浙江新闻客户端、天目新闻客户端、小时新闻客户端等一批新媒体。浙江日报(浙江新闻客户端)、

---

① 金波系浙江日报报业集团副总编辑、党委委员；陈新梁、蒋欣如系浙江日报报业集团总编辑办公室工作人员。

浙江在线、钱江晚报传播力位居国内同类媒体前列，连续多年入选"中国500最具价值品牌""亚洲品牌500强""世界媒体500强"。浙报集团被确定为全国首批"数字出版转型示范单位"，被授牌国家级出版融合发展重点实验室、国家文化和科技融合示范基地。同时，与清华大学新闻与传播学院、中国人民大学新闻学院合作建立博士后流动站、科研工作站等，聚焦传播智能化的关键技术展开攻坚。集团自主研发的"媒立方"获得中国新闻科技奖最高奖——王选奖特等奖，支撑融媒体中心建设的"天目云""天枢"等技术平台已得到广泛运用。

2011年，集团媒体经营性资产在上海证券交易所成功上市，是全国第一家媒体经营性资产整体上市的省级报业集团。集团总资产、总营收、总盈利能力在国内同行中名列前茅。浙报传媒控股集团有限公司连续多年入选"全国文化企业30强"。

面对舆论生态、媒体格局、传播方式的深刻变化，浙报集团认真践行习近平总书记提出的宣传思想工作使命任务，按照中央和省委部署要求，围绕打造全程媒体、全息媒体、全员媒体、全效媒体，深化媒体融合，落实"四力"要求，全面实施集团三年发展规划（2019—2021），以"内容品质化、媒体品牌化、传播智能化、服务智慧化"为重点，大力推动"创业创新创优"，把"高质量高效益高水平"的发展导向贯彻到集团工作全过程、各方面，加快建设具有强大传播力、引导力、影响力、公信力的新时代一流传媒集团。

第二节 浙报集团抗疫报道中的做法与探索

浙报集团把习近平总书记系列重要讲话精神作为打好抗疫宣传报道的根本遵循和行动指南，自1月20日以来，在新冠肺炎抗疫宣传报道中，努力提高政治站位、扛起主流媒体职责使命，迅速启动一级应急响应，全体动员、融合出击，一手抓权威信息发布，及时回应社会关切；一手抓社会舆情引导，讲好浙江全省上下抗疫故事，为"党媒如何在突发重大公共卫生事件中开展有效报道引导舆论"提供了新的实践和探索。

一、以高效组织布局为牵引，健全机制、快速响应

做好重大突发事件等特殊时期的宣传报道，首先考验的是媒体的组织应对能力。在此次抗疫中，浙报集团在启动重大突发事件一级应急响应的同时，把习近平总书记重要讲话精神、党中央决策、省委省政府部署和省委宣传部的要求，第一时间传达给全体采编人员，确保集团的宣传报道始终坚持正确政治方向和舆论导向。

（一）在实战中完善

近年来，浙报集团不断完善应急机制，继出台《浙报集团应急处置工作预案》后，在多个重要活动、重大突发事件中不断应用和完善。2018年9月，集团编委会以"进一步提高重大突发公共事件和热点问题快速反应和舆论引导能力"为原则，重新修订出台《浙江日报报业集团重大突发公共事件和热点问题报道应急响应机制》，明确"组织体系""认定及应急响应处置流程""应急保障"等相关制度，力争第一时间对省内及国内外重大突发公共事件、热点问题作出反应。

（二）在疫情中"升级"

新冠肺炎疫情爆发以后，浙江省在全国率先启动重大公共卫生事件一级响应，浙报集团显然成一级响应的组成部分。不同于平时，面对前所未有的疫情，浙报集团进入战时状态——党委、编委会成员全部到岗，各地市分社社长全部就位，确保统一指挥、及时决策。同时，根据疫情实际，依托浙报集团全媒体指挥监测中心、"媒立方"智能化内容生产平台等，实行线上报题、线上"谈版"，集团总编办、数据分析室、浙江在线舆情中心等多部门联动，强化网络舆情的全时段研判，为集团党委、编委会进行大数据决策提供参考。

（三）在抗疫中创新

决策可以在线上进行，但许多采访如直播等必须在现场完成，如何调配人手，集中优势兵力生产优质产品？在集团统一指挥部署下，各媒体、各部门各施妙招——浙江日报全媒体文化新闻部是浙报战"疫"报道的主力，娘子军居多，立即打破条线，改为采用项目制合作，组建"特稿小组"；浙报视频影像部直播室全员参与直播、快速拆条、海报制作，平均每场发布会发布视频稿件7—10条，速度快、金句多。浙江新闻客户端调整兵力，在编发前方记者发回报道的同时，每日额外增派3—4名编辑

做原创新媒体产品；各分社采编力量迅速集结，深耕当地，对重点区域进行重点报道；集团全新推出的短视频客户端——天目新闻客户端则参照"网格化"疫情防控机制，建立"网格化"报道机制，实现省内重要新闻现场全覆盖。钱江晚报2月5日暂时停刊后迅速重新调配力量，构建以小时新闻客户端为中心、两微等为拓展的移动优先传播格局。

二、以提高宣传有效性为目标，传达部署、回应关切

习近平总书记强调，疫情防控要"增强舆情引导的针对性和有效性"。作为地方党报，浙报集团的战"疫"报道始终关注两个维度：既关注疫情，及时准确地把习近平总书记重要讲话精神和党中央的决策部署宣传好，把浙江省委省政府贯彻落实的有力举措宣传好；又关注舆情，及时根据社会关切进行有效舆论引导。

及时权威发声，突出浙江特色。浙江日报用最好的版面、页面、屏面，浓墨重彩做好习近平总书记重要讲话精神的宣传，第一时间传递省委省政府落实总书记重要指示精神开展疫情防控的系列决策部署，自1月21日头版报道习近平总书记对新冠肺炎疫情作出重要指示以来，截至3月13日，浙江日报共刊发疫情防控相关版面422个，刊发稿件1934篇，及时传递权威声音，增强打赢战"疫"的信心决心。

根据疫情防控阶段性特点，围绕省委省政府的最新决策部署，尤其是浙江的特色做法，浙报集团尤其注重时效，踏准节拍多形式多渠道做好宣传报道。2月9日，杭州余杭创新推出防疫检查启用专用二维码，浙江日报敏锐发现其重要报道价值，迅速在头版精心呈现，随后，这一"健康码"的做法在全省、全国推广。围绕"一图（疫情图）一码（健康码）一指数（智控指数）"，率先刊发《浙江战"疫"首创"一图一码一指数"》，凸显浙江数字化治理能力，为好经验好做法在全国范围推广积累浙江经验、贡献浙江智慧。在"两手抓"阶段，浙江日报适时在头版推出"在磨难中成长 从磨难中奋起"栏目，深入挖掘一批有担当有作为、连续奋战、积极复工复产的人物和企业典型。3月4日，在浙江省应急响应调整为二级之际，浙江日报精心策划重磅推出10个版的特刊《大考——浙江抗疫特别报道》，以时间轴记录大事要事，以"决策""聚力""驰援""救治""智控""守门""保供""复工"为关键词记录典型事件和人物，围绕版面主题推出相应的"战'疫'回顾""亲历者说"，用数据图

表并配发专家观点、网友点评，以平实的语言把浙江省在疫情防控中的决策部署展现出来，把浙江在这场战"疫"中的"三个地"的使命担当、"最多跑一次"的改革功效、省域治理体系的制度机制徐徐展现在大家面前。特刊在新媒体端还被制成H5产品，引发刷屏。

推出评论组合，有效引导舆论。为了发挥党报评论在众声喧哗中一锤定音的作用，浙江日报创新推出"大中小"结合、线上线下结合、说情说理结合的评论"组合拳"。在报纸版面上，有千字左右的本报评论员文章，凸显力度；也有几百字的短评、快评，凸显锐度，形成立体作战。本报评论员文章紧跟省委省政府最新决策，1月24日，浙江推出疫情防控最严措施之时，浙江日报头版配发本报评论员文章《把"十个最"落到实处》；2月1日，省委常委会召开扩大会议传达习近平总书记重要指示精神，头版发表《管得住是硬道理》；3月3日，浙江疫情防控应急响应级别降为二级时，头版刊发《巩固成果扩大战果》……仅1月23日—3月13日，浙江日报就推出20篇本报评论员文章。"今日说"等栏目则刊发小体量的评论，紧跟当前疫情形势和热点话题，《诚信这剂"疫苗"该打》《这口气千万不能松》《春景再好，疫情莫忘》等短小精悍的言论直切要害，用接地气的语言有效引导读者和用户。除了言论评论、本报评论员文章外，还有"大块头"署名理论文章等，引发社会关注和好评。

评论言论还更多出现在新媒体上。浙江新闻客户端观点频道的"深评""快评""暖评"等原创评论，疫情期间就推出二百多条。在表达上，还讲究说清和说理结合，把大道理讲清楚、讲透彻；用平实、朴实的语言，把话讲得入情入理。《防范【黑天鹅】背后的【灰犀牛】》《疫情舆情社情　情情皆需关切》等评论言论，引发公众的共鸣、共情。

发挥内参作用，凸显"耳目"功能。针对热点问题，浙江日报尤其注重发挥内参的作用，开辟党媒除纸上、网上之外的"第三战场"，采编人员带着问题导向深入一线，积极反映问题，助推防控工作的有效推进。疫情期间，浙江日报的内参报道速度更快、数量更多、涉及范围更广。一级响应以来，内参报道几乎做到当日情况日报；2月6日—3月13日，共刊发36期内参，最多的一天发布6期，数倍于平日；内参选题、采写紧跟省委省政府的部署和全省抗疫形势，针对中小企业发展、医疗医护用品原料生产、企业出口、农产品运输、老年人防疫、中小学生网课、企业复工等热点话题，及时发现抗疫中的薄弱环节，查漏洞、补短板、促安全，得到省领导肯定表扬："起到了为领导决策提供有益参考的作用"，36 期内参共得到 28 次省领导批示，直接助推相关问题解决。

打造辟谣平台，迅速以正压邪。面对频发的网络谣言，浙报集团联合省有关部门迅速打造官方辟谣平台，推出"捉谣记"栏目，面对"浙江多地封城""自来水多倍加氯""病毒可以通过眼神传播"等谣言，先后发布《#捉谣记#网传浙江多地"封城"？谣言！》《那些和新型冠状病毒肺炎疫情有关的"奇葩说"，你信过吗？》等权威可信、信息量大的内容，每篇阅读量都超 1000 万。还联合今日头条、快手、抖音、丁香医生等平台广泛传播，引导公众不信谣、不传谣。截至 3 月 13 日，辟谣平台已累计发布辟谣信息 1673 条，总点击量达 1.39 亿人次。

三、以媒体深度融合为动能，全息呈现、全效传播

打赢宣传报道的战"疫"，新媒体战场就是需要主流媒体必须翻越的娄山关、腊子口。谁的内容更能直抵人心、谁的信息发布更及时准确、谁的传播更贴近受众，谁就能赢得受众，赢得话语权、主导权。浙报集团策划推出多系列融合报道，尤其是在及时性、服务性、互动性上下狠功夫，利用集团浙江新闻、天目新闻、小时新闻三大移动客户端，展现融合成果，也收获了数十万的下载量、成倍的日活量。

信息快速发布，抢抓时效。每次举行的浙江省政府新闻发布会，传播都是争分夺秒，会议还没结束，公众最关心的话题已经以金句短视频的形式在朋友圈刷屏。浙视频推出的发布会直播观看量均在 20 万以上，直播精彩瞬间拆条多达 205 条，15 秒动态海报超过 127 张。《5G 医用测温巡逻机器人助力疫情防控战役》等时效性强的短视频播放总量达 4547 万。浙江新闻客户端、天目新闻客户端等大量生产"新闻海报"，根据最新新闻事件制成，集新闻性、画面感、故事性于一身，既可在一篇稿件中传播，也可独立成为传播热点，成为本次融合传播的一大亮点，《复工啦！同事的画风怎么都变了》《白娘子、苏东坡、徐霞客都说：这些好习惯你可记得要保持》等海报被赞"不仅画风美，还特别涨知识！""西湖大学揭开新冠病毒侵染人体细胞谜团"的新闻刚刚发布，浙报全媒体文化新闻部与视觉设计室连夜制作独家新媒体产品《一图读懂|西湖大学揭秘：新冠病毒侵染人体那一刻》，被人民日报、央视新闻、学习强国

等多家媒体平台转发，全网点击量破亿。

为了做到能及时、即时回应社会热点，集团各新媒体平台的推送次数、频率和时间一再刷新记录，最"晚"的推送凌晨4时，凌晨推送成为常态……

围绕社会热点，做足服务。疫情初期，集团各媒体充分利用自身资源，连线、专访专家院士，针对大家关心的"发热咳嗽是否为新冠肺炎症状""儿童老人如何做好个人防护"等话题做好权威科普文章，《儿童版新型冠状病毒防护手册》里的海报被大量网友收藏。复产复工之际，浙报全媒体经济新闻部记者深入企业车间，策划推出《浙企复工进行时》系列10期报道，既有关于疫情之下的新发现新思考，也给企业防疫复工带去启迪，深受企业欢迎。

讲好暖心故事，同"屏"共振。疫情报道期间，公众希望看到什么样的宣传报道？从浙报集团稿件的传播情况来看，除了党委政府的权威声音和专家学者的科普答疑，以百姓视角推出的正能量、暖人心的故事非常受欢迎。浙江日报开设"最美逆行者""党旗在防控一线飘扬"专题，天目新闻客户端推出"武汉前线Vlog"、钱江晚报小时新闻客户端开设"驰援手记""致敬逆行者"等专题，讲述的暖心事、感人事引发许多用户的点赞和评论。浙报全媒体政治新闻部推出《特别策划·战"疫"》系列报道，用1—2分钟短视频讲述我省广大党员干部"最美逆行者"的故事，不少单篇点击量达30万以上。浙视频推出9分54秒视频《"疫"线特别策划 | 凡人之歌》，讲述浙江防疫一线的凡人故事，仅在浙江新闻客户端点击量就达33万。浙江新闻客户端推出《@全体浙江人 这些事情我们还要坚持做》，把二级响应后大家还要坚持做的事以"大图"形式列出，点击量近40万。天目新闻客户端推出16秒独家短视频《危重病人拔管后紧紧拉住医生的手，艰难地说出了这四个字："打倒病魔"》总点击量近50万，并被人民日报等五十多家主流媒体转发，微博话题阅读量高达2亿人次。钱江晚报推出线上线下联动的"'疫'线面孔"，聚焦抗"疫"一线的普通人，刊发30余期，专题点击超过450万，先后在武林银泰、国大城市广场、地铁一号线、钱江新城等户外大屏上线，全天候动态播放，让身边力量闪耀杭城。

浙报集团还把公众作为内容生产的重要来源，各新媒体平台纷纷吸引用户把居家隔离期间的趣味生活投稿，传达"生活在继续"的讯息，帮助安抚情绪、缓解焦虑。浙江新闻客户端"元气宅家计划"、天目新闻客户端"宅家记"短视频投稿、小时新闻"晒'窝家抗疫'照"、钱江晚报元宵"网络诗词大会"等，既有力助推抗疫宣传，又增强用户互动，获热烈反响。

正因如此，疫情期间，集团各新媒体平台用户新增和活跃度提升明显，高峰时期，浙江新闻客户端打开率提升267%，天目新闻客户端打开率提高290%，小时新闻客户端打开率提高80%；浙视频生产的视频全网播放量100万以上的27条，500万以上的2条，1000万以上的7条，记者原创视频爆款累计播放量2.6亿；集团微信矩阵"10万+"稿件400余篇；浙江日报抖音号新增粉丝127万，千万级以上播放量稿件31条，亿级两条。

以行业平台资源为优势，集思广益、转化成果。疫情期间，浙报集团充分发挥行业优势，联合浙报集团—清华大学新闻与传播学院博士后联合工作站、国家新闻出版总署出版融合发展（浙报集团）重点实验室和浙江传媒研究院，共同征集"疫情时期信息公开和融合传播的解决方案和积极建议"。

本次课题征集覆盖面广、角度多样，为更加高效、高能地运用"四全"媒体优势、助力疫情防控，提供了多层次的研究视角、工作思路和应用经验。征集启事发布后，得到包括北京大学、清华大学、国防科技大学等知名高校及科研机构和人民日报、解放日报等主流媒体，内容既包括策略研究、平台建设、效果分析、基层样本等，也包括从公共危机处理、防疫应急平台建设、个人信息保护、公众认知与情绪引导等多维度深入分析，提出解决路径。

经集团内外部专家、重点实验室学术委员对稿件综合评审打分，共选出获奖课题23篇。所有获奖课题已形成成果报告，用于集团内相关课题研究及成果共享；部分获奖课题纳入重点实验室年度课题，持续开展关键技术研究及可行性分析，推动应用转化。

第三节　浙报集团抗疫报道中的经验与不足

自新冠肺炎疫情爆发以来，浙报集团发挥自身媒体深度融合优势，努力做到全程记录、全息传播、全员参与，形成全效影响，在实战中取得了一些成绩，也收获了一些经验。

一是抓住优质内容生产这个源头，坚持准中求快。无论传统媒体还是新媒体，提升宣传报道传播效果的一个重要前提是内容足够优质、足够"硬核"。疫情期间，浙报集团把主力军投入互联网这个主战场，精心组织内容生产，尤其是做好习近平总书记重要讲话精神的宣传，第一时间精准传递省委省政府落实总书记重要指示精神开展疫情防控的系列决策部署，回应群众关切，许多即时推出的系列权威发布、优质新闻均在传播中取得了很好的效果。

二是抓住移动化视频化这个重点，讲好暖心故事。在抗疫宣传报道中，浙报集团充分发挥视频的作用，强调小切口、故事化，以朴实的语言、平实的表达传递正能量，许多视频产品因而成为爆款。例如浙视频推出的 9 分 54 秒视频《"疫"线特别策划 | 凡人之歌》、天目新闻客户端推出的 16 秒独家短视频《危重病人拔管后紧紧拉住医生的手，艰难地说出了这四个字："打倒病魔"》等，都是很好的例子。

三是抓住传播渠道拓展策略，强化多元分发。在有好的内容、好的表达基础上，构建一条高效有序的传播链条，是实现传播效果最大化的助推器。浙报集团一方面在自有新媒体平台发力，用更多形式新颖的"新闻海报"、视频拆条来吸引用户；另一方面强化借力出海，开展多渠道分发和破圈合作。比如，全时段在人民日报、今日头条、抖音、百度、腾讯等重点外部平台即时推送浙报集团疫情报道内容，形成有效曝光量；同时突破媒体边界，联合跨区域、跨行业联动优质新媒体合作力量咪咕阅读、网易云音乐等，创新内容运作模式，推出"人气大 V 公益倡议视频录制"等人气活动，开辟疫情防控宣传工作新阵地。据不完全统计，由浙报融媒体团队发布在各资讯平台上的报道，单月有效浏览量达 10 亿，其中部分"霸屏"爆款单篇播放量达百万级乃至亿级。比如浙江日报官方抖音号发布的《来了来了他又来了！还记得温州苍南那个送夜宵的小男孩吗？记者和他的对话是这样的》记录了在寒冷的深夜里为检查点的工作人员送去一口热汤的温暖一家，抖音平台上线 24 小时即收获播放量 1357.4 万次，点赞 249.3 万。通过借助这些多元化的信息渠道和智能化分发技术，话筒的声音被成倍放大，进而实现传播效果的指数级放大。

另一方面，短板和不足也依然存在。

一是优质视频生产能力还需进一步提高。顺应移动化、视频化、社交化趋势，集团把视频生产当作融媒体内容生产的重点，疫情爆发以来，集团各新媒体平台的视频融媒体作品产量大幅提高，以浙江新闻客户端为例，二月、三月的视频稿月均近 2000

篇，同比月均增长近 500 篇，不少关注战"疫"一线暖心故事的作品也收获了较高的点击率和转发率，但数量和质量都有提升空间，亟须完善高质量视频融媒体产品的内容生产机制，加大 UGC、PGC 生产能力，强化互动性，更好吸引用户。

二是利用先进技术驱动媒体深度融合的能力还需进一步提升。在当前信息化发展趋势下，信息革命新成果层出不穷，先进技术在提升融媒体传播力、影响力的作用不仅仅是支撑，更是驱动、引领。集团的新媒体平台尽管采用了一些新技术，但对比头部商业媒体和央媒，在云计算、物联网、区块链、人工智能、5G 等方面的探索和运用还有不小的差距，需尽快提升技术创新能力，驱动高质量融媒体内容生产。

三是新媒体平台的协同作战能力还需进一步加强。集团以浙江新闻、天目新闻、小时新闻为主的移动新媒体平台均能根据自身定位各自发挥内容生产优势，但深度合作、协同作战不多，有部分协同作战项目还存在同质化、"一键转发"的情况，还需在充分发挥新媒体各自特色的基础上，集中发力，提高一体化协同作战能力。

第八章　南方都市报抗疫报道研究报告

陈南先[①]

南方都市报是南方报业传媒集团的重要成员,自1997年创刊以来,取得了良好的业绩,早已进入世界品牌实验室发布的《中国500最具价值品牌》的行列。在2020年的抗击新冠肺炎报道中,南都人宣传报道习近平总书记讲话批示,及时准确全面真实报道疫情,为缓解社会恐慌、化解舆论危机做了大量工作。在讴歌医护人员妙手仁心、救死扶伤;在报道基层社区联防联控、宣传志愿者默默付出;在宣传社会各界守望相助,爱心捐赠;在宣传复工复产复学、脱贫攻坚等方面,都推出了许多精彩的新闻作品。南都人创造了一套独具特色的"南都战法",即"线上全媒体,线下多场景""视频多形态呈现,多角度传播""数据产品助力协同共治""创意传播提升宣传精准度",获得了社会各界的广泛赞誉。

2020年年初开始,我国遭遇了一场突如其来的新冠肺炎疫情袭击。这次新冠肺炎疫情,给全国人民造成前所未有的影响。这是新中国成立以来传播速度最快、感染范围最广、防控难度最大的一次重大突发公共卫生事件。在以习近平总书记为核心的党中央的坚强领导下,全国人民齐心协力,众志成城,"一个十四亿人口的大国,用一个多月的时间初步遏制了疫情蔓延势头,用两个月左右的时间将本土每日新增病例控制在个位数以内,用三个月左右的时间取得了武汉保卫战、湖北保卫战的决定性成果"[②]。在这场抗疫战场上,广大新闻工作者不忘初心,不畏艰险,冲锋在前,扛起

[①] 陈南先,博士,广东技术师范大学文学与传媒学院教授,新闻专业负责人。
[②] 关铭闻.大写的中国!——2020年抗疫中的人与事、家与国,2020年5月14日《光明日报》第1版.

时代赋予的使命与担当，出色完成好舆论引导这项政治任务。南方都市报在抗疫防疫宣传报道中的表现就很有代表性。

南方都市报于1997年1月1日正式创刊，系南方报业传媒集团的主力成员。南方都市报的口号是"办中国最好的报纸"；"传播消息，提供资讯，引导消费，服务生活"是其办报方针；"富裕地区，精英阶层，年轻人群"是其市场定位。2003年，南方都市报冲破层层阻力，推出了有关非典的报道，还率先报道了被广州执法人员殴打致死的湖北籍大学生孙志刚事件，以及取消收容制度等新闻事件的大讨论，在国内外产生了重大影响。南方都市报因其出色的表现，早已形成了鲜明的办报风格——"拒绝平庸，追求卓越，善讲真话，敢做大事"。

第一节　落实习近平指示精神　营造全面战"疫"舆论氛围

这场抗疫防疫狙击战是由习近平总书记亲自指挥、亲自部署的。南方都市报全面宣传报道习近平总书记的讲话批示精神，营造出万众一心防控疫情的舆论氛围。1月20日，习近平总书记在云南考察调研时，对新冠肺炎疫情作出重要指示，"要把人民群众生命安全和身体健康放在第一位，制订周密方案，组织各方力量开展防控，采取切实有效措施，坚决遏制疫情蔓延势头"。1月22日习近平总书记亲自作出从武汉1月23日10时开始封城的战略决策，他强调："作出这一决策，需要巨大政治勇气，但该出手时必须出手，否则优断不断、反受其乱。"1月25日，大年初一，习近平在中央政治局常委会上强调："生命重于泰山。疫情就是命令，防控就是责任"；"把人民生命安全和身体健康放在第一位，把疫情防控工作作为当前最重要的工作来抓"。

2020年1月21日，南方都市报推出了《广东积极应对新型冠状病毒感染的肺炎疫情进入春运高峰，传播风险可能持续增加，提醒市民注意防范》《国家卫健委高级别专家组组长钟南山：新型肺炎没有特效药，肯定存在人传人现象》《广东省通报：综合评估后，广东新型冠状病毒感染肺炎疫情可防可控》等数篇报道。南方都市报还开辟了"全民战'疫'　守望相助"的专题版面。随着疫情发展，南方都市报战"疫"报道工作迅速提升，全面铺开，尽管适逢春节期间，但报道力度一刻也不曾放松。1月25日，南都刊发了《广东即日起在全省公路省界设立联合检疫站》《全力防控疫情，广东暂停一切大型经贸活动》《速看！全国31省市新冠肺炎病毒检测试剂盒挂网采购大数据来了》；1月26日刊发了《广东已有10家口罩企业复产，口罩日产83万只，原料供应较充足》；1月27日推出了《省政府新闻办召开新闻发布会，通报广东新型冠状病毒感染的肺炎疫情联防联控工作情况——目前广东疫情形势仍可防可控》《官宣！广州深圳不会"封城"》《别慌！别抢！广州储备粮食够吃一年，各大超市加紧备货，新鲜肉菜今起陆续恢复供应》《广东首株新型冠状病毒毒株成功分离》等，这些报道覆盖面广，涉及多方面的民生资讯，引起了广泛关注。

南方都市报的疫情防控报道，聚焦在贴近性、服务性、可读性上。比如，1月29日推出了《钟南山接受专访谈疫情防控　一周至10天左右肺炎疫情或达高峰》；1月30日发布了《好消息！广州首例治愈出院，55岁女性》《珠海一家4口治愈出院　医生揭秘治疗历程：提高自身免疫力和树立信心非常重要》……这些报道及时、准确、鲜活，真正遵循了"及时生动地还原新闻，客观准确地再现事件，具体周到地服务生活"的办报宗旨。

从1月31日到2月中上旬，南都先后刊发了《员工在家办公　企业照发工资》《一家6人5人确诊　2岁娃有28个妈》《复工在即，南都记者全市大走访：蔬菜肉类等供应充足，口罩普遍奇缺》《春节过完叶菜"降温"　瓜豆"发烧"》《广东出台三文件，快审快批快检抗疫所需药品和医疗器械》《全省已设2089个联合检疫站　入粤车辆每车必检必登记》……南都的这些宣传报道对稳定人心、消除恐惧、引导市民理性出行、消费等，有重要的推动作用。这也是南都编辑思想——"恪守新闻道德，遵循新闻规律，注重新闻价值，讲究新闻方法"的体现。舆情专家说，对疫情的恐惧，比疫情本身更可怕。本着公开、透明、科学的原则，围绕疫情防控保障工作，从1月28日—5月5日为止，包括南方都市报在内的410家单位，524名发布人共同参与了广州市的一百场新闻发布会，向公众发布了大量的资讯材料。[①] 发布会"平均每场耗时1—2个小时，言之有物，干货满满，让广州信息公开频度、力度、广度、精度走在了全国前列"。广东省、广州市有关部门在推进国家治理体系和治理能力现代化方面走在了前头。

---

① 罗仕.公开　透明　科学　百场新闻发布会展现国际大都市形象,2020年5月6日《羊城晚报》A02版.

第二节　歌颂白衣天使　传递人间大爱

这次新冠肺炎疫情首先在武汉和湖北其他地市爆发，由于患者较多，湖北的医护人员严重缺员，当地的防疫物质严重短缺，在以习近平为核心的党中央的决策部署下，全国各地和军队的346支医疗队、42600名医务人员白衣执甲逆行出征。9个省区市对口支援湖北除武汉外的16个市州。本着"坚定信心、同舟共济、科学防治、精准施策"的总体要求，在党中央集中统一领导下，全国上下打响了疫情防控的人民战争、总体战、阻击战。

1月24日晚，除夕之夜，128名广东医护人员携带3415公斤行李和医疗物资星夜驰援武汉。1月25日，南都发表了《南航医疗包机搭载128名广东医护人员星夜驰援武汉》的新闻稿。2月9日，元宵节后的第一天，广东驰援湖北省抗击新冠肺炎医疗队再次出征，当日南都发布了《广东17个地市医疗队同一天出征，紧急驰援湖北》的新闻稿，记者披露：至少有17个地市组建了医疗队参与此次驰援，这398名医护人员预计当晚就将抵达武汉，这些最美的逆行者都是来自一线的业务骨干。按照习总书记、党中央统一部署，2月10日晚，广东支援湖北省荆州医疗队第一批成员启程出发。省委书记和省长到机场为医疗队送行，南都2月11日发表了《广东医疗队驰援湖北荆州　李希、马兴瑞到机场送行》的新闻报道。3月7日南都发表了新华社的专题报道《"武汉保卫战"一线新闻工作者素描：南都记者蹲守隔离病房抢拍真实瞬间》。3月9日南都发表了《被新华社点名表扬的南都记者，如何拍出抗疫"最美"图片燃爆全国》，这两篇特稿介绍了特派武汉记者钟锐钧的感人事迹。

随着疫情的缓解，援鄂医护人员先后撤离湖北。3月18日，南都发表了《广东医疗队今起陆续返粤，国家卫健委：首批49支医疗队共计3787人已撤离》。3月20日，发布《广东医疗队准备离开武汉，对面阳台齐唱〈我和我的祖国〉瞬间泪目》《英雄花开迎英雄，欢迎回家！广东援助湖北医疗队超千名队员今返粤》等新闻稿件。3月31日，推出了《广东医疗队"10朵金花"返粤，现场泪崩！粤语歌响起》。4月10日推出了《坚守湖北的最后一支广东医疗队，今天启程返粤》和《2493名广东援鄂医护人员已全部返粤》两篇报道。广东援鄂医疗队的业绩令人瞩目：从1月24日除夕夜出征到4月10日，广东医疗队成为驰援湖北最早、撤离最晚的医疗队之一。截至4

月9日，广东援助湖北武汉医疗队累计收治患者3616人，治愈出院3149人。其中接管病区治愈出院984人、方舱医院治愈出院2165人，总治愈出院率87.09%。"广东医疗队支援后，总体治愈率由2月21日的5%左右提升到3月27日的96.7%"，这些硬核数据很能说明广东援鄂医护人员的高超水平。

在全国人民的大力支援下，抗疫防疫工作创造了一系列奇迹：武汉火神山医院10天建成，雷神山医院14天交付使用；14所方舱医院用35天收治1.2万人，零感染。"面对空前的疫情，14亿人口，水不停、电不停、供暖不停、通信不停、物资供应不断，社会秩序不乱，中国做到了！"①

援鄂医疗队员为湖北拼过命，当地人民铭记于心，广东人民也发自内心为他们排忧解难。3月5—8日，南都发表了《你家的卫生我来搞！深圳为一线支援湖北医护人员提供免费家政服务》《831名华师师生"云支教"，辅导赴鄂医护人员的孩子》《广东省总工会为1048户赴鄂抗疫医务人员家属送花》等新闻稿；4月28日，发表了《深圳这家眼科医院开展公益活动，帮助援鄂及一线医护人员"摘镜"》；5月11日，《中山大学孙逸仙纪念医院109名援鄂护士将由合同制转为正式编制》隆重推出，在"5·12国际护士节"到来前夕，109名支援武汉一线的合同制护士全部"入编"；5月13日，南都发布《援鄂医务人员子女考取广东这四所院校，四年学杂费全免！》；6月10日，南都发表《"国际档案日"宣传启动，百名广东援鄂医护代表手印被档案馆收藏》。报道披露，6月9日上午，广州市国家档案馆举行的"手印·铭记"——抗疫英雄手印移交仪式拉开了国际档案日的活动序幕。其中1号手印是中国工程院院士钟南山的手印。此次活动共采集2484位广东援鄂医护人员手印，其余2384份手印将陆续进馆。

这些针对医护人员的举措，既有精神褒奖，也有物质鼓励。"这些作品极大地鼓舞了士气，激励了奋战在疫情防控一线广大医务工作者的斗志，增强了人民群众战胜疫情的决心和信心，为打赢疫情防控阻击战鼓与呼、提供了强有力的舆论支持。"②

---

① 赵承、霍小光、张旭东、吴晶、陈芳、赵超、刘华、安蓓、林晖、朱基钗、梁建强.风雨无阻向前进——写在全国疫情防控阻击战取得重大战略成果之际，2020年5月18日《人民日报》01-02版.

② 田建民.坚决打赢疫情防控阻击战——广东主要媒体全力"战疫"阶段性报道综述.岭南传媒探索，2020(2)(总第174期).

第三节　人类守望相助　爱心跨越国界

由于疫情扩散快、传染快，口罩、护目镜、防护衣、消毒水等医用易耗品非常短缺，全国许多单位和爱心人士纷纷给武汉、给湖北捐钱捐物。海外华人华侨、留学生、武汉大学、华中科技大学等海内外校友拼命抢购这些防疫物质，第一时间捐赠给医院。许多国家、国际组织和国际友人都向中国捐款捐物，1月27日，盖茨基金会宣布提供500万美元紧急赠款，支持中国抗击新冠肺炎疫情。比尔·盖茨专门致信习近平主席，赞赏中国政府和中国人民在抗击疫情中的表现，表示将坚定支持中国打赢这场关键战役。2月20日，习近平主席给美国盖茨基金会联席主席比尔·盖茨回信，感谢他和盖茨基金会对中国防控新冠肺炎疫情工作的支持，呼吁国际社会加强协调、共同抗击疫情。据悉，"70多个国家和国际组织为中国人民抗疫斗争提供了物资等援助；170多个国家领导人、50多个国际和地区组织负责人以及300多个外国政党和政治组织向中方表示慰问和支持"[①]。

广东的华人华侨多，他们情系故土，积极捐助。2月4日，南都发布《揭阳接收首批境外捐赠防疫物资，7万口罩运抵揭阳市人民医院》，这批物资是由孟加拉国——中国和平统一促进会捐赠的。2月19日，南都发布《50万个口罩！自疫情以来，中山单批进口数量最多的捐赠防疫物资》，这是中山市单批进口数量最多的一批捐赠防疫物资。2月26日，南都发布《江门五邑籍华侨募集大批防疫物资驰援家乡抗疫》，巴西、哥斯达黎加、澳大利亚等江门五邑籍海外侨胞，给家乡捐赠防控物资，为家乡进一步筑牢抗疫防线，夺取抗疫全面胜利提供助力。2月28日，南都发布《澳洲华侨向深圳慈善会捐助四万瓶蜂蜜，送往抗疫一线及福利机构》。

广东各界也积极捐款捐物。2月5日、6日、9日，南都先后发布消息《广东社会各界累计捐赠款物资金逾21亿元、口罩880万个》《广州企业行动起来！已累计募捐635万余元抗疫物资》《深航捐赠16000余件防疫物资，运抵武汉》。2月20日，发布消息《价值70万！广州团市委、市青基会向三家医院捐赠医疗防护物资》。3月

---

① 赵承、霍小光、张旭东、吴晶、陈芳、赵超、刘华、安蓓、林晖、朱基钗、梁建强.风雨无阻向前进——写在全国疫情防控阻击战取得重大战略成果之际,2020年5月18日《人民日报》01-02版.

5日,《深圳一企业向市三院捐赠防护物资,累计捐赠760余万元》的新闻稿问世。

相助无远近,万里尚为邻。中国政府、中资机构、中国人民在自己抗疫防疫的严峻时刻,也向国际社会伸出了援手。"数字自带分量。150,是中国援助抵达的国家和国际组织数量;300万,是中国搭建的新冠肺炎科研成果学术交流平台上论文被全球阅读的次数;数十亿,是中国提供的口罩规模。"①

3月24日、27日,南都分别发布新闻《广州向意大利帕多瓦、巴里、热那亚、米兰、都灵等友城捐防控物资》《鹤山市筹集8.5万只口罩驰援巴拿马、智利华侨,首批口罩已送抵》。3月31日,推出新闻《广东公共外交协会等筹集抗疫物资,将向13个疫情较严重国家捐赠》。4月16日,推出《广州企业向伊朗驻广州总领事馆捐赠100多万元防疫物资》的新闻稿。4月27日,发表《广州启动第二批防疫物资国际捐赠,近日物资陆续抵达德国友城》的新闻稿。在危机关头,"中国不仅以强有力的举措保护本国人民生命安全,更以跨越国界的爱心与行动,回馈着'山川异域,风月同天'的深情厚谊,表达着'和衷共济,四海一家'的天下情怀"②。病毒无情,人间有爱;守望相助,大爱无疆。

第四节 社区防控严密 义工精神可嘉

抗击疫情有两个阵地,一个是医院救死扶伤阵地,一个是社区防控阵地。2020年2月10日下午,习近平总书记来到北京市朝阳区安华里社区,看望社区群众,查看防控情况。习近平说:"新冠肺炎疫情防控工作是一场人民战争,要相信群众、发动群众,充分发挥社区在疫情防控工作中的'阻击作用'。"

南都为了宣传推广社区防控的经验和做法,推出了一系列新闻报道。《"不串门,是亲人"——南方都市报抗疫系列主题海报走进社区》于2月18日推出,该新闻介绍,2月18日下午,生动有趣的南方都市报抗疫宣传海报走进黄埔玉树社区,与社区的党员防疫先锋队、志愿者一同为社区防疫工作加油鼓劲。"不串门,是亲人""少吃一顿饭,

---

① 关铭闻.大写的中国!——2020年抗疫中的人与事、家与国,2020年5月14日《光明日报》第1版.
② 任仲平.风雨无阻向前进!——写在中国人民抗击新冠肺炎疫情之际,2020年3月26日《人民日报》01版.

友情不会淡"是其宣传口号。2月26日，发布了新闻《穗社工机构发起"暖守午餐"行动，为社区工作者送上万份爱心午餐》，为了做好社区防控工作，很多社工和志愿者常常顾不上吃饭，午餐只能靠饼干、面包等干粮解决。广东岭南至诚社会工作服务中心发起"暖守午餐"行动，在多家爱心企业机构的支持下，坚持每天中午做好可口的爱心午餐，派送给辖区的社区工作人员手中，记者发稿时已派发13289份爱心午餐。3月9日，推出《福南社区"0疑似0确诊"，是这些社区工作者在无声坚守》的报道，该消息说，大年初一，深圳福田街道福南社区工作者接到了"取消休假，立即返岗"的通知，社区工作人员闻令而动、集体逆行，全面投身疫情阻击战的最前线，社区"0疑似0确诊"就是对他们付出的最好回报。4月2日，南都推出《结束健康管理，这些外籍人士点赞广州：以后把这段经历讲给女儿听》。4月7日，发表新闻稿《广州市社区"三人小组"配翻译 落实外籍人士测体温戴口罩》，针对外籍人士的社区防控，广州市公安局在"社区+卫健+公安"的社区管理"三人小组"基础上加了翻译人员。

志愿者是城市亮丽的风景线，红马甲是城市文明的"流行装"。在这场全民抗疫战中，广大青年志愿者表现突出，展现了新时代青年的担当，他们用实际行动唱响了青春旋律！2月7日，南都推出《广州市首批青年战"疫"志愿突击队志愿者上岗，助力医疗防疫物资生产》，该报道说，2月5日，广州青年志愿者协会、共青团黄埔区委、黄埔区青年志愿者协会组织40名青年志愿者走进广东南芯医疗科技有限公司，协助分拣、包装、打包医用样本采集器，帮助加紧生产抗疫防控物资，支援疫情防控工作。2月28日南都推出《响应号召，青春有担当——青年志愿者积极投身防疫一线》。4月15日发布了《我是湖北人，也是防疫志愿者》。6月6日，发布的《深圳为186万红马甲免费检查眼健康，这个医院健康U站同步启动》温馨感人。6月12日南都发布《疫情期间青年志愿者累计上岗近53万人次，"90后""00后"超六成》，该报道披露，在疫情期间，广州全市团属组织共发布疫情防控志愿服务项目9477个，青年志愿者累计上岗近53万人次，累计贡献志愿服务时长超74.2万小时。广大义工开展"五进"（进医院、进企业、进社区、进站场、进网络）行动，将志愿服务送到抗疫一线。青年志愿者中，"90后"占40.86%、"00后"占23.86%、"80后"占17%，一代年轻义工在茁壮成长。

第五节　宣传复工复产　助力脱贫攻坚

2020年是脱贫攻坚的关键的一年，也是"十三五"规划收官之年。疫情防控关乎生命，复工复产关乎生计。2月23日，习近平总书记在人民大会堂东大厅召开的电视电话会议上，面对全国17万名县团级以上干部说："新冠肺炎疫情发生后，如何在较短时间内整合力量、全力抗击疫情，这是很大的挑战；在疫情形势趋缓后，如何统筹好疫情防控和复工复产，这也是很大的挑战。"广东省人民政府和各地市政府积极贯彻党中央的复工复产的指示，想方设法让工厂企业早日复工复产，南都人也在新闻报道中，为复工复产摇旗呐喊。

2月2日，《广州南沙：推出"云复工"系统，企业复工复产备案不用跑现场》的消息发布。2月7日，南都发布重磅消息《广东出台20条支持企业复工复产一企一策协调解决口罩等物资购置问题》，消息指出，2月6日下午，广东省人民政府就加大保障企业复工复产工作力度、降低企业用工成本、减轻企业经营负担、加大财政金融支持、优化政府服务等主要层面，提出了5方面共20项政策措施，全力支持和推动受疫情影响的各类企业复工复产。2月11日，南都推出《助力中小微企业渡难关！广东出台惠企措施，支持企业复工复产》。2月22日，发布消息《复工复产，如何消毒防疫？专家给出了"秘笈"》。3月26日，推出两则新闻《帮助企业复工复产广东打通重点企业上下游产业链》和《珠澳中小微企业复工复产大调查：企业建议加大补贴申领指引》。4月10日，《东江科技园271家企业全部复工复产》刊出，该消息披露，惠州仲恺高新区在全市率先达到复工率100%，在岗总人数达31142人；5月9日，发布消息《人大代表董明珠关心减税降费，格力已减免了这些费用》，全国人大代表、珠海格力电器股份有限公司董事长兼总裁董明珠介绍，今年公司2—6月预计共可减免企业社保费2300多万元。6月10日，南都发布两则利好消息：《广东超6万家企业免费接受法治体检，全力复工复产》和《深圳前海湾保税港区推复工复产防疫保险，71家企业拟获保费补贴》。南都推出的有关复工复产的一系列新闻作品，具有重要的指导和引领作用。

3月25日，习近平总书记在主持召开中央政治局常委会会议时强调，"疫情防控关乎生命，复工复产关乎生计，一个都不能少！"广东各界积极落实习近平总书记的指示精神，在复工复产方面，采取了许多实实在在的措施。各级政府部门纷纷为企业排忧解难、出谋划策。

2020年3月6日，习近平总书记在脱贫攻坚电视电话会议上发出号令："坚决克服新冠肺炎疫情影响，坚决夺取脱贫攻坚战全面胜利，坚决完成这项对中华民族、对人类都具有重大意义的伟业。"扶贫脱贫工作和防疫抗疫叠加在一起，无疑增加了这项工作的难度。

1月25日，南都发布了《广州天河扶贫干部大年初一提前返黔支援抗击疫情》；2月1日，《深圳司法局干部年初二回驻点村指挥战"疫"：村虽冷清但心是热的》见报；2月18日，南都发表《佛山扶贫干部为扶贫村送口罩，对口单位共捐赠300多个口罩》，这些驻村第一书记舍小家顾大家，确保疫情防控和脱贫攻坚工作两不误。

2月27日，《广东省扶贫办：疫情对脱贫攻坚工作影响可控》发表；3月10日，南都推出《高质量完成决胜全面建成小康社会决战脱贫攻坚目标任务》，该新闻说，省委书记李希到云浮调研检查，统筹推进疫情防控和经济社会发展工作，始终如一抓好疫情防控。4月3日，南都发表《最后攻坚！中山对口帮扶肇庆市贫困村，还有123人尚未脱贫》，该新闻说，中山市在做好疫情防控工作的同时开展东西部扶贫协作、精准帮扶等方面的工作情况。6月6日，南都推出《请你献爱心！广州将开展35项重点慈善活动》的报道，2020年广州市慈善"为民月暨'6·30'扶贫济困日全民捐活动"启动仪式在番禺区举行。这次活动将围绕"抗疫显大爱，脱贫勇担当"的活动主题，在全市范围内开展35项重点慈善活动。活动主题把抗疫和脱贫有机结合，创意十足。2020年要实现全面脱贫奔小康的奋斗目标，这是中国共产党人对亿万人民的庄严承诺。

第六节　南都抗疫战法　业界榜样标杆

南方都市报在2020年的抗疫防疫宣传报道中，取得了骄人的成绩，获得了广泛的赞誉。以下几点表现特别突出。

（一）精心策划、全力以赴

新冠肺炎疫情爆发以后，南都很快开辟了"全民战'疫'　守望相助"的抗疫专栏。在宣传报道全国人民齐心协力，社会各界捐款捐物、白衣天使救死扶伤、社区干部全力防疫、广大公安民警为抗疫保驾护航、志愿者甘愿奉献、复工复产复学的先进经验、快递小哥为民众生活提供的便利……南都在以上诸方面都有不少宣传报道。

（二）深入现场、力求突破

南都这次一共派出了15名记者前往湖北一线采访。如摄影记者钟锐钧和他的同事深入武汉的各大医院的隔离病房，抢拍一个个感人的真实瞬间。其中《最美逆行者》肖像组照被誉为是疫情防控的"最美图片"。这组肖像随后在南都各新媒体平台的浏览量突破千万，并被人民日报、央视新闻、新华网、腾讯、新浪、网易等超过160个媒体渠道转载。3月12日南都发布《白云机场实施三色分流　严防疫情输入对重点国家及地区来粤航班旅客采取分区管控、分级管理和分类处置》和《严防境外疫情输入！深圳机场大数据查"目标"旅客，重点航班必检》，这是记者深入机场采写的成果。

（三）媒体融合、多极传播

南都凭借报纸版面、两微一端、新闻网站等媒介，通过文字、图片、图表、海报、动漫、短视频等手段，记录新闻现场，传播事实真相。从2月13日起，南都把钟锐钧拍摄的照片开发成多种新媒体产品，先后推出海报《你们摘掉口罩的样子，很美！》、长图《印·记》、图文报道《你们摘掉口罩后，真好看！》《你的脸上有千言万语》、报纸连版报道《疫·痕》等新闻作品。南方都市报还与广州市委宣传部携手举办"为最美逆行者亮灯"致敬行动，制作一线医务人员巨幅LED屏海报，在广州塔、杨箕地铁站等30多个LED屏滚动播放，掀起了向"最美逆行者"致敬的高潮。

（四）文风朴实、温暖人心

南都的新闻报道贴近实际、贴近生活、贴近群众，南都人自觉履行新闻工作责任使命，写下了一系列有思想、有温度、有品质的新闻作品。3月19日南都发布了《广东，我们回来了！1631名湖北荆州务工人员免费乘车抵广州》，这是防控新冠肺炎疫情以来，全国首趟从湖北始发的返岗专列，由粤鄂两省共同策划、精心打造，"点对点、一站式"输送荆州务工人员尽快安全有序入粤返岗。4月9日，南都发布了《"武汉朋友们，欢迎您回来！"》，8日中午12点19分，332名来自武汉的旅客乘高铁抵达广州。这是1月23日暂时关闭离汉通道以来，首批旅客乘坐由武汉始发高铁抵达广州南站。5月12日，推出《南都特派记者钟锐钧寄语学子：未来是你们的》，在南都"云课堂"复学第一课——同心战"疫"，聚焦身边的战"疫"英雄故事，一线记者给返校复课的同学进行了一场珍爱生命、珍惜学习时光的主题教育活动。

南都人俯下身、沉下心、察实情、说实话、动真情，了解社情民意，反映群众呼声，赢得了众多粉丝的喜爱。南都人创造了一套独具特色的"南都战法"，即"线上全媒体，线下多场景""视频多形态呈现，多角度传播""数据产品助力协同共治""创意传播提升宣传精准度"。①

结　语

南方都市报创刊 23 年来的业绩有目共睹。据世界品牌实验室发布的《中国 500 最具价值品牌》近三年的分析报告披露：2017 年，南方都市报以 270.89 亿元的品牌价值在榜单中位列第 147 位；2018 年，它以 326.85 亿元的品牌价值，在榜单中名列第 148 位；2019 年，它以 405.06 亿元的品牌价值，在榜单中名列第 150 位。2019 年 8 月 27 日，世界品牌实验室在香港发布 2019 年《亚洲品牌 500 强》分析报告，南方都市报和南方日报一同入选 2019 年亚洲报业十大品牌。南方都市报的实力不可小觑。

南都人在追求"办中国最好报纸"的目标基础上，"从单一的新闻角色，向研究、服务、参与的多维角色融合转型"；也"将围绕内容、用户、技术和人力等层面，推行一套新的打法"；"数据驱动转型、智媒赋能治理，南都正在书写自己新的转型篇章"。② 人们有理由相信南方都市报还将创造出自己的新辉煌。

---

① 戎明昌、王海军、刘岸然.创意打造传播爆款智媒助力国家治理———新冠肺炎疫情报道的"南都战法".岭南传媒探索,2020(2)（总第 174 期）.

② 园长.从纸媒到智媒，23 岁的南都想要"重新定义"主流都市媒体.腾讯网,2019-12-09,https://new.qq.com/omn/20191209/20191209A03PO200.html?pc.

第九章 黑龙江日报抗疫报道研究报告

吴文汐[①]

2020年新春的新冠肺炎疫情为我们提供了媒体应对重大突发公共卫生事件的研究实例，使我们看到新闻媒体在信息提供，知识科普等方面的社会责任的履行。本文梳理了黑龙江日报在抗疫报道中的主要实践，并对如何提升媒体在重大突发事件中的社会责任执行力提出相应的建议。

第一节 黑龙江日报简介

黑龙江日报作为中共黑龙江省委机关报，创刊于1945年12月1日，是国内创刊最早、连续出版时间最长的省级党报[②]。目前，黑龙江日报已经成为黑龙江省最具代表性、最权威、发行量最大的综合性报纸[③]。作为黑龙江省第一政经大报，黑龙江日报是全省重要的舆论阵地。近年来，随着新媒体技术的不断发展，黑龙江日报全力巩固壮大主流舆论传播阵地，在弘扬主旋律、传播正能量、讲好龙江故事上做了多方尝试。在全媒体平台建设上，黑龙江日报报业集团着力打造"全媒体党报工程"，开发新媒体集群，形成了报纸、网站、客户端、微博、微信的传播矩阵，实现了党报全媒体化。[④]

[①] 吴文汐，东北师范大学传媒科学学院公共传播与社会治理研究中心主任，新闻系副教授，博士。
[②] 本刊记者. 志存高远展翅腾飞——黑龙江日报业集团发展纪实. 中国报业,2011,12（上）:1.
[③] 樊洁. 从《黑龙江日报》看当代新闻语体的交融性. 新闻研究导刊,2019,10(10):29-30.
[④] 黑龙江日报. 黑龙江日报微信公众平台上. https://heilongjiang.dbw.cn/system/2015/11/23/056950937.shtml,2015-11-23.

第二节 黑龙江日报的疫情报道分析

新型冠状病毒肺炎于2020年1月发生在湖北省武汉市,并伴随着春节将至,大量的人口流动,逐步蔓延至全国,黑龙江省受到了较为严重的影响。黑龙江省在2020年1月25日开始全面启动突发公共卫生事件一级响应。到2020年2月底,黑龙江省已累计确诊病例超过400例,死亡病例增长速率位居全国第三。2020年3月中旬,境外疫情迅速恶化,并同时对黑龙江省产生影响,本土病例的增加、境外病例的输入,使得黑龙江省疫情发展情况再一次恶化。为此,政府及时调整防控举措,媒体加强报道,民众积极配合,黑龙江省疫情蔓延态势已明显得到有效控制。黑龙江省本土确诊病例和境外输入病例于2020年5月16日24时实现双清零,作为当地最有影响力的主流媒体之一——黑龙江日报,在抗疫期间利用全媒体进行了及时、准确的报道,回应了公众关切,化解了舆情危机,彰显了地方主流媒体在突发公共卫生事件中应有的责任担当。

一、坚持报道的及时性、准确性、真实性

疫情期间,黑龙江日报坚持疫情信息的高效报道,及时、准确地向公众传递新闻资讯。

(一)多平台及时通报疫情信息

黑龙江日报顺应时代发展,利用多个新媒体平台及时通报疫情信息。在新闻客户端方面,2020年1月20日设置"今日疫情"专题,及时转载国家卫健委发布的全国确诊病例信息和湖北省卫健委发布的湖北省确诊病例信息,并每日更新黑龙江省各地区确诊病例数、出院人数、死亡人数等方面信息。在微信公众平台方面,于2020年1月26日设立"疫情通报"专栏,及时转发黑龙江省卫生健康委员会官网发布信息,进行每日疫情进展情况通报,其中包含本省各地区每日新增确诊病例数目及累计确诊病例数量等内容。3月5日,设立"确诊病例轨迹"专栏,及时向大众传递确诊病例的活动轨迹。在抖音平台,2月21日黑龙江日报设立"战'疫'报道"专题,截止到5月25日,共更新573集报道,单个视频最高点赞量为16.9万。

（二）引用权威信源，以科学为依据，增强报道的准确性

黑龙江日报以科学与事实为基础进行报道，实现科学信息的准确传播。自 1 月 20 日起，通过微信公众号平台，连续向公众提供来自权威专家或机构的疫情信息解读，尽力消除大众认识误区。以黑龙江日报在 1 月 21 日发布的《如何防控新型冠状病毒？省疾控专家最新解答来了》文章为例，文章邀请了省疾病预防控制中心病毒所所长许军对疫情知识进行梳理分析，增强新闻报道的科学性。

（三）及时回应民众关心的问题

新冠肺炎疫情与每个人息息相关，黑龙江日报及时回应民众关切，缓解恐慌情绪。1 月 22 日，黑龙江日报在微信平台上设立"权威发布"专栏，报道涉及了传达国务院联防联控机制的发布内容、黑龙江省医疗救治工作进展情况及对民众生活带来的影响等多个方面，有效回应大众关心问题，起到维护社会稳定作用。此外，黑龙江日报在多个平台设置了辟谣模块，比如在官方网站中设置辟谣板块，点击后可直接跳转中国互联网联合辟谣平台，方便公众核实各种传言的真实性。黑龙江日报还在微信公众号平台开辟了专栏，对广泛流传的新型冠状病毒谣言进行辟谣，同时实时跟踪本地谣言并及时予以澄清，比如《官方辟谣！网传齐齐哈尔富拉尔基区 1 人检测阳性信息不实》《谣言！网传哈尔滨高中生中检测出无症状感染者》。通过辟谣信息的快速传递，消除公众的疑虑与误解，正面引导舆情发展。

二、宣传报道总书记讲话批示，坚定抗疫必胜的信念

黑龙江日报充分发挥党媒的社会责任，及时传达习近平总书记讲话批示和党中央决策部署，第一时间向大众宣传解读中央防控举措。黑龙江日报在 1 月 21 日成立"要闻"专栏，及时宣传政府机构部署防控举措，同时在报纸版面中，头版大篇幅发布习总书记的讲话和批示。如《习近平强调：协同推进新冠肺炎防控科研攻关，为打赢疫情防控阻击战提供科技支撑》《习近平：毫不放松抓紧抓实抓细防控工作》《习近平在统筹推进新冠肺炎疫情防控和经济社会发展工作部署会议上的讲话》《习近平抵武汉考察新冠肺炎疫情防控工作》《习近平在湖北考察：不麻痹、不厌战、不松劲，坚决打赢湖北保卫战武汉保卫战》等系列文章，第一时间发布权威声音，让公众了解党中央的领导部署，坚定抗疫信心。同时，开设评论员文章板块，主要引用人民日报评

论员文章，例如《充分发挥党员干部先锋模范作用》等，通过评论凸显主流舆论。

三、建设性舆论监督，发挥主流媒体的社会引导力

公论、公正、正义是新闻媒体的内在品质。作为党媒，及时揭露违法违纪行为及普遍存在的社会矛盾是职责所在。黑龙江日报在疫情期间充分发挥舆论监督职能，创新了舆论监督形式，引导了舆论发展，增强了自身权威性和专业性。

（一）及时通报干部违法乱纪，创新政务公开方式

黑龙江日报对违法乱纪干部的批评或者免职通报，发挥了新闻媒体的舆论监督功能，创新了政府政务公开新形式。2月3日，黑龙江日报在微信公众平台开设"违纪"专栏，及时通报省、市、乡镇、村公务人员的渎职和违纪情况，并在抖音App平台上进行同步更新，展示了舆论监督的威慑力，也对更多的"旁观者"产生以儆效尤的警示作用。

（二）与群众沟通对话，拓宽舆论监督渠道

黑龙江日报新闻客户端"留言板"功能，为公众提供了同政府的沟通渠道，形成了有效的互动机制，人民群众的表达权、监督权和检举权得以充分发挥。网民通过此功能，能够针对疫情期间存在的问题向省委书记和省长进行反馈，如物业消毒形式化问题、小区管理松懈、政府信息通报不准确、农村宣传力度不够等。民众的反馈能够为政府落实防疫措施、追究相关人员责任提供依据，并拓宽舆论监督渠道，创新舆论监督的形式。

四、记录医疗队伍的抗疫历程，致敬英雄，鼓舞公众

报道内容"日记化"记录，全平台立体化传播。黑龙江日报在微信平台自1月28日起成立"援鄂抗疫日记"专栏，例如《为早上战场我们都在努力》《重症治疗组中的"90后"部落》等系列报道，报道围绕医护人员的工作日程展开，从第三人称视角反映医护人员在一线防控中的工作生活状况。报道以跟踪式记录为主，记录在一天不同时段医护人员的生活状态及每日工作安排，让公众了解医疗小组的救治过程。同时在抖音平台发布"出征"专题报道，记录黑龙江省援助湖北孝感医疗队奔赴抗疫一线的前期援助历程，利用视频的形式全面展现，凸显抗疫主力——医护人员的必胜决心，

给予大众心灵慰藉和精神鼓舞。

五、报道各级政府的联防联控，增强民众的理解和配合

疫情期间，黑龙江日报积极报道各级政府的联防联控举措，增进公众对政府举措的理解、支持与配合。黑龙江日报及时报道省委省政府工作部署，发表了《坚持把党中央决策部署抓实抓细抓落地，奋力夺取疫情防控和经济社会发展双胜利》《王文涛主持召开省应对疫情工作领导小组指挥部例会》《落实落细八项措施 打赢疫情防控阻击战》《省委书记、省长视频连线龙江抗疫援鄂医疗工作队》《统筹推进疫情防控和经济社会发展工作》等系列报道，设置"省级会议报道"专栏，及时报道省委省政府疫情防控部署工作进展。

疫情爆发初期，黑龙江日报第一时间传递政府声音。1月22日，黑龙江日报在其微信平台发布《哈尔滨部署新型冠状病毒感染的肺炎疫情防控工作》，强调市政府在春节期间提醒人民群众要时刻做好个人防护，1月28日起，设置"黑龙江疫情防控发布会"专栏，及时报道黑龙江省在防控疫情期间的有效处理机制，并连续报道省卫生健康委、省工业和信息化厅、省交通运输厅等多个部门的防控措施，例如"防输入输出""防聚集""九个强化""加强价格监管"等决策。

此外，黑龙江日报深入基层，广泛报道基层防控情况，让公众了解一线防控工作，增强抗疫信心以及对基层防控工作的理解与支持。比如，1月27日的报道《宣传防疫知识，黑龙江乡村"大喇叭"响起来》，增强公众对大喇叭防疫宣传的重视，加强村民的警惕意识。黑龙江日报还设置了"'网格大军'织网记"专栏报道内容，分别在传统纸媒和社交媒体平台发表了《徐福章老党员奉献热情不减》《马志斌防疫不忘方便居民》《吴满忠披星戴月"大忙人"》《潘铀岩居民的事不是小事》等系列报道，展现了社会各界人士众志成城、共同抗击疫情的图景。以《"网格大军"织网记（十八）》为例，报道对象选取了来自社会防疫大管家——李秋香，她为了稳定居民生活帮助邻居分发通行证。报道中小人物的选取视角贴近大众，更易于激发公众的情感共鸣。

六、报道群众居家抗疫，展现群众的支持与配合

黑龙江日报从相关规定和居民行为表现两个方面对人民群众居家抗疫进行了报

道。在居家抗疫相关规定的报道中，黑龙江日报主要通过微信公众平台发布国家权威部门规定的疫情管理和防控条例，明确公民个人的居家隔离义务，如文章《疫情防控个人有啥义务？拒绝隔离会怎样？法律规定→》。在居民的具体行为方面，黑龙江日报以个体案例彰显人民群众的自觉和配合。如文章《一位母亲的自述｜从武汉回来的儿子》，通过直接引语："妈妈，咱家赶紧申报吧，你不要有顾虑，申报是好事……会更加做好隔离工作。"[1] 直观地表现出普通大众对防疫工作的理解和配合。

七、以情动人，弘扬志愿服务团体的奉献精神

黑龙江日报从细节入手报道来自不同行业的志愿者的无私奉献，让公众感受到社会各界团结抗疫的力量。比如，3月17日，一篇题为《心理战斗队：给隔离疗伤》的文章报道了来自于权威专家、心理健康教育工作者、社工志愿者及教师对医护人员、患者及普通百姓等人员进行心理援助的感人事迹。饱含温情的志愿服务报道在感动公众的同时，也增强了社会的凝聚力和向心力。值得注意的是，黑龙江日报对青年志愿者的报道较为丰富，内容主要为大学生志愿者在街道、社区、医院、校园等地点做卡点执勤、消毒、发放物资、劝导等级等方面工作。如《"00后"志愿者马驰宇：让青春闪耀在防疫一线》《战'疫'·青春力量》等文章。

八、积极报道国际援助，彰显同舟共济的决心

新冠肺炎是全球性的突发公共卫生事件，抗疫胜利需要各国携手合作。4月11日，黑龙江日报对中国医疗专家组在哈尔滨集结赴俄罗斯进行了报道。4月13日，黑龙江日报利用微信平台设置"俄罗斯战'役'纪事"专栏，及时报道来自于中国的医疗专家组在俄罗斯的抗疫一线，向俄方提供宝贵建议、交流经验，对俄方医护人员进行防控、诊疗培训的过程。在相关报道中黑龙江日报也十分注重个案挖掘以及情感的表达，例如4月23日发布的《用"中国温度"温暖俄罗斯人民》，文章通过对专家组成员、哈尔滨医科大学附属第一医院重症医学科主任赵鸣雁的采访，从个体的经验和情感表达，以小见大，反映出两国人民间守望相助的深情厚谊。

---

[1] 黑龙江日报.一位母亲的自述｜从武汉回来的儿子,https://mp.weixin.qq.com/s/oMKRS4984IzX8FgTPQnm9A,2020-01-30.

九、全方位科普，满足公众的知识需求，提高自我效能

黑龙江日报主要从病毒属性特征、传播途径及风险、检测情况及疫苗研发进展和预防治疗方法等方面对大众进行科普，提供公众预防新冠肺炎的自我效能感。黑龙江日报自 2020 年 1 月 26 日起，及时转载中国疾控中心提示，发布《在家怎么做？（家庭预防篇）》，分别从疫情高发地区、病毒传播途径、预防措施及相关疑似症状方面对大众进行知识科普。1 月 25 日在微信平台发布《疫情防治的协和解决方案》，科普肺炎辨别方式及预防措施，详细区分流行感冒与肺炎症状，并设置相应解决方案。2020 年 1 月 26 日，公开发布疫苗的研发情况，并报道《疫苗正在研发！告诉你 30 条好消息》，明确已分离病毒并筛选毒株，增强公众的抗疫信心。2 月 2 日发布《家庭消毒怎么做》报道，从权威机构角度解说新冠病毒的传播途径和预防措施。4 月 26 日发布《记者体验核酸检测，样本采集车让检测更便捷》，从记者的视角展现病毒检测形式及相关检测设备，并在 5 月 15 日发布疫苗进一步研发进展情况，分析国内新冠肺炎疫情未来走势。

第三节　黑龙江日报在抗疫报道中的成功经验与问题不足

一、在抗疫报道中的成功经验

（一）多渠道全方位报道，构建立体传播网络

黑龙江日报通过整合黑龙江日报官网、微信公众号平台、抖音平台及新闻客户端等多平台建立全方位报道网络，合理利用新媒体传播优势，提高传播效率。其中微信公众号平台设置了多个报道专栏，采用系列报道方式，便于用户查阅、获取所需资讯，例如"疫情通报"专栏，记录每日疫情数据变化；成立"权威发布"专栏，及时传达中央防控部署；成立"要闻"专栏，报道省委省政府的会议精神及政策实施情况。在抖音平台，设置"战'疫'报道"合辑，满足用户"碎片化"时间下的内容需求，该合辑总共更新 573 集，获得 7.0 亿播放量，截至 6 月 14 日总粉丝量为 83.5 万，总计获赞 1525.9 万。黑龙江日报有效借助全平台传播优势，丰富报道内容及传播范围，构建了立体传播网络。

（二）以科学为基础解读疫情，引导舆情发展

黑龙江日报及时设置新闻预警，引用权威专家信源，科学解读疫情信息，引导舆情发展。黑龙江日报在疫情爆发初期就发布了《中国疾控中心提示：预防冠状病毒这样做》《预防冠状病毒，如何保护自己和他人》《新型肺炎如何防治，钟南山给出最新意见》等，传递疫情防控知识、注意事项及预防举措。开设辟谣专栏，邀请权威专家针对不实言论予以回应。

（三）注重故事化表达，增强共情力

黑龙江日报丰富报道角度，关注疫情中各行各业的人，注重故事化表达，使得报道更加具体、生动。黑龙江日报设置"援鄂医护人员日记"专栏，以"日记式"记录医护人员的真实工作状态，设置"'网格大军'织网记"系列专栏，发布《徐福章老党员奉献热情不减》《马志斌防疫不忘方便居民》《吴满忠披星戴月"大忙人"》《潘钿岩居民的事不是小事》等报道，讲述基层工作人员的抗疫故事。黑龙江日报在此次疫情报道中，以普通人视角，真实展现社会各界凝心聚力，共同抗击疫情的图景，表达方式"口语化"，用通俗易懂的话语进行文本加工，增强文本的共情力，提升民众的抗疫信心。

（四）及时回应公众关切，澄清谣言，缓解恐慌情绪

黑龙江日报围绕公众关心的问题，从事实出发，积极跟进回应，多渠道、多平台报道，满足不同受众人群的需求，提升舆论引导的精准性，缓解大众情绪。黑龙江日报在客户端设置"留言板"，公众能够随时随地表达意见，提出问题并得到及时回应。此外，其微信平台自1月22日起及时设置辟谣专栏，澄清谣言，例如在1月22日发布《辟谣！这些关于新型冠状病毒的说法，别信！》。

二、在抗疫报道中的问题与不足

（一）可视化呈现方式的缺乏

可视化是指利用计算机图像处理技术，能够将数据通过图形或图像的方式展现，它能够将抽象的概念简单化、形象化，有针对性的数据处理，使得庞大的数据可视化、

直观化[1]。黑龙江日报在"每日疫情信息速报"板块中，对每日疫情数据的变化形式缺乏可视化呈现，仅仅是以文字叙述形式报道每日疫情新增病例、总计病例及死亡病例，按各地区划分进行报道，大量以文字形式出现的数据缺乏直观性，提高了受众的信息接受门槛，受众难以在大量复杂的信息中快速定位到自己想要了解的信息，也难以准确把握黑龙江省疫情整体的发展情况及防疫治理效果。

（二）各平台报道内容相似，缺乏创新元素

报道内容过度注重文字叙述，内容缺乏创新元素。黑龙江日报主要围绕权威专家解读，知识科普预防，政府防控工作部署安排及会议精神、辟谣、评论员快评、疫情信息每日速报等板块内容说明，以文字叙述的内容撰写形式为主，缺乏创新内容体现。抖音平台，微信平台，客户端等多媒体平台报道内容主题设置相似，内容设置相同，长期连续性报道易使得大众出现审美疲劳，缺乏凸显个性化内容。报道标题上循规蹈矩，缺乏亮点。主流媒体在进行融媒体报道时须基于平台的特性，实现报道内容个性化，可以利用互动视频等方式加强及时反馈，形成"独家报道"方式。合理运用创新元素，打造媒介品牌个性化内容，是从媒介市场中脱颖而出必不可少的元素之一。

（三）疫情报道前期信息缺位，发声滞后

20世纪初期，普利策将社会比作一条大船，而新闻工作者是这条大船上的"瞭望者"，瞭望的对象则是那各种不利于大船顺利航行的事物。危机事件作为在社会前进中的障碍，新闻媒体的职责就是在这种环境中守望[2]。武汉在12月31日前曾多次出现不明原因肺炎病例，黑龙江省在1月20日前已出现一名来自于牡丹江市的确诊病例，但黑龙江日报的疫情报道却是从2020年1月20日开始的。可知，黑龙江日报在疫情潜伏期缺乏对疫情发展情况的关注，报道发声不及时。黑龙江日报自1月20日起围绕疫情，形成"刮风式报道"，从信息缺位到信息爆炸的快速转变，短时间内健康风险信息的激增容易引发恐慌情绪。

---

[1] 白净，吴莉. 健康传播中的可视化应用——以新冠肺炎报道为例. 新闻与写作, 2020(04):31-36.

[2] 张涛甫. 媒体：危机时刻的"瞭望塔". 决策, 2005(08):21-22.

第四节 突发重大公共卫生事件如何进行有效报道与舆论引导

一、加强建设性报道，发挥党媒的舆论引领作用

（一）坚持以科学与事实为依据报道疫情，提供解决方案

突发传染病的应对本质上是以科学为主导的应对过程，在这一过程中科学是最核心的事实，这要求媒体在报道中必须坚持以科学为准绳展开报道。面对"信息疫情"，主流媒体只有以科学和事实为依据，传递可靠的防疫抗疫知识，加强事实核查确保信息发布的准确性、真实性，及时发布权威声音，提供科学可行的解决路径，以建设性的姿态引导舆情发展方向，才能够引导公众走出真假难辨的信息困局。

（二）加强环境监测，回应公众关切

在突发性公共事件中，舆论信息错综复杂。作为新闻媒体，应当充分发挥大众媒介的环境监测职能，监测事件发展走向，秉持以人为本的理念，主动设置议程，为公众构建信息安全保障网，围绕公众关切的问题，及时跟进报道，满足公众的信息需求，缓解公众的恐慌情绪。

（三）及时辟谣，激浊扬清

面对复杂的舆论环境，媒体应及时做出回击，有力抨击虚假信息及不实信息，结合全平台传播优势，监测不实信息，向相关权威专家或个人求证，将权威、真实的信息第一时间在全平台发布，及时辟谣，最大程度降低不实信息带来的社会影响。

二、创新报道传播形式，顺应融媒体发展潮流

随着媒体融合进程的不断深化和发展，传统媒体应顺应时代发展潮流，创新新闻报道的传播和表达方式，积极走上媒体融合道路，多平台、多形式的新闻报道，不仅能够吸引受众关注，还能够有效扩大媒体的传播范围和影响力，根据不同平台的特点，精心策划内容，用多样化的表达方式实现立体化传播，将疫情信息快速、及时、准确地传递到用户面前，以此满足信息时代互联网用户的个性化需求。

三、故事化表达，实现情感共鸣

增强"故事化"表达，实现情感共鸣。单纯的硬新闻输出，容易削弱新闻的可读

性，难以让公众有感同身受的体验。抗击疫情并非仅仅是一个宏大主题，每一个个体都身体力行地参与到这一行动当中，有自己的感受和体验。因此，疫情报道更应该"见人"，体现人文关怀，激发情感共鸣。在新闻报道中，"故事化"的叙述，个体命运的记录和呈现，更能打动受众，使得事实具有可读性和感染力，实现心理抚慰的效用，正面引导舆情发展，有效纾解公众情绪。

第十章　西藏日报抗疫报道研究报告

刘小三　王清华 ①

本文主要分析西藏日报在新冠肺炎疫情防控中履行社会责任的情况，取得的主要成绩，并就其存在的不足进行了分析并提出相应建议。本报告共分为三部分：第一部分是西藏日报概况；第二部分是疫情防控中西藏日报的社会责任履行现状；第三部分是提出西藏日报在履行社会责任方面的不足及建议。

疫情期间：西藏日报及时准确真实报道疫情，坚持正确的舆论引导，全面准确传达习近平总书记的指示精神和关怀，弘扬正能量，坚定抗疫必胜信心，并关注医护人员抗疫，树立典型形象，激励全民抗疫；积极开展健康传播，科普防疫知识，公开防疫进程，关心弱势群体和基层人员，体现人文关怀，良好地履行公共服务的社会责任；大力推进藏医药文化传承与公益传播，倡导藏药防疫，传承藏医药文化，通过防疫藏药捐赠报道，传递爱心观念，助力湖北抗疫；加强复工防疫引导，推动疫情背景下经济发展，维护社会稳定。

在此过程中，西藏日报在履行社会责任方面，也存在一些不足，比如，舆论引导方式待转变；有关疫情信息的原创报道较少；口号式宣传缺乏故事性；传统藏医药文化深度报道不足。为此，西藏日报在疫情报道中应：加大优质原创内容的生产力度；转变传播观念，增强社会服务意识；加强疫情防控中的藏医药文化传播；注重人文关怀；要重视"后疫情"报道，促进经济繁荣、社会稳定。

---

① 刘小三，西藏民族大学新闻与传播学院教授，传播学博士，研究方向为形象传播、对外传播；王清华，西藏民族大学新闻与传播专业硕士研究生，研究方向为健康传播。

第一节 西藏日报媒体概况

西藏日报创刊于 1954 年 4 月 22 日，是中共西藏自治区党委机关报，其前身是中共西藏工委的新闻简讯，目前有汉文版和藏文版两个版本。同时，它还打造了新媒体平台，如西藏日报客户端、西藏手机报（汉文）、中国西藏新闻网、快搜西藏网等，构建了西藏日报信息传播全媒体矩阵，是西藏规模最大、类型最完整、最具权威性的主流媒体集群。西藏日报拥有固定的读者群，2017 年，西藏日报（汉文）发行量为 37000 多份；藏文报是目前全国省级藏文报中发行量最大、影响面最广、读者人数最多的藏文报，发行量为 43000 多份；人民日报（藏文版）在拉萨、西宁和成都设三个印点，日发行量为 61000 份。

在西藏新闻舆论格局中，西藏日报扮演着主流、权威的角色，是西藏新闻舆论的领航者和"压舱石"。在重大公共卫生事件发生时，西藏日报展现出了"领航者"的责任和担当。这次疫情报道中，西藏日报及时宣传报道总书记讲话批示；迅速进行报道策划，根据疫情进展即时传播真实信息，回应社会关切，保护着雪域高原的平安健康。2020 年 1 月，新冠肺炎疫情爆发以来，西藏日报高度重视相关信息的传播、中央政策的传达、社会舆论的引导和健康知识的普及，体现了主流媒体高度的社会责任和使命担当。

第二节 疫情防控中西藏日报的社会责任现状

一、及时准确真实报道疫情，坚持正确的舆论引导

在社会发生重大突发公共卫生事件时，媒体首先承担的是信息告知责任，报导有关信息及时准确、真实全面地告知公众，缓解社会恐慌情绪，化解舆论危机。新冠肺炎疫情爆发以来，西藏日报在做到"四个意识""四个自信"和"两个维护"同时，将思想和行动统一到习近平总书记"把人民群众生命安全和身体健康放在第一位，坚决遏制疫情蔓延势头"的要求中，坚持以"及时准确、公开透明、有效管理、正确引导"的规范来进行舆论引导，以正面宣传为主，保证团结稳定鼓劲的总基调，加强统筹协作，调动宣传手段，打赢疫情防控狙击战。

（一）及时报道疫情真实状况，传达习近平总书记的指示精神

在疫情防控的整个过程中，西藏日报报道行动迅速，及时报道疫情状况。2020年1月21日，西藏日报在第一版刊发了《习近平对新型冠状病毒感染的肺炎疫情作出重要指示》的文章，传达了党中央对人民群众生命安全和身体健康的重视和坚决打赢新冠肺炎疫情攻坚战的必胜决心，自此揭开了新冠肺炎疫情的阻击战。在2020年1月21日—1月31日，短短10天中，先后刊发了40篇与新冠肺炎相关的报道，内容涵盖防疫科普、爱心捐款、先进事迹，政策措施，典型事迹等，为疫情的防控营造了公开透明的信息环境，并刊登了《冠状病毒知多少》的科普文章。2月份西藏日报多次转发了"新华社"系列评论，坚持正面的舆论引导，及时公开信息，引导人民正确认识新冠肺炎，科学预防，做到不造谣、不信谣、不传谣，不渲染恐慌情绪。在此期间，西藏日报坚持疫情"日报告、零报告"，使广大人民群众对身边疫情状况有充分的掌握。

截至2020年5月10日，西藏日报共刊登了640篇与新冠肺炎疫情相关的报道。笔者以10天为一个阶段，按时间顺序，将西藏日报中关于新冠肺炎疫情的报道分为了11个阶段。如下表所示。

新冠肺炎疫情期间西藏日报的新闻报道数量分布

（2020.01.21—2020.05.10）

阶段（日期）	第一阶段（1.21—1.31）	第二阶段（2.1—2.10）	第三阶段（2.11—2.20）	第四阶段（2.21—3.1）	第五阶段（3.2—3.11）	第六阶段（3.12—3.21）
数目	40	94	108	71	61	41
阶段（日期）	第七阶段（3.22—3.31）	第八阶段（4.1—4.10）	第九阶段（4.11—4.20）	第十阶段（4.21—5.3）	第十一阶段（5.1—5.10）	
数目	31	43	36	22	14	

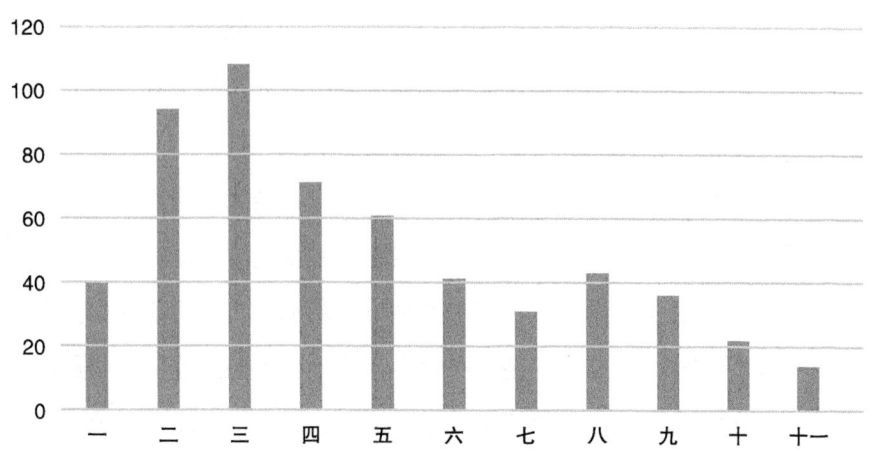

新冠肺炎疫情期间西藏日报的新闻报道数目频次分布图

（2020.01.21—2020.05.10)

如上图所示，新冠肺炎疫情期间，西藏日报新闻报道数目在时间上有张有弛。在疫情较为紧张的2月1日—2月10日之间，共刊发报道94篇；在2月11日—2月22日，报道总数达到顶点，为108篇；随着疫情趋势向好，与之相关的报道也在减少，又针对性地回应了社会的关切。

（二）坚持正确的舆论导向，弘扬正能量，坚定抗疫必胜信心

一方面，西藏日报坚持正确的政治方向，积极进行价值引导，传达中央的指示精神和关怀，坚定必胜信念。在疫情期间，西藏日报从1月26日起开设专题专栏，及时报道党中央、国务院和区党委、政府发布的相关决策部署和重大信息，介绍西藏自治区各部门在贯彻落实党中央和相关指示精神的疫情防控的措施及进展，也在积极转载转播中央主要媒体的报道，及时报道西藏自治区的联防联控工作情况通报会，与人民群众保持血肉联系，齐心协力抗击疫情。

另一方面，西藏日报在参与新冠肺炎疫情报道的过程中，着力于营造良好的社会风气，弘扬正能量，积极挖掘典型事迹，通过榜样的力量来引导社会，弘扬正能量。在新冠肺炎疫情背景下，西藏日报在大力宣传党中央的决策部署的同时，宣传区党委政府的防控举措以及各族群众抗击疫情的良好风貌，为营造良好的社会风气、弘扬社会正能量作出积极的贡献。其中，西藏日报多次写到爱心捐赠。比如，西藏自治区的藏医院制作了防疫藏药，向各地捐赠藏药。独具民族特色的药品捐赠报道，既传播了

正能量，也为藏医药文化的传播提供了支撑。

（三）关注医护人员抗疫，树立典型形象，激励全民抗疫

在本次疫情报道过程中，西藏日报十分重视对疫情期间的相关部门的辛勤工作进行宣传报道，用典型的先进人物事迹来传递感人的医务人员的形象，树立典型，激励全民抗疫。

2020年1月27日，西藏日报客户端发表了《饶琨，集结武汉的西藏第一人》的新闻，报道了西藏民族大学附属医院医护人员饶琨自愿赴武汉支援抗疫的事迹。作为驰援武汉的西藏第一人，其在困难面前甘于奉献的精神，激励着无数西藏儿女。在后继报道中，西藏日报客户端相继发布了《饶琨和母亲，两个城市的温暖》《西藏驰援武汉第一人饶琨：十天战"疫"背后的故事》的报道，引起了广泛关注和讨论，西藏卫视也跟进报道了《西藏驰援武汉第一人：护士饶琨的武汉日记》的新闻。系列报道刊出后，被国内其他主流媒体转发，并受到了西藏自治区领导的关注和高度赞扬。

二、积极开展健康传播，履行公共服务的社会责任

（一）科普防疫知识，公开防疫进程

在新冠肺炎疫情期间，西藏日报积极进行防疫知识的科普，及时公开防疫进程，做好疫情期间的便民信息服务，体现出媒介的公共服务功能。西藏日报始终高度重视百姓们的社会信息服务，发布民生信息服务于百姓生活，缓解疫情期间的焦虑，及时公开传递信息。比如，西藏日报为了解疑释惑，回应社会关切，疏导公共情绪，通过"一封信"等多种形式，有针对性地开展防控知识宣传，发布健康指示和就医指南，科学指导公众正确认识和预防疫情，引导公众规范防控行为，做好个人防控，引导群众少出门、少聚集，出现症状及时就诊。

1月28日，文章《减少感染唯一且有效的办法是居家隔离，早诊断、早隔离、早治疗最为重要》中，详细介绍了新冠肺炎疫情的预防方法，对于早期的疫情防控很有必要。随后在《面对疫情最重要的是全面增强防护，最核心是早发现早隔离早诊治》中，也说明了新冠肺炎的防治方法。在后续的报道中，经常用深入浅出的通俗语言来科普防疫知识，比如2月10日的报道《"小喇叭""小讲座"防疫知识人人知》等。

西藏日报即时公开防疫进程，回应社会关切。1月31日，刊登文章《西藏首例

确诊病例目前生命体征平稳》；2月9日，再次刊登文章《西藏首例确诊患者生命体征平稳》；2月11日，发表文章《除拉萨已确诊一例外，各地市均未发现疑似病例或确诊病例》；2月13日，发表文章《我区首例新冠肺炎患者治愈出院》，及时公布西藏自治区唯一一名输入型病例的恢复情况，公开透明地进行报道。

（二）注重人文关怀，关心弱势群体和基层人员

在本次新冠肺炎疫情防控中，西藏日报的报道展现出人文关怀，关注弱势群体，注重人文关怀。报道《将老年人的疫情防控作为当前的重要工作来抓》《疫情当前预防藏药发放给一线工作人员》等，较好地关注到疫情之下弱势群体的状态，将防疫覆盖到弱势群体。

西藏日报扎根基层，突破了信息服务的最后一百米。在新冠肺炎疫情防控中，西藏日报扎根社区，刊登了《守住社区疫情防控"第一线"》等一系列文章，为社区居民提供了精准的信息服务和生活服务。在疫情报道期间，西藏日报重视人文关怀，在日常报道中关注弱势群体，并呼吁社会去尊重、保护这一群体。在本次突发性公共卫生事件的进程中，始终坚持以人为本，关注疫情，将权威信息如实报道出来，避免疫情防控过程中出现漏洞和疏忽，对构建无死角疫情防控体系起到了适度监督作用。

三、大力推进藏医药文化传承与公益传播

（一）倡导藏药防疫，传承藏医药文化

西藏日报在防疫科普和爱心捐赠的相关报道中，都使用较多的笔墨来阐释藏医药的相关内容。对防疫和藏药的报道，不仅尊重了当地人们的就诊习惯，积极把藏医药文化融入疫情科学防治报道中，尤其是对报道了西藏有关部门制作防疫药品分发给当地群众进行防疫，并捐赠给其他地区。这不仅是爱心的传递，更是文化自信的传承，通过对新冠肺炎疫情的报道，在应对新冠肺炎的同时，将藏医药文化更好地进行了推广。

（二）通过防疫藏药捐赠报道，传递爱心观念，助力湖北抗疫

在疫情期间跟进报道时，西藏日报刊登了大量的捐赠类报道，既包括党员干部的捐款捐物，也包括农牧区群众和宗教界人士、民营企业、各地市等的爱心捐赠。通过捐赠的一系列报道，体现了西藏人民的爱国主义热情、中华民族一家亲的情怀，以及对党的绝对忠诚。文章《部署地方因防控工作需要灵活安排工作　进一步做好疫情防

控和市场保供　加大对湖北重点地区医疗防控物资支持力度》《湖北加油！西藏和你一起战"疫"》《"湖北是我们的第二故乡"》，展示出西藏人民对湖北疫情的关注和支持。此外，在政策报道中，也强调了自治区卫生健康、社会保障、财政、金融等部门对疫情的关注，对一线医务人员的健康关怀，并出台了一系列支持、关怀一线防疫人员的政策和制度。

四、推动疫情背景下经济发展，维护社会稳定

（一）加强复工防疫引导

在新冠肺炎疫情报道期间，西藏日报及时跟进复工防疫的报道，2月4日刊发了《节后返岗上班防护指南》；2月10日刊发了《让基层干部把更多精力投入疫情防控第一线》；2月13日刊发文章《抓复工　促发展》；2月17日刊发《助力企业复工复产》；2月19日刊发《防疫复工两不误》。疫情之后刊登了大量有关复工复产的报道，为复工复产营造了良好的社会环境。

在疫情报道期间，西藏日报注意加强经济社会发展引导，积极做好分区分级精准复工复产宣传报道，并开辟了"复工复产"相关专栏，加强经济形势政策的宣传报道，注重经济热点问题的解析指导，积极保障和改善民生的宣传引导。

（二）维护社会团结稳定

疫情期间，西藏日报注重维护社会稳定，加强民族团结宣传教育，在工作中注意把握好宣传口径和尺度，注重新闻纪律，加大统筹协调力度，并根据各媒体的具体特点进行分析，尤其是对于典型事件的报道，如对抗疫一线的医务工作者、新闻工作者、加油鼓劲的文艺界人士、社区工作者、公安干警、志愿者等的报导，以讲故事的形式，充分体现西藏干部群众和基层工作者在疫情防控工作中冲锋陷阵的勇气、维护大局的意识、脚踏实地的贡献和爱党爱国的情怀等。

第三节　西藏日报抗疫报道的不足及建议

西藏日报是中共西藏自治区委员会机关报，坚持"正确导向，扩大信息，贴近群众，突出特色"办报宗旨，积极履行社会责任，不断提高引导水平，努力保持西藏社

会政治局势的稳定。自新冠肺炎疫情爆发以来，西藏日报积极履行自身的媒体责任，在疫情信息告知、传达党中央精神和关怀、防疫科学知识的推广、抗疫典型人物事迹和爱心传递、藏医药文化的传承等方面均扮演者重要角色。但在取得显著成绩的同时，仍存在不足。

一、履行社会责任方面的问题

（一）舆论引导方式有待转变

在新冠肺炎疫情的舆论引导中，西藏日报的舆论引导方式较为生硬，以口号式的宣传为主，故事性的新闻占比较少，具有民族特色的文化类深度报道数量也较少。西藏日报应充分利用其所掌握的新媒体技术创新舆论引导的手段、内容和方式，以人民群众喜闻乐见的方式，实现疫情公布和防疫政策的传达和引导，培养社会主流价值观和社会主义核心价值观，利用新媒体时代传播的互动性，引导人们主动发现、挖掘身边的正能量典型事件，在实践中自觉践行新冠肺炎防疫中的各项方针政策。

（二）有关疫情信息的原创报道较少

在疫情报道中，西藏日报主要以转载权威信源的信息为主，原创报道较少。这样做在报道质量上有所保证，但是却确少本地的信息，新闻的接近性不够，对本地区受众的吸引力不够强。

在新冠肺炎防控报道中，不仅仅要有宏大叙事，也应有小人物的关怀，以平民化的视角，记录下普通人的抗疫故事。西藏日报应充分发挥报社在地方的优势，增加有关西藏疫情原创报道的比例，增加原创内容的产出，对当地疫情防控起到切实的作用。

（三）口号式宣传缺乏故事性

西藏日报在舆论引导时，多使用口号式宣传方式，较少使用讲故事的叙事方法，舆论引导方法生硬。为此，需要在选题报道时，将更多的精力放在信息内容的在加工上，提高讲述故事的能力，讲好西藏的抗疫故事。比如，3月10日的文章《曾凯与妻子王于凌共同抗疫的故事》非常具有代表性，关注个体的故事，以此彰显抗疫大背景下的真实生活，通过采访本地的居民，来传递西藏好故事、好声音。

（四）传统藏医药文化深度报道不足

在新冠肺炎疫情防控期间的报道中，与藏医药相关的报道彰显中华医药文化在疫情防控中的独特价值。为此，西藏日报在有关抗疫捐赠类的报道中，与藏医药文化的相关报道数量较多，但是报道的深度欠佳，大多只是说明了藏医药的捐赠事实或者是列举了几种捐赠的防疫藏药，但却没有深挖文化内涵和科学特质，相关的深度报道占比较少。

对西藏地区来说，与新冠肺炎相关的文化类信息中，最应深入挖掘的是藏医药文化。西藏日报对于藏医药文化的深度报道，可关于藏医药防疫历史的梳理、现实的应用、文化的表现形式、防疫藏药的种类功能以及推广等等。对藏医药文化的挖掘报道本应是新冠肺炎疫情的亮点，西藏日报在报道中却忽略了这个方面，以至于关于藏医药文化类的深度报道占比较少。

二、西藏日报新冠肺炎疫情报道的改进建议

（一）加大优质原创内容的生产力度

西藏日报的内容生产方面以及新闻作品的影响力方面有待提升，尤其是随着传统媒体和新媒体的融合发展，西藏日报大力推进融合转型，在技术上积极借鉴经验，与时代同行。但是在内容生产，尤其是具有影响力的内容方面，却难以满足社会需求。西藏日报应更好地发挥媒体正确引导社会责任的功能，加大优质原创内容的生产力度。

本次疫情防控中，西藏日报在关于密切接触者排查、病人治愈出院等情况的报道中虽有跟进，但情况说明不够详尽，故事性不强。西藏日报应第一时间来聚焦一线医护人员和各级各部门党员干部职工，持续展现他的在疫情防治过程中的昂扬风貌，用实际行动和感人事迹来营造良好的舆论氛围。通过典型事迹的报道，来体现西藏自治区各族群众团结互助、众志成城、共同应对疫情的动人场景，安抚民众情绪，提振各族群众共同应对和战胜疫情的信心。

（二）转变传播观念，增强社会服务意识

西藏日报的服务意识需要进一步加强，尽管受限于传统媒体，使得西藏日报在服务社会生活方面存在着力度不均衡和报道形式单一等问题，但主要的社会服务依然集中在新闻信息告知方面，而在生活服务方面显得不够。西藏日报应当充分发挥自身的品牌影响力和优势，开拓更为多元的服务类型，为老百姓提供更优质的精神服务。通过开展接地气、有温度和个性化的社会服务，丰富信息生产，满足疫情期间当地老百

姓的多元化信息需求和日常生活需求。

疫情报道期间，西藏日报积极报道一线医护人员发集结待命情况，也关注到民航、车站、海关、边检、疾控中心、医疗机构、社区等开展排查隔离等防控措施的情况。这些"接地气"的相关报道对于树立西藏日报关照民生的形象有重要的意义。这方面应加大报道力度。

（三）疫情防控中的藏医药文化传播待加强

西藏日报肩负着弘扬传承文化的使命，在本次新型冠状肺炎中，多次刊登了与民族文化相关的报道。但是这些报道仅仅是停留在报道的表层，需要加强深度报道。

在本次新型冠状肺炎的报道中，隶属于疫情防控的藏医药文化集中了文化传承和知识普及的双重功能，在科普防疫知识的同时，若能深入挖掘藏医药文化，使藏医药文化作为西藏文化的一张名片，通过防疫藏药的推广和捐赠传播出去，将是西藏文化对外传播不可多得的好机会。此外，在报道中发现，有群众将防疫知识制作成萨格尔进行传唱，这类选题将防疫科普与民族文化完美地融合了起来，是值得深入挖掘和报道的选题，但西藏日报并未深入报道藏医药文化内涵，这些都有待于加强。

（四）加强人文关怀

在新冠肺炎疫情报道期间，有温度的报道有助于消除人们的恐慌情绪，有助于在疫情之下团结人心。西藏日报坚持"正确政治方向和舆论导向"的意识，认真履行责任和使命，坚持"党媒姓党"和政治家办报的指导思想，在坚持正确舆论报道的同时，应主动传达、解读党和国家政策，体现党中央对人民生命和财产安全的重视，也应更多地报道疫情下的百姓生活状态，帮助百姓解决面临的困难和不安，反映百姓的声音，并依托新媒体的互动性来引导人们参与到疫情防控中来，做好隔离和自我保护，打通信息最后 100 米。

（五）要重视"后疫情"报道，促进经济繁荣、社会稳定

西藏日报根据疫情走势及时调整自己的报道策略，在疫情形势向好之后，西藏日报策划了一系列有关维护稳定、复工复产的"四讲四爱"宣传报道，并且保留的与抗疫相关的栏目，持续跟进疫情报道。在疫情报道中，重点关注一线的工作者，及时跟进复工情况，为恢复生产营造良好的环境。但是，根据报道的统计和分析，有关复工复产的报道，大多报道角度单一。以后应容纳更多报道的面向，根据媒体的特点，扩

大选题范围，激发全社会的正能量，弘扬真善美。

在疫情报道期间，西藏日报也应充分利用新媒体的渠道和平台，积极与受众进行互动，调动公众的参与度，以线上网络问政的方式来提高服务经济繁荣的目的，丰富报道选题面向，多角度跟进复工报道。

互联网新媒体篇

第十一章　东方网抗疫报道研究报告

刘　敏[①]

本课题是以考察上海东方网在2020年初爆发的新冠肺炎疫情新闻报道中的社会责任为目的,研究选取1月30日—4月30日,由东方网采写的"全国多地防控新型冠状病毒感染肺炎疫情"专题下设的"热点聚焦"新闻120篇,对其报道内容、报道视角、新闻题材等进行文本分析,并兼顾分析东方网转载的其他媒体的新闻报道内容及运用的新颖媒介方式等,总结东方网在此次疫情下的成功经验和问题不足,提供应对突发重大公共卫生事件报道的宝贵经验。

东方网是上海最具影响力、权威性和公信度的网络媒体。近年来,东方网以两个方面为抓手,一方面建构以新闻传播为特色优势、以新媒体为核心、以海派视角为风格的内容"中央厨房"策略;另一方面以多媒体内容制作能力提升、内容服务产品创新、传播渠道拓展为核心,构建并延伸东方网媒体业务的产业链,实现多平台、多领域、跨媒介、跨地区传播落地。2020年春,新冠肺炎疫情在中华大地爆发,东方网从信息供给、舆论监督和引导、知识普及、便民服务等方面履职尽责,为我们提供了应对突发重大公共卫生事件报道的宝贵经验。

第一节　以网络集群推动媒体技术发展

东方网成立于2000年5月,是上海最具影响力、权威性和公信度的网络媒体。

[①] 刘敏,博士,云南警官学院学报编辑部副编审,研究方向为公安媒介与舆论宣传。

2012年3月完成改制,是上海市市管国有控股企业,目前由三十多家国有企业和媒体共同投资参股。现拥有120余个频道,中、英、日三个语种版本,业务涵盖新闻发布、舆论交互、数字政务、电子商务、市场广告、技术运营、投资业务等多个领域,并通过互联网、报纸、手机、移动电视、互动电视、楼宇电视、电子站牌等传播载体,实现影响力的立体覆盖。

东方网基本定位是地方重点新闻网站,同时也是一家大型综合性网络文化公司。现形成三大特点:一是以政府合作为基础的数字政务;二是新闻、业务、服务三位一体的社区O2O业务;三是以文化和民生为特征的电子商务。目前在东方网技术平台上已经形成了以中国上海门户网站为代表的政府系列网站集群、以中小企业门户网站为代表的企业系列网站集群和以工青妇等为代表的社会团体系列网站集群等。这些网站集群的形成,进一步确立了东方网平台的权威性,强化了网上舆论主阵地的作用。

东方网的目标受众立足上海、辐射全国,积极服务社会,做到了社会效益和经济效益兼顾。2014年,《制度创新——中国(上海)自由贸易试验区特别专题》获中国新闻奖一等奖和上海新闻奖一等奖,作品《提升专业素养汇聚主流力量——2013中国新闻网站群英会》获上海新闻奖三等奖。此外,《上海代表团全体会议审议人大常委会报告图文直播(专题)》获上海人大新闻奖一等奖。2015年,在中央网信办主管的《网络传播》杂志发布的"中国新闻网站传播力7月总榜"中,东方网位列第八;2017年4月27日,人民网与东方网在北京签署战略合作协议。2019年8月14日,"2019年中国互联网企业100强"发布,东方网排名91[1]。

在此次疫情中,东方网发挥主流媒体的责任和担当,做好疫情的媒体报道工作,突出地方特色。早在抗疫初期,统计数据显示(截至2月18日),东方网开展各类网上直播98场,东方网已授权独家直播上海市防控疫情新闻发布会65场,全网累积访问人数超2.3亿;所刊发稿件的全网浏览量突破1.33亿;刊发抗击疫情稿件25418篇,其中原创报道2013篇;发布疫情相关微信稿件887条[2]。这些举措为政府与市民

---

[1] 刘军涛、白宇.人民网与东方网在京签署战略合作协议.http://media.people.com.cn/n1/2017/0427/c14677-29241432.html,2017-04-27,18:01.

[2] 陈旭东.疫情报道如何突出"地方特色"? 东方网经验值得借鉴.https://www.sohu.com/a/374031513_181884,2020-02-18,18:48.

搭建了沟通桥梁，及时传递上海各部门在打赢这场疫情防控阻击战中的努力与担当。

第二节　发挥地方媒体凝聚力　彰显社会责任

疫情初期，东方网在主页显著位置开设"全国多地防控新型冠状病毒感染肺炎疫情"新闻专题，聚焦全国以及上海抗击疫情的最新资讯，及时转载中央和地方权威媒体消息，全面集纳东方网最新报道，滚动播报最新动态，第一时间推送最新进展。本文以"全国多地防控新型冠状病毒感染肺炎疫情"新闻专题的"热点聚焦"[①]为研究对象，选取1月30日—4月30日由东方网采写的共计120篇新闻报道，对其报道内容、报道视角、态度分析、新闻题材等因素进行分析，兼顾序时性和历时性，进而分析东方网对全国或上海疫情报道的社会责任特点。在此基础上，结合东方网关于疫情转载的内容，以及媒体传播形式，对东方网在疫情中的整体表现进行总结。按照报道体裁分类，"热点聚焦"包含120篇新闻报道（1月30日—4月30日），其中简讯51篇、通讯39篇、评论7篇、疫情通报23次。

一、强化疫情通报和直播联动

东方网关注全国和上海本地疫情发展情况，强化对接上海市政府、上海市外办、市友协、市侨联、市卫建委、市疾控中心相关部门的合作和沟通，做好外宣报道。派出记者先后4次全程直播上海市政府新闻发布会疫情通报会。2月10日、2月25日，全程直播国务院联防联控机制新闻发布会。及时更新疫情通报信息17次，确保新增、确诊、疑似、无症状感染者、密切接触者、治愈病例等信息的公开化、透明化。例如，3月13日《清零！上海定点医院所有新冠肺炎确诊患儿全部痊愈出院》；3月3日《上海已追踪到浙江7例境外输入型病例在沪密切接触者71人》等。此外，东方网还关注到"中超球员"确认新冠的消息，连续发出5篇相关报道。在这场全民阻击战中，东方网肩负全国重点媒体的责任，做好舆论监督和引导的职责，彰显权威性和客观性。

[①] 文本为《全国多地防控新型冠状病毒感染肺炎疫情》新闻专题下设的《热点聚焦》，https://n.eastday.com/special/1418895。

二、发挥民生新闻优势提供本地资讯

疫情期间新闻报道以新闻短讯和通讯的形式，对本地疫情资讯进行报道，力求围绕疫情回答"是什么？怎么样？为什么？"等问题。具体可分为以下几个层面。

一是知识普及和答疑解惑类型。例如，4月28日《疫情没结束天气却热了，办公楼到底能不能开空调？来听专家解答》；《"五一"出行，酒精消毒片能带上飞机吗？收好这份机场安检小贴士》，由相关专业人士支招和给出建议。4月8日发布小程序解读隔离政策《隔离政策最新解读！中国海外留学生抗疫40问》。特别是2月1日，《国家新药筛选中心主任：自行服用双黄连口服液或伤脾伤阳，缓解民众焦虑应科学引导》《主人隔离宠物活埋？上海宠物行业协会专家：新冠病毒感染猫狗无凭无据，呼吁依法养宠不遗弃》《按户数比例配货！上海2月2日起居委预约购买口罩每户可买5只》；《市民的废弃口罩如何处理？宜用塑料袋密封后按干垃圾投放》等，就市民关心的抗疫中成药、宠物患病、口罩处理等与生活密切相关的问题进行了宣传和解读。尤其是4月22日、4月16日、2月22日，分别刊登《张文宏视频连线在印华人华侨、留学生答"疫"解惑》《如何习惯新冠肺炎疫情"常态化"？张文宏连线旅欧侨胞及留学生》《"上海民众做得非常好！"张文宏谈防疫：可以出来走走，仍要保持警惕》文章。"明星"医生现身网络视频，为海外华侨和留学生送去抗疫"金点子"和祖国的关怀。

二是疫情防控资讯。及时向上海百姓通达本地疫情新措施和政策。例如，4月8日《上海将加强发热门诊、社区"哨点"诊室标准化建设》《直击武汉首班抵沪飞机、火车：客流平稳 旅客均佩戴口罩》《上海将把公共卫生应急管理融入城市运行"一网统管"》；4月7日《给假期、发消费券、领导带头"逛吃"，这些地方为鼓励消费也是蛮拼的！》；3月25日《正告法律责任、签承诺书、安装门磁……上海的居家隔离有多严？记者直击民警社区管控》；3月24日《上海从严从紧居家隔离：严格"一人一户或一家"，中外人士一视同仁》《外卖快递可进小区了！上海适度放宽入口管理：小区入口可取消人员、车辆登记》；3月20日《留学生说在这"签了到"就安下心了！上海这支千人队伍驻机场守护防疫闭环》；3月16日《全国首个共享单车消毒规范来了 上海重点区域单车每日至少消毒2次》；2月15日《上海警方：对在岳阳医院隐瞒病情的新冠肺炎患者予以立案》；2月9日《气溶胶传播，听起来很吓人吧？但其实我们是被吓大的》；2月7日《全民战"疫"，比病毒更可怕的是"隐瞒"心理》；2月2日《上海口罩预约登记现场：未进门先测体温有 居委会进驻居民楼登记》……这些信息对于本地人了解上海疫情防控新举措，对从身心方面认识和预防新冠病毒，都起到了积极说明和提醒的作用。

三是便民利民服务信息。4月27日《从家门口到校门口高三学子"复学"：有几门模拟考在等着我呢？》；3月12日《古猗园和共青森林公园明起有限开放 园方建议错峰游园》《顾村公园明日起对外开放 须线上预约现场不售票》；3月3日《上海抗疫惠企"28条"政策百问百答——12部门答第一财经、界面新闻记者问》；2月9日《上海全面复工倒计时高速公路迎来返程客流》；2月2日《沪上"无接触餐厅"来了！市民门外扫码点单、机器人送餐》；2月4日《上海中小学何时开学？市政府新闻办回应》；2月1日《无接触配送、菜品变半成品……上海餐饮企业：市民有需要，我们就供应》；1月31日《孩子"宅家"怎么学习？这份写给孩子们的"冠状病毒"绘本值得一看》等。这些信息从百姓切身利益出发，为市民提供出行、游玩、点餐、复工复学等服务信息，为疫情期间的百姓生活建言献策或提供帮助。

三、聚焦抗疫故事和评议热点新闻

此次疫情，上海援鄂医疗队成为救治危重病人的重要技术力量。早在1月24日，来自上海的136名医护人员组成的首批赴湖北医疗队出征，紧急驰援武汉，成为全国第一支出征湖北的医疗支援队。因此，东方网派出记者亲临武汉方舱医院或者危重病房，以特写的方式描写了上海医疗队里的感人故事。例如，4月15日《百人高呼"嫁给他"！援鄂护士归来遇青梅竹马男友求婚》《边救人边思考 抗疫3个月他们申请了8项专利》；4月8日《援鄂队员来"看自己" 主题展迎来首批观众》；3月12日《上海与武汉，两座城市同一款落日余晖，同一种希望梦想》；3月8日《东西湖方舱医院正式休舱 东方医院国家医学紧急救援队原地休整待命》；2月13日《援鄂医生口述"方舱"生活：军大衣人手一件，食物免费随取，病友相互打气》《武汉方舱医院首批17名患者痊愈出院：住院时跳操散步，三餐有牛奶水果》；2月9日《不辱使命，一个不少平安回家！上海6家医院513名医护驰援武汉雷神山医院》；2月1日

《奋战在一线的医务人员吃得好吗？工作条件怎么样？杨浦"白衣战士"背后有一群后勤部长》。这些报道让百姓全面了解到上海援鄂医疗队的工作、生活，武汉方舱医院病患之间的感人故事。同时，上海也是中国志愿医疗队前往国外援驰的始发地，因此东方网也关注了中国防疫专家组的情况。例如2月13日两篇新闻报道分别是《9位"逆行者"出征！中国首班援外防疫专家组包机在沪起飞》《中国红十字会志愿医疗专家组9人飞赴意大利协助开展疫情防控工作》，彰显了中国的大国风范和为抗击世界疫情肩负的责任和担当。此外，东方网也以评论文章对疫情信息作出针砭时弊、去伪存真的评价。4月8日《被困湖北两月产生8千停车费　停车场照单全收让人"心累"》；3月17日《上海坚持"留门"，归国人最好的回馈是配合》；2月15日《让爹"大意失荆州"，这儿子被特权病毒感染了脑子》；2月13日《也谈"上海封城"说：疫情防控，切忌二元思维》；2月7日《全民战"疫"，比病毒更可怕的是"隐瞒"心理》；2月3日《疫情阻击战是对工作作风的一场大考》等。针对噪音、杂音，主动发声。面对疫情突发事件、公共危机、丑恶现象，评论文章鞭挞社会上的不正之风，打破二元思维的怪圈，向百姓倡导合乎理法、健康的价值观和生命观，成为呼吁社会正义、表达理性之声的重要渠道。

第三节　东方网抗疫报道的成功经验与问题不足

东方网"全国多地防控新型冠状病毒感染肺炎疫情"专栏中的"热点聚焦"，及时转载中央和地方权威媒体消息，海量新闻报道来自东方网之外的权威媒体，例如新华社、中国新闻网、中新网、人民网、澎湃新闻，以及国家卫建委和各省市政府官方媒体，从全国疫情乃至世界疫情视角，滚动播报最新动态，第一时间推送最新进展。本课题旨在对东方网在这次疫情中的社会责任履职方面的得失进行总结，以期给媒体和有关管理部门提出了有针对性的对策建议。

一、东方网疫情报道的成功经验

（一）媒体融合，全息呈现，提升覆盖面扩大影响力

在疫情报道中，东方网实现新媒体高度融合，立体呈现此次疫情的全貌和抗疫故事,让上海这座城市有温度,让故事有热度,让传播有"能见度"。尤其是 1 月 30 日,东方网派出记者前往上海外滩、地铁人民广场换乘大厅、上海疾控中心等 14 个抗击疫情第一线,带着市民关心的话题进行现场采访,制作出 8 小时视频直播《抗击新型冠状病毒上海在行动!》。上海复工第一天,东方网与杨浦、嘉定、宝山、普陀四区融媒体中心组成 17 人的联合报道组,深入 9 个复工一线。1 月 23 日,由东方网武汉籍记者制作的《武汉老乡拍 Vlog 劝年轻后生别回家:回了你一个,祸害一湾人》,播放量突破 50 万。此外,东方网以 H5 形式推出了《守护上海:这就是魔都结界》和《中国加油》线上战"疫"活动,用温情的文图和行动展示上海百姓战"疫"的决心和正能量。东方网还通过头条、抖音、快手、微博等平台,传播上海支援武汉医疗队感人故事的短视频,有公益歌曲的短视频、抗疫前行警察感人短故事等,播放量均过百万。东方网联合 B 站开展的"中国加油!众志成城共同战'疫'"群星助力活动,赢得受众热议和好评。东方网还联合人民网推出每天一期的《直播!武汉时间》,收看人次突破 1.1 亿。联合浙视频、红星新闻、南方网、天目新闻、陕西电视台等推出各地抗击疫情直播节目,视频直播覆盖全国 50 家媒体。

(二)反映需求,积极求证,与百姓生活无缝对接

疫情期间,与老百姓切身利益的衣食住行成为东方网记者高度关注的问题。东方网推出了一些有影响的报道,如:《货源充足,请老百姓放心!记者多路探访沪上蔬菜供应情况》《上海出租车、网约车 1 月 28 日起停运?记者致电平台:并无此事》《五一能出游吗?大家关心的问题,中国疾控中心专家都回应了》《疫情之后上海人的消费意向如何?一图看懂→》等。此外,还增设专题,如"权威发布""专家解读""防控科普""辟谣"等栏目,提升资讯的权威性。针对网上传言,积极求证。1 月 27 日下午,不少微信群盛传"上海出租车、网约车停运",对此,东方网记者第一时间关注,并在全网首发报道《上海出租车、网约车 1 月 28 日起停运?记者致电平台:并无此事》,此文章在东方网自有平台就获得超过 10 万的点击量。为了主动提供便民利民服务,东方网通过留言板、微博、微信等平台,加强与网友的互动。针对网友关心的个人防护、政策动向等,推出"你提问,我帮答"新媒体产品。通过记者采访、专家连线等方式,在线答疑解惑,缓解网友焦虑。为方便市民及时了解上海市新型冠状病毒感染的肺炎情况,共同参与疫情防控,东方网还依托腾讯、阿里、清博大数据,制作推出

"抗击疫情，上海在行动"疫情防控服务聚合类新媒体产品。[①]产品功能包括疫情通报、实时动态、上海融媒联播、党员站出来、辟谣专栏等信息发布栏目，也包括确诊患者同程航班车次查询、防护用品生产企业查询、口罩预约方式查询、定点发热门诊导航等便民服务板块，嵌入疫情知识问答等交互式内容。

二、东方网疫情报道的问题与不足

东方网是上海最具影响力、权威性和公信度的网络媒体，在此次疫情中，实现媒体融合，立体呈现上海这座城市及上海市民的抗疫故事。由此，在立足于上海本地新闻、服务本地百姓服务的同时，与其他全国性媒体的新闻宣传相比较，存在全局性信息采集不够、原创新闻数量有限、深度报道不突出、评论类不够深刻等问题。

（一）原创作品和疫情"一线"报道数量有限

虽然东方网定位于地方重点新闻网站，但是作为全国有影响力的重点网媒，应该以此次突发卫生事件为契机，谋划个性报道，提升权威性和美誉度。在与"××新闻"在疫情中的卓越表现相比较而言，东方网并没有派驻采编团队前往武汉，深度、立体化的全纪录式新闻报道有限，较之影响力也不足。以东方网《全国多地防控新型冠状病毒感染肺炎疫情》新闻专题为例，"热点聚焦"板块，东方网采写的报道不足10%；"上海在行动"板块，东方网采写的占比达80%。这些数字反映了东方网作为地方性媒体的绝对性占位，但也表明了在突发公共事件的背景下，对于全国性新闻事件的策划、采集、追踪、深挖的能力还需要加强。

（二）还原真相和评议热点的能力和魄力有待加强

综观东方网疫情报道，是以弘扬主旋律、表达正能量、传播真善美为基调，凸显地方媒体特色，深入街道社区，反映疫情阴霾下的上海百姓的生产和生活。但是，较少触及疫情下的社会矛盾和冲突，较少报道社会的负面呼声、质疑和不信任这类敏感问题。虽然，东方网通过多种方式积极回应百姓的问题、辟谣假信息，但是在面对全国疫情发展的若干节点和争议事件的爆发（例如武汉P4实验室、方方日记、李文亮

---

① 浦东发布.查疫情通报、口罩预约、确诊病例小区……《抗击疫情上海在行动》上线啦！，http://media.people.com.cn/n1/2020/0309/c40628-31624018.html,2020-02-07,20:23.

医生)之时,东方网并没有作出回应和反馈。此外,东方网还较少涉及对突发全球性的公共事件背景下的社会学、管理学、传播学等人文学科的专业性思考。例如医患关系、口罩的文化意义、英雄的符号意义等话题可以由评论员文章或社评引出,也可由短评或评论专栏深度剖析,形成人文科学的张力,力求报道内容不仅要"走心、感人、温情、温度",还要"多元、理性、客观、批判"。

第四节 突发重大公共卫生事件中的舆论引导

突发公共卫生事件发生时,公众会产生多种情绪、态度和意见,并通过网络表达出来,形成多种声音的交错。网络舆情经历了明显的"从无到有,达到高峰,渐渐平息"的状态,网络关注热度与事件处置和信息发布密切关联。在面对疫情的诸多限制下,传播路径发生变化,传播环境偏向非主流媒体。因此,突发重大公共卫生事件中的舆论引导具有鲜明的情境性和媒体融合性等特性。

一、融媒体彰显"媒体+政务+服务"功能

在面对突发性的重大公共事件,融媒体中心利用融媒优势,构建立体式、全覆盖的宣传网络,提高信息的覆盖面逐渐成为趋势。在此次疫情中,一些基层融媒体中心利用大数据、云服务等技术,为群众提供新型肺炎疫情实时动态查询等各类信息服务,抗疫服务聚合类融媒体产品涌现,成为此次疫情期间便民利民的高效产品。东方网联合上海16个区融媒体中心,推出了"抗击疫情上海在行动"抗疫服务聚合类新媒体产品。产品既设置发布和纠偏信息栏目,又兼具查询和预约功能,还嵌入疫情知识问答等交互式内容。在疫情防控的重要关口,这类融媒体产品实现了"媒体""政务""服务"三方面功能的融合,既是战"疫"信息传播价值的延伸,也是基层融媒体中心建设的成果显现。未来,集"舆论阵地、综合服务平台和社区信息枢纽"的类融媒体产业将进一步常态化,为基层舆论宣传和信息服务发挥更大价值。

二、传播路径变化倒逼技术革新和信息创新的能力

移动终端"倒逼"传统媒体,逐渐成为信息渠道的主战场。面对传播环境的多元

性和不确定性,产品和社群的重要性越来越高。作为运营团队,需要具备多层社群组织、多渠道分发的能力。有组织的社群宣推是一种类似于金字塔的三层群结构,将权威信息通过多层社群传输给目标受众,并以受众中与我们较为亲近的群体为新的传播节点形成再传播,形成更多社群传播金字塔。从技术层面来看,3—5分钟短视频的制作和分发能力是运营团队的基本功。疫情期间,简短、直观的视频类信息有利于缓解大众的信息渴求,成为科普与辟谣的前沿。此外,要注重慢直播的全景性呈现事实的这一新形式。在突发性公共事件的传播中,慢直播在实时传递一线疫情、提升信息透明度上的优势十分明显。对用户而言,慢直播相当于对一个新闻事件展开凝视,是低成本的在线监控,给予用户较大的自主选择与自主参与,也有助于满足用户的知情权和监督权。此外,慢直播还可以与 AI 结合,对直播画面进行分析,有针对性地进行其他新闻产品的生产、满足用户的多元需求。

三、发挥媒体监督机制,防止网络失范行为出现

全媒体时代来临后,信息来源多样化、传播格局去中心化以及公众舆论呈现交互性,信息发酵的速度逐渐加快,社会处于不确定的高风险状态之中。在互联网发展的背景之下,面对自然灾害、事故灾难、公共卫生事件以及社会安全事件突发事件,传统媒体和网络媒体更应当积极引导舆论,相互合作形成合力效应,有效地防止网络失范行为出现,减少负面消极舆论的产生,使网络舆论真正能够反映公众呼声,积极化解危机,促进突发事件的妥善解决。媒体自身也应该建立重大新闻事件的与政府、相关部门、民众、学者等多层面的联动机制和专业的舆论研判机构。

第十二章 腾讯抗疫报道研究报告

孟 倩[①]

2020年初,一场突如其来的疫情,成为中国乃至全世界范围内共同遭遇的重大难题。随着新冠肺炎疫情的扩散,在党中央的统一领导下,腾讯借助微信、QQ、腾讯新闻以及腾讯视频等平台发挥了报道抗疫、引导舆论、分发信息、粉碎谣言以及科普传播等功用。在疫情中,腾讯在抗疫报道中主要通过腾讯新闻等资讯推送、运营和报道,以及开发微信小程序等生态新功能,方便用户在疫情期间得到相关新闻和帮助。此次疫情之下,资讯获取成为移动互联网时代核心的用户需求。疫情期间受限于居家令,用户线上活动时间增加,同时线上活动方式更加多元,腾讯系平台拥有超过12亿用户,与社会民生联系更加密切,此次腾讯自带的生态圈子在疫情中体现了强大的优势,微信通过社交将流量效应发挥到最大,腾讯新闻长期追踪抗疫报道,在信息公开、舆论引导和社会监督方面,承担起相应的社会责任。当然,突如其来的疫情,也令平台措手不及,比如出现部分信息不够准确、信息公开系统不够完善、没有照顾到少数民族和老年人等群体,此类情况后续可进行改善。

第一节 腾讯基本情况

作为中国目前最大的互联网公司之一,腾讯通过通信及社交平台微信和QQ促进用户联系,并助其连接数字内容和生活服务。2019年11月,腾讯将自己的使命愿景

---

① 孟倩,硕士毕业于暨南大学新闻与传播学院,现为网易传媒集团科技频道高级记者,研究方向为社交媒体、新零售等。

调整为"用户为本，科技向善"，树立了一个新的价值观导向。此前，腾讯曾宣布全面升级内容生态，发力短视频和加强内容中台建设。在短视频领域，微视将对创作能力、互动模式和内容服务进行升级；在内容中台上，企鹅号将成立原创专家委员会，同时会加强版权保护，拥抱融媒体。

2020年腾讯新闻客户端正式宣布品牌升级，其标语由"事实派"升级为"打开眼界"，腾讯主张助力优质内容生产，用技术进化。目前，腾讯新闻每天触达4.8亿用户，客户端月覆盖超2.5亿用户，人均时长达到48分钟。2020年Q1月活用户增长为2450万，增长势头相较于其他平台比较猛。

截至2020年3月31日，腾讯微信及WECHAT的月活跃账户突破新高，达到12亿，同比增加8.2%。微信通过小程序进一步融入日常生活服务，尤其是在日用品购买及民生服务方面。这令小程序用户迅速增长，日活跃账户数超过4亿。这意味着疫情期间，微信在民众社会生活中担当了越来越重要的角色。

2020年疫情期间，腾讯充分发挥了信息传播与动员能力、大数据与技术能力、互联网服务能力和互联网安全能力以及物资保障能力，承担了相关社会责任。

第二节　腾讯抗疫基本情况

2020年，在新冠病毒来势汹汹的情况下，微信、QQ、腾讯新闻、腾讯视频、腾讯微视、腾讯看点等平台紧急上线了疫情专区，腾讯先后设立15亿元国内战"疫"基金和1亿美元全球战"疫"基金，借助高效的互联网资源协调能力，持续输送物资与产品能力。

腾讯内容平台构建了良好积极的内容生态，充分发挥自己的力量帮助社会度过疫情难关，尤其是腾讯新闻对原创内容的梳理和分发，也成为了疫情期间用户能够第一时间捕获有效资讯的来源之一。腾讯系产品则围绕着微信和QQ的社交平台充分进行了抗疫内容的宣传和分发，超12亿用户在微信和QQ上能够随时查阅到新冠肺炎相关内容，此外在平台上腾讯也利用了技术与程序建立了疫情期间方便用户的实用性工具，比如各类小程序。

截至4月中旬，腾讯新闻抗疫相关话题下网友参与话题互动超4.9亿，腾讯新闻抗疫相关内容被翻看超 109 亿次。腾讯在疫情期间肩负起重大的社会责任，通过内容、技术和平台实现了特殊时期信息的传递和基础服务功能。

一、疫情报道及时准确，真实客观

在新冠肺炎疫情爆发之初，关于疫情的谣言和不实报道引发了公众的恐慌情绪，腾讯新闻旗下的较真辟谣平台上线"新型冠状病毒肺炎"专题，此外还有 H5 形态的《实时在线辟谣工具》和《家族群必备辟谣神器》，在该平台上，腾讯新闻一直保持着对"新型冠状病毒肺炎"专题的高强度和高质量运营，在疫情期间处理了多起网络谣言，真实准确地反应了疫情期间的信息。到目前为止，腾讯"较真"H5 为超过 1 亿用户提供了超 7 亿的辟谣服务，在微信庞大的用户体量之下，能够第一时间将谣言粉碎，"较真"平台起到了关键的作用。在疫情期间，目前有超 4.2 万条谣言被识别。

同时在微信生态内，微信"搜一搜"联动腾讯新闻上线了"肺炎动态"专区服务，微信"看一看"功能区也开设了"肺炎疫情动态"专区，该专区内容由腾讯医典、腾讯健康、腾讯地图、腾讯新闻等多个腾讯内部团队协同发布信息，在这里用户可以看到来自国家卫健委的权威 24 小时实时疫情统计、发热门诊地图等内容，还有权威媒体比如人民日报、新华社等关于疫情及时、准确和权威的报道。

在微信"支付"页面，微信及时向全国用户增加了"医疗健康"服务，通过该入口用户可以打开"腾讯健康"小程序，直接进入"全国新型肺炎疫情动态"专区。该专区同样集合了权威医学科普、来自国家卫健委的权威 24 小时实时疫情统计、发热门诊地图等内容，截止到 3 月份，该核心服务日接口调用次数超过十亿。

在腾讯新闻客户端上，腾讯新闻疫情追踪 H5 将全国疫情地图、实时动态数据、辟谣信息、医疗预防信息等多个模块集合在一起，该页面总共被体验了超过 50 亿次，同时通过腾讯新闻抗疫宝典 H5 可以快速进入 26 项实用的工具及内容，此外还有近 2800 场疫情相关的直播发布会，被观看了 2.47 亿次。

二、引导正确价值观，坚定抗疫必胜信念

疫情发生之后，习近平总书记高度重视，迅速作出一系列重要指示，同时多次主持召开会议，对疫情防控工作进行研究和部署。在举国抗疫的特殊时期，腾讯在抗疫

报道中积极宣传总书记的讲话批示，讲好中国抗击疫情故事；在报道中引导正确价值观，坚定人民抗疫必胜信念。习近平总书记提出明确要求，要把人民群众生命安全和身体健康放在第一位，组织各方力量开展防控，坚决遏制疫情蔓延。

2020年新冠肺炎疫情是一场攻坚战，腾讯新闻在报道方面着重将党中央和国家的部署通过权威媒体比如人民日报、新华社等央媒及各地方官方媒体，还有权威机构如卫健委等权威渠道同步出来，在报道中能够第一时间为社会民众提供一手资讯。同时为了放大传播效果、快速占领信息传播制高点，腾讯新闻呈现出了多种报道形式，尝试文字、图文和视频等多种媒体融合方式，更为真实可靠地第一时间传递信息。人民日报、新华社在央媒战"役"报道中，在微信端"10万+"文章比疫情前一季度均有大幅度提高，其中人民日报在抗疫报道中微信公众号发文阅读量均为"10万+"，新华社微信端"10万+"阅读量文章占比24%。而湖北地方媒体报道在微信及腾讯内容生态圈中也得到了有力的传播。疫情期间，在腾讯微视、腾讯新闻、腾讯视频和腾讯QQ里，用户一起见证了雷神山的建设完成，2020年1月23日，微信视频号开始内测后，央媒等机构媒体进驻，及时发布权威疫情动态及疫情服务信息。

同时腾讯新闻《纸飞机送祝福》H5上线，全国有1100万热心网友为湖北送出了超一千万封祝福，有超300万武汉人们查收了该祝福；人民网与腾讯"看点"共同推出了《做一碗温暖的面》H5，通过接龙热干面的形式来为武汉加油；在腾讯微视武汉加油模块，腾讯与央视新闻、电影频道融媒体中心联动，发起线上短视频互动活动，创作了超25万支短视频。这一系列疫情相关报道和内容输出，都凝结了全国人民抗疫必胜的信念。

三、加强舆论监督，信息传播更为通畅透明

疫情之初，微信"城市服务"里就开通了"疫情督查"的入口，帮助国务院客户端小程序上线督查功能，给国务院督查工作以全力的支持。国务院办公厅也一直坚持向大众征集疫情防控线索，民众可以直接留言反应有关地方和部门在疫情防控工作中的问题，比如责任落实不到位、推诿扯皮、防控不力以及敷衍塞责等线索，国务院办公厅将会督促有关地方和部门及时处理，这项举措在互联网+督查平台上引发群众热烈的反响，极大地推进了疫情防控工作的开展；同时微信还助力工信部上线了重点物

资保障小程序,为口罩、防护服、护目镜等重点物资生产厂商提供实时产能产量上报支持;微信也助力海关旅客指尖服务小程序上线出入境健康申报功能,日均使用人次达到30万;在各个省份,包括河北、甘肃等,更多省市的防疫服务功能都在筹备上线或者已经上线。

腾讯的"新冠肺炎疫情服务平台",是一个基于面向全国各省市卫健委、区县卫健局和疾控中心、医疗机构等提供疫情服务的聚合工具,目前已经可实现多个接口的触达,比如微信公众号、小程序、App的快速接入。同时这个平台还具备差异化解决方案,各地医疗卫生管理机构情况不一,提供"本地化疫情防控服务整体解决方案",一方面快速适配各个地方不同的疫情防控服务和医疗资源;另一方面能够持续不断输出腾讯服务能力,"权威疫情发布""疫情线上咨询""智能便民服务"三大疫情服务工具都可以给到公众使用。而进一步解析,这些内容具体包括:本地疫情官方信息发布、本地疫情实时动态、本地定点(发热)门诊导航地图、本地医院发热线上咨询、本地主动申报与疫情线索提供、全国疫情动态、新冠肺炎科普、疫情辟谣、疫情智能助手、发热症状自查、在线义诊平台等功能。

目前,除了腾讯自身平台的广泛利用之外,腾讯"新冠肺炎疫情服务平台"以及开发的各类疫情服务工具已经服务超过17个省份40余个卫健和疾控部门,包括湖北、广东、北京、等省份及直辖市,相应微信公众号、小程序都是公众可以进入疫情相关专区的接口。

四、制度与技术服务报道,为信息保驾护航

微信安全中心过往在微信生态下作用针对于用户个人,比如找回密码、冻结微信号、解冻微信账号、投诉维权、安全资讯等。此次疫情期间,微信安全中心专门成立"新型冠状病毒肺炎"谣言清理专项项目,同时微信安全中心还专门发布了《关于新型冠状病毒肺炎相关谣言专项治理的公告》。

微信方面表示,目前已经引进了专业的第三方辟谣机构,旨在对微信平台中的谣言进行辟谣。我国国家相关法律法规中对谣言相关的条款,以及《腾讯微信软件许可及服务协议》《微信个人账号使用规范》等相关协议规范将会是参照,微信方面对违规的信息内容将会持续进行删除处理。

微信成立专门的"新型冠状病毒肺炎"相关谣言清理专项小组，在整治方面将会持续加强，同时利用多种技术手段和方式来进行高效辨识和处理。

目前微信对违规账号的处罚制度是视违规程度来开展阶梯式处罚：比如可以对账号或账号功能进行限期或永久封禁处理。疫情期间，微信安全中心在该方面更加注重对公众的提醒，引导公众在疫情面前要格外保持冷静理性，广大用户应从权威出处来了解疫情相关信息，省、市卫生健康委员会官方网站发布的信息才是最为准确和真实的信息。

在腾讯另外一个较大的生态内，腾讯"企鹅爱地球"联合"腾讯110"也开通了举报入口，在这个入口里，只要公众发现有人通过网络开展野生动物交易等线索，就可以第一时间通过"企鹅爱地球"公众号举报，这项功能开通之后，短短一个多月的时间，腾讯"守护者计划"就协助警方抓获诈骗嫌疑人235名，而"腾讯110"处理涉疫情相关违规账号近两万个。

更值得一提的是，腾讯发挥了自己的技术特长和技术优势，联合各方推出了"腾讯防疫健康码"，腾讯方面提供了优良的解决方案并助力各地政府推广使用，用户可以通过扫码等方式，申请涵盖自己健康信息的二维码，这样可以获得属于自己的电子出行凭证，在疫情期间凭码出行，方便了社会管理和用户生活，在信息上实现了数字化的可能。

目前腾讯"防疫健康码"已落地北京、天津、上海等近20个省级行政区，覆盖武汉多地，超过300多个市县。同时，腾讯也给到了在国家政务服务微信小程序上线"防疫健康信息码"的功能。腾讯防疫健康码上线不到一个月，累计亮码就达到了10亿次，超过8亿人口使用，访问量更是达到了43亿。

此外，微信"搜一搜"还联动腾讯公益，专门上线"援助武汉"公益捐赠专区。腾讯公益作为中国互联网公益实践的重要样本，也疫情期间也充分结合自己的技术优势，发挥所长。腾讯基金会旗下的腾讯公益平台第一时间就开辟了"驰援新型冠状病毒肺炎疫情"专题，为众多慈善组织开展募捐提供了有力的技术保障。截至5月11日，在广大网友的支持下，腾讯公益平台筹集善款已超6亿元，累计1200万人次参与其中。该平台上已经有多家慈善工作在启动执行工作。

五、直击现场特写抗疫，国内外疫情全面报道

在腾讯内容生态中，医护人员抗疫、各级政府组织联防联控、人民群众居家抗疫、志愿者抗疫以及国内外互助抗疫等方面均有体现，全面扎实，同时不乏细节和创新。

腾讯旗下谷雨实验室推出特写《无法团圆的武汉家庭：这时候你才发现亲情之中》和《无法离开武汉的年关24小时》，讲述疫情围困下人和人的亲情；腾讯"大家"专栏文章《这个时代抛弃了老年人，还在骂他们不戴口罩》和《比病毒更可怕，被谣言操纵的人类暴力史》，讲述人和人在疫情背景下所需的体谅和理解等。这些特写报道，将疫情期间深刻的社会伦理和防疫现状反应出来。

此外腾讯内容平台产出多个优质品牌栏目，如"人间指北""42号夜线"以及"你好吗，陌生人"等，这些内容将疫情下社会多个侧面通过特写方式展现在公众面前，体现出力度与担当。

腾讯视频、腾讯微视借助平台优势以视频直播等形式联动媒体，将外界最为关心的武汉疫情防控进展予以实时公布。腾讯看点携手黄晓明、Angelababy杨颖、杨幂、陈坤、周迅等多位明星，发起"全明星战'疫'行动"。央视网则联合腾讯推出以直播全国各地风景镜头为核心的旅游产品"云旅游"，以慢直播的形式带领数百万网友在家"云旅游"，有效开展人民群众的情绪疏导工作。敦煌钻研院联袂腾讯影业和腾讯动漫团结出品《云游敦煌动画剧》，带网友们云游敦煌，关联视频全网播放量跨越3700万。

六、新冠病毒科普有力度，权威机构和人士发声

腾讯医典在疫情期间脱颖而出，疫情袭来，腾讯医典迅速调整思维，以"互联网+权威专家"的方式，将权威新冠肺炎知识快速传播，与大众进行互动。腾讯医典本着正确防护，注重个人健康的出发点，以科学理性的态度来规避未知的恐慌，第一时间联系了上百位专家，通过图文、视频、直播等多种多样的方式进行新冠肺炎医学知识的科普，同时腾讯医典还将疫情相关知识体系化，科学划分为预防指南、检查诊断、治疗进展等不同阶段的内容和知识，此外腾讯医典还着重区分热点科普、辟谣，以及针对老/幼/孕群体等更为细分领域的科普，这些专业知识和疾病自查等板块能够为

用户提供一站式针对性的疾病知识，在疫情中，腾讯医典充分体现了及时性、专业性和权威性。

腾讯旗下知识产品"新闻知识官"在此次疫情期间也更多地出现在公众视野当中，该产品推出了抗疫专题，邀请了诸多医学专业人士和新冠肺炎专家，比如浙江大学教授、神经生物学家王立铭、北京大学医学人文研究院教授王一方、呼吸病学和危重症医学科主治医师李京红副教授等专家学者，这些知识官在线解答了公众的困惑，能够及时有效普及病毒防治知识，通过专家的身份很好地遏制了恐慌，在科普方面取得良好效果。腾讯方面还对新闻知识官进行了支持和激励，推出了"合作伙伴"计划等，预计投入15亿元，每月100亿流量，这些举措将会为用户提供优秀内容提供保障。

在直播和视频方面，腾讯微视也上线了"肺炎防治"频道，在保证信息的权威和及时的情况下，与内容生产者共同尝试以新的方式来推送"正确佩戴口罩"等科普内容，这些内容给用户新的体验和感受，更重要的是可以提升民众的防疫素养。

腾讯视频的"战疫情"频道对抗击疫情动态进行了更为深度的主题报道，内有防治、辟谣、义诊等多个功能板块。该频道每天24小时持续滚动更新，可以达到向全国人民进行精准推送的程度。而"义诊"板块，是与腾讯医典、腾讯健康共同合作公益问诊，用户可申请免费在线义诊。腾讯视频doki社区还开启"新型冠状肺炎公益知识普及周"，用户可以通过直接在答题页面前往腾讯公益进行爱心捐赠，在疫情面前贡献自己的一份力量。

腾讯健康、腾讯医典小程序都纷纷提供了特色"疫情工具箱"功能，同时也支持各个公众号、小程序和App等入口的开放接入。"疫情工具箱"包括发热门诊、疫情地图、新冠肺炎症状自查、患者同小区、患者同行程、口罩攻略、疫情知识智能问答等。

第三节 抗疫报道中的成功经验与问题不足

腾讯作为中国领军的互联网公司，疫情期间承担起了重要的社会责任，在抗疫报道和信息传播方面有重大进步，未来也将会有长足的发展。不过在整个过程中也存有一些问题，主要表现为由于事发突然，疫情期间存在某些信息确认度不高、信息重复及浪费等情况，同时有抄袭、盗版侵权及局部社会责任不明晰等问题。

一、抗疫报道中的成功经验

（一）借助产品和平台优势，构建优质内容生态

腾讯发布的 2020 年第一季度业绩报告显示，腾讯微信及 WECHAT 的月活跃账户 12 亿，同比增加 8.2%。微信通过小程序进一步融入日常生活服务，尤其是在日用品购买及民生服务方面。这令小程序用户迅速增长，日活跃账户数超过 4 亿。

一季度腾讯数字内容业务收费增值服务账户数同比增长 19% 至 1.97 亿；视频服务会员数同比增长 26% 至 1.12 亿；音乐服务会员数同比增长 50% 至 4300 万。腾讯视频日活跃账户数及流量上升，腾讯微视、新闻信息流平台及小程序的用户流量及短视频浏览量均有所提升。

这充分体现了腾讯作为互联网巨头，在内容生产的基础上发挥了产品和平台的优势，利用微信、QQ 等社交产品的用户，有力地发展了内容平台，加强了内容的推送和传播。

（二）抗疫内容注重权威，及时有效多渠道传播

腾讯与人民日报、新华社等央媒以及各地方媒体展开了合作，通过分发官方权威渠道信息发挥资讯平台的作用，得到受众的认可，提升自身平台的权威性和准确度。此外在以微信和 QQ 为中心建构的平台上，通过利用小程序等工具，进行多渠道公共传播，方便用户在手机上搜索到所需信息。

而无论是通过文字、图文还是视频等形式，腾讯方面对内容的加持，都呈现了多元化的趋势，而在微信公众号平台上，官方媒体与自媒体数量众多，也能够成为腾讯内容生态中重要的一环。

二、抗疫报道中的问题与不足

（一）疫情期间某些内容准确度不高，需要多方确认

腾讯此次在抗疫报道上总体来说较为成功，在获得一些宝贵经验的同时，也应当看到因为此次疫情来势汹汹，在最开始的时候全社会民众均不知所措，腾讯的反应很快，但是比如较真平台上的谣言以及传播的某些新闻，信息未经过多方确认，导致富有争议性的内容打上标签是"尚无定论"，在这种情况下，并不能为公众解答心中的

困惑。另外,在话题互动中,网友自身的一些言论成为爆炸性新闻,但是该新闻是未经过证实和确认的。微信上一些公众号的传播内容也引发了争议,同样是基于事实不清、无法确认其真实性所致。此次疫情期间,由于事发突然,事实不清及无法确认真实情况的新闻处理,未来应当商榷。

(二)微信中存在不良信息和诈骗信息,违法犯罪行为时有发生

腾讯基于微信和QQ两款社交产品而进行内容的生产和分发,有不少不良赌博和暴力信息,甚至是疫情期间的诈骗信息存在,诱导用户进行违法犯罪行为,特别是在口罩等防疫物资紧缺的情况下,各类微信群、朋友圈甚至一些公众号上传播了不实交易信息,导致用户的财产受损,并很难追回。微信对该类情况并不能完全进行警示和处理,在生态内违法犯罪行为的发生令一些辨识力不高的用户受到伤害。

(三)对老年人、少数民族和特殊人群服务不够

目前,虽说腾讯用户已经达到十多亿,但是主要还是服务于主流人群,针对老年人、少数民族和特殊人群的服务都较少。疫情期间针对这些特殊人群的服务依然不够,未能够很好地将这些群体纳入进来。

老年人在微信上容易受到谣言影响,容易出现被骗损失钱财等情况,微信对老年人群体的特点还未能开发出较好的功能。少数民族在微信上找到属于自己民族文化和特色的服务也比较困难。特殊人群上网能力也没有被微信特殊照顾,还没有享受到特殊服务。微信在疫情期间的表现,对弱势群体来说还未实现真正的有针对性的关怀和帮助。

第四节　媒体如何在突发重大公共卫生事件中开展有效报道引导舆论

针对以上问题,本报告认为可从以下几方面来完善。

一、在党中央的领导下坚守社会主义宣传思想阵地意识

腾讯作为十亿级别用户的互联网大公司,拥有微信和QQ两大社交平台,在突发重大公共卫生事件中更应当在党中央的领导下坚守社会主义宣传思想阵地意识,在危机面前表现出应有的政治觉悟和政治素养,为社会平稳渡过难关提供有力的思想支持。

同时在腾讯生态内,应当积极引导各个行为主体发挥主人翁意识,积极承担社会责任,传播正能量,为应对突发重大公共卫生事件保持良好的精神面貌。

二、在平台生态下挖掘优质内容,增强底线意识

腾讯旗下微信和QQ两大社交平台可以实现信息的快速传播和科普,同时腾讯也有腾讯新闻这样的专业媒体机构,充分利用自身的内容生产能力,并加以尝试各类新形式的内容生产和输出制度,有利于挖掘更为优质和深度的内容。此外,更为重要的是,在社交生态下,如何利用其内容创作者的优势,支持和激励众多的自媒体及创作者,为报道增砖加瓦,是未来一项重要的功课。不过在积极一面的背后,腾讯更应当利用好技术和专业内容判断意识,做好把关人和过滤者的职位,增强底线意识,将谣言和不法信息扼杀在摇篮中。

三、建立重大公共卫生事件报道制度,规范流程增强创新

建立重大公共卫生事件报道制度,疫情袭来,社会原有运行机制被打断,未来在这些不确定事件面前应当如何实现有效有力度的报道,并能够助力社会渡过难关,这是"疫后时代"需要思考的严肃问题。严肃内容比如科普知识的制作和原创,将成为更为流行和实用的新闻热点。从新闻内容、新闻报道手法和新闻报道形式等各个方面去复盘和提升,未来在类似的情况下才能更好地打出组合拳,在疫情报道中占得先机。同时,在具备网络效应和网络基础的情况下,与各个权威官方机构和医学机构的合作势在必行,建立深层次的联系与日常沟通,并对公众进行报道和科普显得更为必要。

四、腾讯可开发适合老年人、少数民族及特殊人群的功能和服务

疫情之下,弱势群体的生活现状引人关注,在腾讯日益强大,社交用户达十亿级别后,如何为更多弱势群体服务是一个不可绕过的话题。老年人用户因自身能力及身体状况所限,还未能很好地掌握社交使用方法,重大事件中怎么能够帮助到老年人,给予其支持,是腾讯团队需要思考的问题。针对少数民族和特殊人群,腾讯如何为其服务,能够给到真正的温暖,实现真正的信息价值?未来腾讯如何做好内容服务,将成为下一个挑战。

第十三章　澎湃新闻抗疫报道研究报告

李云芳[①]

作为一家专注时政与思想的新型主流媒体，澎湃新闻全程介入了这次新冠肺炎疫情的报道，前后共派遣 21 名记者进入中国疫情的核心区——湖北进行现场报道，后方则几乎全员参与。本报告以澎湃新闻关于武汉抗疫的新闻报道为对象，通览其报道情况、分析其报道方式，以观察和呈现这家"平台级新媒体""原创新闻供应商"在目下的舆论环境和语境下是如何开展报道的，其边界何在，有何得失。

第一节　澎湃新闻简介及武汉疫情报道概况

澎湃新闻于 2014 年 7 月正式上线，前身是创办于 2003 年的东方早报。澎湃新闻是第一个直接切入移动客户端的新闻转型产品，第一个定位于互联网原创新闻生产的新媒体。

截至 2020 年 5 月，澎湃新闻客户端下载数累计达 1.7 亿，与全国主要的资讯平台都建立了版权合作关系，在全网 60 多个渠道进行内容分发。

澎湃新闻专注时政与思想，坚持原创，深耕内容；坚持创新，做大平台。目前涵盖了要闻、时事、财经、思想、视频、生活、澎湃号、湃客共 8 个板块，日均原创稿件 400 篇左右，已成为互联网原创新闻领域最重要、最大的供应商之一。近年来，澎湃新闻加大了平台建设的力度，先后推出"政务号""媒体号""湃客号"等。

[①] 李云芳，澎湃新闻编委，澎湃新闻湖北疫情前方报道组领队。

澎湃新闻正围绕主流化、平台化、全球化、生态化的战略，积极打造全国性互联网新型主流媒体平台级产品，努力成为全媒体内容产品供应商、全场域内容传播大平台、全链条内容生态服务商。

此次新冠肺炎疫情期间，澎湃新闻充分发挥新媒体传播优势，在客户端专门上线"抗疫"频道，文字、直播、短视频、纪录片等介质与开放平台、社交传播等渠道一起发力。截至4月底，共发布涉武汉抗击疫情报道近18000篇，其中原创超过10000篇，共计推出H5、数据新闻等新媒体产品50个，新闻海报300余张，短视频4300多个，两微一端抗疫报道总点击量超170亿。

第二节 关于澎湃新闻武汉抗疫报道的四个阶段

澎湃新闻对武汉疫情的报道分为四个阶段：疫情露头之时（2019年12月底）、蔓延与防控时期（2020年1月20日—3月16日）、收尾与解封时期（3月17日—4月8日）、重建安全时期（4月8日后）。

一、疫情露头之时

新冠肺炎疫情最早传出消息，是在2019年12月30日。当晚，澎湃新闻记者即赶到医院、华南海鲜批发市场探访。12月31日，澎湃新闻一共刊发了11篇报道，包括5篇文字、6篇视频。

这一阶段的报道，主要是向公众传递核心现场情况和官方态度、声音，起到的一个直接效果，是华南海鲜批发市场于次日，即2020年1月1日休市。此轮报道，及时向公众发出了有疫情出现的预警，展现了澎湃新闻对于重大新闻的敏锐嗅觉和判断。

二、蔓延与防控时期

自1月20日钟南山公开表示新冠肺炎存在"人传人"现象，1月23日武汉"封城"，中国进入了举国抗疫阶段。武汉成为全国乃至全世界最关心的地方，澎湃新闻在武汉城内的记者发起直播、发回现场直击稿件，同时进入医院重症病房发回救治患者视频，向公众传递了武汉一线的最新情况。

此后，澎湃新闻"大动员"，增派多名记者进入湖北尤其是武汉，最多时达到21名，专门设立"抗疫"频道，与日常的要闻、时事、财经、视频、思想等频道并列。

这一段时间，是武汉疫情防控最艰难、最胶着的时候，也是澎湃新闻报道"井喷"的时候，如关注方舱医院的改造、收治、清零和休舱全过程；火神山医院、雷神山医院交付、投用、患者收治和清零情况；定点医院的挖潜扩增、重症监护室里的救治情况、重症和危重症病例数清零情况；武汉社区封控、拉网式排查"四类人员"及物资保供；各支援鄂医疗队在武汉的工作情况。此外还有核酸检测、血浆疗法、新冠肺炎疫苗志愿者测试……

这一阶段，澎湃新闻重点在记录武汉抗疫的实践及成效，为全国、全球了解武汉保卫战、湖北保卫战的"战况"提供了一手信息。

三、收尾与解封时期

从3月17日第一批援鄂医疗队撤离，到3月25日离鄂通道解封、4月8日离汉通道解封，意味着湖北的疫情防控取得阶段性成果，湖北尤其是武汉开始步入恢复期。

这一阶段，澎湃新闻的报道集中在两个方面。一是围绕武汉解封进行重点策划，先后刊发文字专题《武汉十二时辰》、视频专题《武汉解封：一座城的重启》。此外，还制作《时间线 | 武汉"封城"76天大事记》，将武汉封城76天来的大事件、疫情数据进行可视化呈现，让读者在一张图里看到一段武汉战"疫"史。二是关注武汉复工复产的情况，先后设立"武汉重启""武汉小事"等专题，关注武汉城市各行各业的复工、武汉社区"烟火气"逐步恢复的情况。

四、重建安全时期

武汉解封后，澎湃新闻重点关注了两大议题。一是无症状感染。响应《新冠病毒无症状感染者管理规范》的出台，澎湃新闻开设专题"追击无症状"，通过介绍无症状案例、专访国内外医学专家。援引权威信息、向专业人士约稿的方式，介绍了无症状感染的原理、传染性、防控措施、相关研究成果，将这一问题系统呈现，同时也克制、客观地传递"并不可怕、无需恐慌"的判断。二是武汉全员核酸检测。5月12日，澎湃新闻率先刊发武汉全员检测核酸"大会战"的消息，此后刊发多篇稿件记录武汉全员核酸检测的情况，并对"混检"起初引发的舆情刊发解释性报道。武汉全员核酸检测结果出炉后，澎湃新闻又刊发社论《武汉，安全》，称这份"体检报告"表明之前的武汉战'疫'战果经得起最严格的检验，武汉可以轻装上阵了。

第三节　澎湃新闻抗疫报道的五项工作

一、浓墨报道，为疫情防控鼓劲加油

在疫情核心区的武汉，无论是医护、社区工作者，还是民警、志愿者，都是"战'疫'者"，澎湃新闻为此专门开设了同名专题。

医护作为冲在第一线的"立头功"者，是"战'疫'者"专题报道的重点，澎湃新闻刊发涉医护原创报道超 5000 篇，且细分出了"战重症""天使战记""医护日记"等子板块，涉及 ICU、重症病房、方舱医院、发热门诊、核酸检测点、血浆捐献点、隔离点污染区、流调现场等各类医护工作场所。

在广覆盖的同时，澎湃新闻还对典型人物进行纵深挖掘、持续报道。如在战'疫'一线牺牲的武汉市武昌医院原院长刘智明，澎湃新闻先后采访其家人、同事、老友、同学等，共刊发原创报道 12 篇；另一名牺牲医护彭银华，澎湃新闻从其牺牲之初的生前事迹、亲友追忆，到其子女被纳入公益支持计划，再到关注其遗腹女出生，共刊发报道 23 篇。

关于社区工作者，澎湃新闻既有《武汉基层一天》类的贴身报道式系列短视频，亦有回应热点的《"武汉嫂子'汉骂'"风波背后的社区保卫战》《"封城"二十日里的武汉百步亭：一线社区工作者口述》等报道。

关于警察群体，典型报道如《武汉片警老吴》《"90 后"辅警和警察父亲并肩抗疫 1 个月》；关于志愿者群体，典型报道如《武汉饭店老板和志愿者每天为医护送千份免费餐食：也是自救》《武汉接送医护人员志愿者日记：付出爱收获感动，期待"下岗"》等。

二、关注弱势群体，引起帮助的注意

疫情之下，武汉几乎只剩下一件事——抗疫，城市失去了日常运行的规律和多元

的社会关怀措施，这对弱势群体的冲击尤大。

澎湃新闻先后关注过住在地下停车场、地下过道、医院里的流浪汉、孑然者、异乡滞留人等。报道刊发不久，武昌火车站地下停车场出入口封闭，滞留者等被安排免费入住宾馆，并由政府提供基本生活保障。

关注特定类型人群的有《一个盲人在武汉熬过 50 天》《一位单亲妈妈，穿过武汉最深的夜》；关注特殊疾病患者的有《"封城"后艾滋感染者的尴尬：即使断药也不愿向身边人求助》《尿毒症患者感染新冠肺炎一度拒绝治疗，出院后感谢医护没放弃》。

疫情造就的另一类"弱势群体"，是新冠肺炎患者、治愈者。他们的"弱势"在于如何面对自己的患者身份、治愈后如何走出心魔。澎湃新闻先后刊发《关注"心理战'疫'"：破除蒙在新冠肺炎感染者心中的阴影》《特写｜留守一线的心理医生：如何陪伴患者走过"哀伤之旅"》《新冠肺炎治愈者：经历生死后》《在武汉"治心"｜陪伴与共情，上海医生这样治患者，治救人者》《康复后的幽灵》《线上新冠康复之家：偶尔治愈，总是安慰》《新冠康复者心理困扰引关注：有人忧心复阳一个月核酸检测十次》等稿件，对这一群体及其状况进行重点呈现。

三、建设性报道，推动问题解决

疫情突如其来并迅速蔓延，武汉遽然封城防控，这同时带来了许多问题，澎湃新闻及时、适时报道，呼吁引起关注并给予解决。

武汉"封城"当天，澎湃新闻就在《武汉"封城"倒计 600 小时：从"发现肺炎"到"一床难求"》稿件中，介绍了武汉新冠肺炎疫情发展迅猛导致床位紧张的情况。1 月 25 日、26 日刊发的报道《武汉某急诊科医生：物资缺乏，一次性防护服曾反复用》《与病毒搏杀的日与夜：试剂原料短缺，医护同事"成了病人"》中，又对防护服短缺、试剂盒不足、医护易被感染等问题进行了报道。

方舱医院、隔离点启用之初，存在卫生条件、餐食供应、场地环境等各种问题，澎湃新闻通过外围采访和对负责人专访，刊发《"方舱医院"启用：收治难"堰塞湖"有望破局》等报道，解疑释惑，打消公众顾虑；《澎湃前线日记｜探访武汉高校临时隔离点》则通过记者直拍画面，及时采访回应了当时紧急征用学生宿舍带来的次生问题。

疫情防控后期，武汉逐步推行手机"健康码"，这对那些不会使用智能手机的老年人构成了门槛障碍。澎湃新闻及时跟进采访，既解释了存在的救济措施，也揭示了欠缺所在。

四、及时、有效地科普，纾解公众焦虑

疫情防控期间，许多人长时间宅在家中，出现了不同程度的疲劳、焦虑情绪。

澎湃新闻借助自有的"湃客"这一开放平台发动近40位心理健康类创作者，策划H5产品《解忧杂货铺·新冠肺炎疫情心理健康100问》，梳理了多种场景下心理健康问题的百条专业问答。

"科技湃"栏目持续编译、报道学界、权威期刊有关新冠肺炎的最新研究成果，第一时间将艰涩的学术研究内容变成通俗的新闻稿件，满足公众对这一新型传染病的信息饥渴，坚定防控信心。

4月18日，澎湃新闻还联合新加坡联合早报策划"中新专家对话新冠阻击战"视频连线节目，邀请李兰娟、张文宏、苏安·华素、梁浩楠四名来自中新两国的顶尖专家交流两国防疫经验，共论"如何打好防疫持久战""如何应对疫情反扑"等议题。

五、发起公益行动，展现社会担当

澎湃新闻还溢出新闻采编，利用自有平台为湖北尤其是武汉抗疫予以直接支持。

1月26日，澎湃新闻和上海市慈善基金会联合发起"抗击新型冠状病毒肺炎疫情专项募捐行动"，所筹善款将全部用于新型冠状病毒防控相关工作，并优先为湖北省急需物资的地区采购尽可能多的医疗物资，截至6月11日，已经募捐善款2466万余元。

从1月底到2月，是武汉疫情防控的"至暗时刻"，澎湃新闻参与搜集"四类"人群的求助信息报送官方，助力武汉"应收尽收、应治尽治"的工作。

从3月下旬开始，湖北农产品因为疫情防控、公众恐惧而产生积压、滞销，澎湃新闻联合趣头条、京东、拼多多、苏宁易购、淘宝等平台发起"买鄂"助力湖北农产品活动，推出包括社论、直播、科普等多种形式的原创报道，还制作了一系列开机屏、

海报、社交小视频，通过全媒体矩阵广泛传播，在推动湖北农产品降低库存、打开销路方面与有力焉。

澎湃新闻还与公益机构联合发起"抱薪者子女教育陪伴公益项目"，为抗击新冠肺炎疫情中牺牲的英雄的子女提供长期的教育支持及陪伴关怀。截至5月31日，项目共计支持50个英雄家庭、80名抱薪者子女，总计拨付教育支持资金74万元。

第四节 澎湃新闻抗疫报道的成功经验与不足之处

一、成功经验

（一）全程参与，"字""视"齐飞

澎湃新闻对于疫情的报道是全程、全面的，从疫情露出苗头、蔓延扩散、武汉封城、疫情防控、社区封闭、定点医院扩容、方舱医院建设、隔离点建设、复工复产复学、武汉重启、追击无症状、全员核酸检测等，几乎在每一个阶段、每一个战场上，都有澎湃新闻报道的身影。

从形式来看，适应网络新媒体的特性和传播要求，文字报道与视频视觉呈现实现"两翼齐飞"，视频视觉主打现场传递，文字报道侧重纵深报道。

（二）专题整合，议题设置

面对海量的碎片信息，整合变得十分必要。澎湃新闻采取了大批量设置专题的办法，主要有两种方式：同类稿件打包整合呈现；同类稿件标题上添加统一的标签名。

批量设置专题的方法，除了对冲信息碎片化问题外，还起到了设置议题、引导舆论的作用。据不完全统计，澎湃新闻与疫情有关的专题数量超过100个，如褒扬抗疫典型的"战'疫'者"、关注武汉社区的"武汉小事"、记录武汉抗疫全景的"在武汉"、弘扬抗疫精神的评论"信心集"、关注复工复产的"武汉重启"等。

（三）长期关注，跟踪连载

最典型的是"查医生日记"，澎湃新闻在三个月时间内连载上海第一批支援湖北医疗队队员、上海仁济医院呼吸科主治医师查琼芳在武汉金银潭医院的60多篇抗疫实录，真实地展现了个人视角下的中国抗疫图景。

患者方面，澎湃新闻长期关注武汉市青山区的夏女士家庭，其一家七口人都确诊

感染新冠肺炎。记者从 1 月 26 日刊发第一篇报道予以关注，此后一共刊发了 16 篇报道，记录了该家庭成员隔离治疗、有人过世、核酸转阴、出院回家、家人团聚等各个侧面，通过这个典型家庭的故事折射出新冠肺炎疫情袭击下一个个中招家庭的"苦难"。

（四）开放平台，借力使力

澎湃新闻近年来一直在打造开放平台，吸引了大量优质的内容生产者入驻。此次疫情期间，通过约稿、整合、联合制作等方式，借助这些优质的外部生产力，刊发了大量及时、有效的专题信息。如在武汉抗疫的胶着阶段，推出《我在武汉·抗疫日记》纪录类专题；武汉重启时推出《武汉，好久不见》专题；还有心理疏导专题《战疫·解忧杂货铺》《新冠肺炎疫情心理处方》等。

澎湃新闻还与华中科技大学新闻与信息传播学院联合推出特别策划《@武汉——抗疫故事接龙》，通过武汉高校学子的体验与观察，以故事接龙的形式，隐喻武汉居民以人性的力量携手构建对抗疫情的无形之网。

（五）打造产品，极致呈现

充分发挥新媒体优势，采用 H5、数据新闻、动画、360°全景等多样化报道形式，协同输出多个"刷屏式"的产品，立体呈现武汉战"疫"图景。

一是可视的社交传播产品。疫情伊始的 1 月下旬，推出新冠肺炎疫情"消息速递"模板海报，传递疫情发展的核心信息。疫情形势扭转后，从 3 月初开始推出武汉新冠肺炎"每日新增病例"的海报。此外，每天还在刊发武汉、湖北每日新增病例、疑似病例、死亡病例的变化柱状图，给读者传达冰冷的数据以外的趋势信息。

二是集大成的 H5 产品。《H5丨新型冠状病毒肺炎病例实时更新地图》，将各省、各国新冠肺炎疫情的数据集成，并设置了多类可视化呈现，让读者及时了解疫情发展的整体情况；《H5丨方舱策：关掉疫情蔓延的"水龙头"》，通览方舱医院在武汉的实践和对患者的庇护，介绍了方舱决策出炉始末以及在疫情防控方面起到的关键作用，并解剖了一个方舱医院样本来阐述其运行逻辑；《H5丨给他们写封平安信！这里有 4.2 万在鄂抗疫医护的名字》，收集呈现 4.2 万在鄂抗疫医护的姓名，增加网友给医护写祝福"平安信"的互动设置，以此向英雄致敬。该产品仅澎湃自有平台的点击阅读量就超 2000 万，点赞数超 7 万。

三是大胆"出圈"，主动参与策划了一系列与抗疫相关的文化产品。2 月 19 日，由中国唱片公司、十三月文化、中国网和澎湃新闻联合出品，19个国家、50位音乐人参与翻唱、演奏的歌曲《TOGETHER》首发，并在海外社交平台上线。

二、不足之处

面对新冠肺炎疫情这一"超级新闻"，澎湃新闻的疫情报道面广、量大、形式多样，但在监督、深度、专业等方面还需进一步增强。

第一，新冠肺炎疫情在2019年底就已露出苗头，如前所述澎湃新闻当时介入十分迅速，但之后未能持续跟进，直到钟南山1月20日公开表示新冠肺炎存在"人传人"现象前，其间几乎没有自主报道。武汉的疫情是如何从起初的少数病例变成广泛蔓延以至于"一床难求"紧张情况的，当地官方采取了什么应对措施，这些信息最终在舆论场上付之阙如。这本应是媒体应该着重发力的地方，但包括澎湃新闻在内的大部分媒体都缺位了。

第二，习近平总书记指出，在这次疫情中，我国公共卫生体系、医疗服务体系也暴露出来一些短板和不足，要正视存在的问题，加大改革力度，抓紧补短板、堵漏洞、强弱项。关注这一领域也是媒体使命的题中应有之义，澎湃新闻推出了"疫后策"专题，刊发了多篇相关稿件，但系统性的报道还有所欠缺，包括反思过程（此次疫情预警和防控出现了哪些问题）、切中弊病（公共卫生体系、医疗服务体系暴露了哪些漏洞）、政策建议（未来应该如何健全）等。

第三，抗击疫情的湖北保卫战、武汉保卫战取得了战略性成果，湖北尤其是武汉摸索出了许多行之有效的经验和做法，澎湃新闻对此碎片化报道非常多，但系统性的梳理和总结有待增强。譬如方舱医院的创举，有"方舱策"这一大型产品的系统分析和记录，但对于定点医院、隔离点、社区防控等方面的情况，有待系统性梳理和总结。

第四，疫情之下，最惨烈者，当属因罹患新冠肺炎而不幸殒命的人。截至2020年6月11日24时，武汉全市新冠肺炎患者累计死亡3869例。澎湃新闻浓墨报道过一些典型医护，如刘智明、彭银华、胡卫锋、易凡、江学庆等，但对更为庞大的普通逝者，着墨略少。

第五节　有效引导舆论的四点实践

随着智能手机日益普及，人们获取信息的渠道非常多元。网络的便捷、社交媒体的发达，也使得信息的爆发及传播更加"自由"，因此舆论引导有两个必选项：主动释放信息占据传播渠道；及时回应舆论热点和关切。

就公共卫生事件来说，其专业度强、门槛性高，信息的供给天然存在滞后性。而新冠肺炎疫情作为新中国成立以来"传播速度最快、感染范围最广、防控难度最大"的重大突发公共卫生事件，几乎占据了公众的大部分注意力，公众对信息的需求量大、速度要求快。化解这一矛盾，澎湃新闻进行了如下四点实践。

一、及时传播真实信息，消弭恐慌

报道真相是抚平恐慌、消弭舆情的最佳办法，而这首先依赖于官方信息的透明、公开和及时。

譬如，"封城"期间武汉女子监狱刑满释放人员黄某英感染新冠肺炎却成功离汉进京事件，事发后高级别的联合调查组快速介入并公布了详细的调查结果，定性为"因失职渎职导致的严重事件"，且追究了一大批人员的责任，要求采取措施堵上漏洞。调查的彻底、通报的及时，使得事件背后的"特权"猜测不攻自破。

又如无症状感染者引发的公众焦虑，从4月1日起，卫健系统的每日疫情公报开始公布无症状感染者情况，官方还发布《关于新型冠状病毒无症状感染者的防控工作答问》，首度披露无症状感染者的数量、防控手段，让这一问题走到台前。

澎湃新闻对上述信息进行了充分报道、显著推荐，有效地释放了公众的焦虑。

另一个反例则是，公众对武汉最大的质疑——1月中上旬武汉疫情的演变过程，就来自于那段时间官方信息的不透明、媒体报道的缺位。

二、用专业探讨回应公众担忧

公共卫生事件中的许多舆情，涉及的都是专业问题。破解忧虑，就需要深入进行专业分析和探讨。如新冠病毒的传染性及院感情况，在疫情初期备受关注。澎湃新闻刊发《被"新冠"击中的医护们：1716例感染缘何发生》，通过分段回溯，分析、展现问题出在最初疫情传染性不明的情况下未设防、防护物资短缺及医护人员工作超载，而这些问题在"人传人"结论明确、防护物资充足、医护逆行支援后就得到了基本解决，医护基本实现零感染。

针对不少患者出院后核酸检测复查呈阳性的现象，澎湃新闻刊发《新冠患者"复阳"谜局：有人不产生抗体，病毒或慢性携带》，介绍"复阳"有多种原因导致，但"监测发现，复阳患者没有再发生传染别人的现象"。稿件还说明第七版"新冠肺炎诊疗方案"增加了抗体检测的办法，用于确诊和疑似病例排查，舒缓了公众的担忧。

三、褒扬抗疫一线英雄，鼓舞士气

褒扬疫情中出现的典型人物、弘扬典型经验，这对于鼓舞士气、战胜疫情有着积极的意义。试举一例，澎湃新闻9分钟视频《在武汉｜重症ICU里的生死直击》刊发后，有网友评论"我们真的不能心安理得现在就出去玩，我们的安稳是这些医生换来的！""我们躺着无聊，看电视剧嫌眼疼的时候，是他们在拼命。不扎堆，从自己做起，就是对他们的支持！"这些评论折射出：新闻报道的一大意义，就在于传递现场、启迪读者。

四、创新表达，覆盖更多阵地及人群

网络步入"社交时代"，舆论场上有大量的资讯平台、社交平台、视频平台，每个平台都有自己的表达方式，各自聚集、黏留了大量用户，这些用户有交叉，也有不重叠。要让有效的信息能够及时抵达读者，取决于如何抓住读者的注意力。除了"内容为王"外，还需要不停创新表达，使用读者喜闻乐见愿点击的方式。

在疫情报道中，澎湃新闻对信息进行了"中央厨房"式的处理和全产品线的表达方式。前方的现场消息同步发送给文字、视频、图片、互动（包括微博、微信、抖音）编辑，然后由其生产适合于不同平台的版本。一个重大新闻，澎湃新闻往往会有稿件、视频、图集、专题、产品等多样内容，而宣发和分发则包括了开机屏、朋友圈海报、微博微信抖音及众家号等多样配置。

第十四章　封面新闻抗疫报道研究报告

张　华　蒋如松[①]

本文以封面传媒2020年抗疫报道为例，分析了网络新媒体在抗疫报道中的主要实践，并通过总结封面传媒在抗疫报道中的创新点，力求为提升媒体在重大突发危机事件中的社会责任执行力提供经验。

第一节　封面新闻简介

为深入贯彻落实习近平总书记提出的"着力打造一批形态多样、手段先进、具有竞争力的新型主流媒体"要求，在中宣部、中央网信办和四川省委宣传部、四川省委网信办的大力指导与有力支持下，四川日报报业集团（以下简称川报集团）着力深化媒体融合发展工作，以中国第一张都市报——华西都市报为载体，于2015年10月28日启动打造"封面传媒"项目，加快建设新型主流媒体。2016年5月4日，封面传媒打造的封面新闻客户端（以下简称封面新闻）上线。

封面新闻上线以来，以"亿万年轻人的生活方式"为定位，向"AI+媒体"的前沿领域持续进军，打造"智能＋智慧＋智库"的智媒体，引导力、传播力、影响力、公信力不断提升，成为行业标杆。2020年5月4日，封面新闻App最新版6.0上线，现在封面新闻每天发稿量突破8000条、直播年产1000场、原创短视频年产10000条、UGC视频生产突破80000条。截止到2020年5月，封面新闻客户端用户下载量超过

[①] 张华，封面传媒副总经理，技术委员会主任；蒋如松，封面传媒行政人力部副总监。

3000万、封面新闻微博粉丝数超过2000万、封面新闻微信粉丝数超过65万。

封面新闻以用户生产内容为基础，构建青蕉拍客社群网络，孵化拍客短视频IP——青蕉视频。目前日发动态视频近百条，用户停留时长均在1分钟以上，是封面新闻App上除推荐频道以外用户停留时间最长的频道。平台已累积了上千名专业青蕉拍客，年产独立短视频约8000—10000条，已发布的近4000条独立短视频播放达40亿次。自媒体平台封面号目前入驻平台的自媒体数量已近十万个，包括四川检察、公安、共青团、文教等多个系统的政务机构。

封面新闻以技术为驱动，自主研发了涵盖7大类21个产品的"智能+"产品生态，实现了推荐算法、机器写作、机器生成语音、MGC视频自动生成、人脸识别、图像识别、智能营销多个技术突破，实现了全面视频化和用户轻社交。封巢系统大改版上线，突破了视频底层技术，实现了移动端视频剪辑。基于自研的封巢系统推出的智媒云平台一体化解决方案在3000多家服务商中脱颖而出，获得了"华为云智媒体解决方案——出类拔萃奖"。

2019年6月14日，世界品牌实验室发布了2019年《中国500最具价值品牌》分析报告。封面新闻——华西都市报再次上榜，位列第262位，品牌价值达到了223.56亿元。

2019年8月27日，由世界品牌实验室发布的2019年《亚洲品牌500强》排行榜揭晓，封面新闻——华西都市报再次上榜，排名第399位。

2019年8月31日，在中国传媒经营大会上发布了"2018—2019中国传媒经营价值百强榜"，封面新闻获得"年度综合排名特别大奖"和新媒体客户端30强第一名。

2019年12月，在中国报业技术年会上，封面传媒荣获"2019中国报业技术创新企业"大奖。

第二节　封面新闻抗疫报道工作的主责担当

一、14名记者深入武汉防控一线，融媒报道上千篇

为了践行主流媒体责任，积极传播权威来源信息、建设性信息、正能量信息，帮助大众克服恐慌心理，努力为社会解压，讲好疫情防控故事，传递人间大爱，封面新

闻派出记者抵达武汉，报道武汉战"疫"情况。

封面新闻是最早进入武汉的媒体之一，从1月21日至今，五批记者鏖战武汉防控一线80天，通过手中的摄像机、录音笔，用融媒报道的形式，深入报道党中央、各级党委政府防控疫情的有力举措，充分反映医疗卫生工作者的不懈努力，全面展示社会各界齐心协力战胜疫病的最新进展。他们持续零距离报道火神山、雷神山、方舱医院建设现场，最早关注湖北乡村防疫战，最早关注疫区口罩工厂复产，全国首发"呼吁痊愈者捐献血浆"，全国最早对武汉社区大排查进行直播，通过实地直击、Vlog系列视频、微记录、深度调查、前线图集等形式，全景全程报道一线疫情防控进展。

截至4月30日，封面新闻共发布疫情防控各类稿件26212条、原创稿件8180条，站内阅读总量破10亿、全网阅读总量超过百亿。其中，封面新闻武汉报道组发回报道上千篇，全网传播总量超过50亿人次。

3月23日，武汉市委宣传部向封面新闻发出感谢信，特别提到武汉前方报道组在宣传武汉人民英勇战"疫"中，营造了强信心、暖人心、聚民心的良好舆论氛围，起到了引领导向、振奋精神、击退谣言的重要作用。以这14名同志为主力的四川日报报业集团武汉报道组获得四川青年的最高荣誉——四川青年五四奖章。

二、"战'疫'一线，以案普法"专题，案例鲜活警示鲜明

聚焦党中央国务院和四川省委省政府决策部署，帮助各地各条战线和广大人民群众更好理解并落实防控部署措施，封面新闻围绕抗击疫情进程中的重点工作和突出问题及时发声、回应关切。紧扣问题程度深，第一时间派出精干力量奔赴各个基层防控一线，全国率先关注和发布的麻将、聚餐聚会禁令相关报道在平台阅读量均超千万。面对疫情防控中的一系列法律问题，封面新闻2月5日推出"战'疫'一线，以案普法"专题，第一时间发布疫情防控典型案例，以案普法，以法警人。

《刻意隐瞒病情、接触史发病后频繁与他人接触最高或面临死刑》《抗疫关键期有人还在偷售野生动物情节严重者可处十年以上有期徒刑》《严查！借疫情推销药品严重者要追究刑事责任》等普法报道和《瞒报致疫情扩散，是危害公共安全的犯罪》《隐瞒就是害人，不要等法律教做人》《依法守法，与防疫同等重要》等原创普法评论，案例鲜活，警示鲜明，主流媒体，主责担当，起到了抗疫普法的良好社会效果。

三、多形式现场聚焦医护群体感人细节，大视野小温情

自除夕夜前夕开始，封面新闻、川报观察在武汉前线的特派记者通过实地探访直播、战役日记、全景航拍、微 Vlog、深度调查等多种报道形式，生动记录从武汉封城、门诊排队到抵进隔离病房、亲历火神山建设的现场，记者以第一视角日记体发布的 11 条 Vlog 是全国最先发出的系列现场视频报道，有 3 条播放量超过 3000 万。推出的《震撼！武汉最大方舱医院超乎你想象！》《方舱医院里跳起"广场舞"》等现场原创视频报道，既有大视角又有小温情，获得人民日报全国党媒平台、人民日报客户端、央视频等央媒平台和腾讯、抖音、快手等短视频平台的专题、首页推荐呈现，全网点击量累计超 5 亿。

封面新闻武汉报道组跟随四川援鄂医疗队，走进了武汉红十字会医院高危隔离病房，用"短视频+图文报道"的形式独家记录四川医疗队前线战"疫"的历史性场景，并在全网开设了《四川援鄂医疗队战疫日记》专栏报道，以"海报+短视频+第一人称日记体"形式，讲述了四川医疗队的感人故事，充分展现了四川医务工作者的辛勤工作以及医术仁心。川报观察推出的"武汉前线日志"系列报道，每天会给用户推送弹窗标题，如《命令你，每天给我们报平安！》，将前方医护人员付出与家乡父老牵挂的情感纽带紧密联系在一起，并挖掘出《汶川籍护士请缨上一线，"我应该去！因为我是汶川人！"》等感人故事，通过极富视觉冲击力的转发海报在社交圈形成 N 次传播，以鲜活、柔软、动人的个体叙事讲好一线故事，凝聚民众情感，形成充满"戳中网友泪点"的网上正能量。

封面新闻推出的《一个人的援鄂行动：四川医生 17 小时驾车 1200 公里驰援武汉》，记录了四川放射科医生黄维自行驾车 1200 多公里，前往抵达了武汉市江夏区中医医院，成为一个人的援鄂医疗队；《川籍工人独自驱车 20 个小时驰援"火神山"："不为钱，政府需要，恰好我会！"》报道了本在四川乐山老家过年的彭中田，独自开车 20 个小时驰援武汉，彰显出川人感恩回报之情。

四、"云求助+云支援"联动，青蕉拍客记录全民战"疫"

依托 PUGC 生产平台青蕉拍客资源，封面新闻创新全国拍客"云求助+云支援"

联动模式，推动全民战"疫"；搭建"共同战'疫'""家庭战'疫'""稳住能赢——新冠肺炎治愈者口述实录"三个专题，以普通用户视角呈现全国上下一心、守望生命、共同抗击疫情的动人故事。同时推出"致敬战'疫'者"作品奖金榜，鼓励拍客聚焦战'疫'者，创造出更多弘扬正能量的作品。封面新闻发挥短视频报道优势，推出了"武汉战'疫'Vlog""战'疫'日记"等一系列真实、感人的前方报道故事。《宅家抗疫！武汉人宅在家里的100种方式》等接地气的视频故事，获得全网广泛传播。

五、封面公益"驰援行动"，线上线下爱心大接力

2月2日下午，四川第三支鄂医疗队即将出发，英雄机长刘传健主动请缨护航的消息传出，四川日报微博迅速搭建微博话题《#刘传健送四川医疗队赴武汉#》，连续发布相关报道，一度占据当天微博热搜榜第二名，吸引人民日报、中国新闻网、澎湃新闻等全国媒体和上万网友参与讨论，话题阅读超过1.8亿，网友刷屏点赞："四川8633，武汉叫你"；"英雄护航，一定凯旋"；"希望最美的逆行者都能平安回来"。

封面新闻、封面公益研究所联合四川省慈善总会共同发起封面公益"驰援行动"，通过封面公益平台，四川德阳菜农"大树哥"捐出10万斤菜；社会公司募集医疗物资60万元驰援成都公卫中心；成都七家爱心企业联合送出万件（提）牛奶矿泉水等物资慰问奋战一线的基层民警辅警。川报观察联合网约车平台推出"战'疫'|为逆行者护航"爱心车队服务，服务超过2000车次。

封面新闻邀请李宇春等四十多位娱乐明星参加为武汉加油的视频接力录制，号召粉丝"戴口罩、勤洗手""建议居家、减少出行"，录制视频在各大社交平台广泛传播。川报观察联合四川省少工委推出"争做战'疫'小能手为武汉加油"少儿绘画作品征集活动，首日便收到网络投稿超过1000件；面向全社会推出"武汉加油！四川挺你"公益明信片设计作品征集活动，来稿充分反映四川湖北两地守望相助的情义，展现众志成城、八方支援的中国力量，内容充满正能量。封面新闻率先发出"武汉挺住"诗歌征稿启事，开辟抗击新冠肺炎疫情"四川文艺在行动"大型专题报道，同步推出了"家庭战'疫'Vlog大赛""云上博物馆"等系列网络报道和活动。

第三节　封面传媒抗疫报道工作的创新亮点

一、智媒云 3.0 支撑，自主开发一系列云服务产品

在突发重大公共卫生事件中，媒体要充分重视人工智能技术在新闻传播和舆论引中中的重大作用。作为"智能＋智慧＋智库"的智媒体，封面新闻上线由智媒云 3.0 提供计算支持的多个云服务产品："实时疫情地图""紧急寻人"——疫情患者同程查询、小区疫情查询系统、"斩谣台"——智能辟谣平台，以及"云义诊""云求助"等，从不同方面提供云端信息和服务。

（一）"战'疫'秒报"

疫情发生后，封面新闻推出了"战'疫'秒报"产品，通过客户端发布、朋友圈海报分发的形式，以秒级传播，向公众及时准确解读有关政策，把党中央、省委省政府各项决策部署和各地各部门有力措施传播到千家万户。

（二）"实时疫情地图"

依托封面智媒云信息采集系统，划分全国、四川、成都、海外等四级传播形式，实时更新疫情防治大数据，让广大网络用户更及时了解疫情防治动态。地图还在同一个页面内，集纳了最新实时防控动态报道、评论以及辟谣信息，直观简洁的界面方便用户快速查找关键信息。

（三）"紧急寻人"——疫情患者同程查询工具

帮助网友一键查询有无确诊患者同行。通过该页面，用户可以看到新冠肺炎确诊病例同程列车、航班等汇总信息，同时，用户也可以一键查询：输入自己曾乘坐过的飞机、火车、大巴、公交、出租车、地铁等交通工具的相关信息（日期、地区、乘次），就可一键查询同程的旅客中有无确诊病例。

（四）小区疫情查询系统

随着成都市卫健委信息发布的透明度提升，2 月 6 日，成都市发布发布信息的颗粒度由区县细化到小区，明确了截至 2 月 5 日，有确诊病例在出现病征期间曾经停留的成都市 68 个小区（场所）。为做好信息服务，封面新闻技术团队，紧急开发了"小区疫情查询"系统，点击进系统页面，选择自己所在区县，就能看到自己所在小区是否有确诊案例，以及自己周边有哪些小区有确诊案例。系统上线以后，引起成都市民

广泛关注，50余万市民通过封面新闻，纷纷转发并查询自己小区及周边的确诊情况，宣传效果明显。之后，封面新闻还针对该项系统不断地优化升级，开发搜索查询、定位距离等功能，开发推出了全国版本。

（五）"斩谣台"——智能辟谣平台

1月25日，封面新闻推出"斩谣台"大型辟谣专题专栏，针对抗击疫情中出现的各类谣言反应迅速，第一时间实时发布辟谣信息，各个击破谣言。先后发布辟谣信息上千条。同时，每日常设"封面斩谣台"辟谣海报，实时整理24小时谣言，在自媒体平台广泛传播。在战"疫"关键时期，起到了去伪存真、稳定人心的作用，受到各方一致好评。

（六）云义诊

2月5日，封面新闻联合春雨医生推出免费在线义诊。封面新闻作为综合类新闻客户端独家合作伙伴，在新冠肺炎疫情期间竭力为用户提供服务。用户只需在家动动手指，就能通过封面新闻App轻松享受到在线咨询问诊服务。义诊活动为处于居家隔离状态的居民提供7×24小时、3分钟极速响应在线义诊咨询和在线心理咨询等服务。实现三分钟以内的科室分诊和极速响应，对非呼吸内科和感染科问题进行有效屏蔽，保障义诊活动提供给最需要的人群。

（七）云求助

2月8日，封面新闻开辟"云求助"——疫情防控求助通道，收集求助信息，提供协助。网友有任何困难需要求助，都可以在"云求助"平台留下相关信息。封面新闻24小时实时解答、跟进，并提供相关协助。"云求助"平台上线后，立即获得网友的积极响应，纷纷留言，需求相关帮助。通过封面新闻牵线搭桥，数以千计的求助信息得到及时反馈，许多迫切的需求得到了及时的解决。

（八）疫情咨询机器人

2月11日，封面新闻自主研发的疫情咨询机器人正式上线，疫情咨询机器人将信息分为疫情数据、疫情新闻、同程患者查询、疫情防护问答、防护用品真伪鉴别、临近风险小区查询、为战'役'加油助威、线上义诊等模块，用户只需要跟小封机器人聊天，就能全面、准确了解疫情，查找附近确诊病例、口罩佩戴方法、感染症状、同程患者等实用信息，在了解疫情动态的同时，也能帮助其更好地进行自我防护，进而推动全社会的疫情防控。封面新闻疫情咨询机器人是借助大数据与人工智能衍生出来的智能应用,基于语义搜索、意图识别、对话系统、多模态交互、深度学习、机器人等技术,在本次疫情中有针对性推出来的产品。未来,疫情咨询机器人还将推广到更多应用场景中。

二、42期5大板块,10余万字"战'役'史志"宏阔呈现

封面新闻在2月19日推出专题"战'疫'史志",回顾研读人类与瘟疫之间的千年纠葛。专题在二十来天的时间里以42期共十多万字的篇幅,紧密围绕"人类对抗瘟疫"这一核心主题,多角度全方位考察瘟疫对人类的影响和人类应对挑战所留下的经验教训,为现实和未来人类对瘟疫没有尽头的抗争留下思考和启示,成为抗击新冠肺炎疫情斗争中新媒体报道的一大亮点。

(一)立意清晰,主旨明确

"战'疫'史志"通过42篇文本的梳理和找寻——呈现"千年抗疫中,那些对地理、医学、文化和技术等不同领域的深远影响",铺陈"那些浸透生命的抗争后,留下的反思、启示,以及对未来的映照"。42篇文本由"人类发展启示录""医学进步启示录""文艺繁兴启示录""全球战'疫'史"和"抗击非典启示录"五大板块组成,分别从社

会历史、医学科学、文化艺术、全球案例和非典疫情案例的角度，回寰往复多方研读，以真实深切的现实关怀，细梳历史脉络，检读岁月细节，关注个人遭遇，解析命运故事。

（二）纵横捭阖，视野宏阔

"战'疫'史志"信息量大、内容丰富，它以战"疫"为核心和凝聚点，整合梳理了古今中外医学、社会、科学、艺术、影视等方方面面的内容，并涉及天花、流感、鼠疫、疟疾、霍乱、肺结核、艾滋病、非典、埃博拉这些曾经或仍旧在世间肆虐的瘟疫，与战争、科学、文化和文明的关系，还原这些瘟疫对人类历史的影响和医学科技等发展的促进作用。笔触所及从几千年前的非洲洞穴，到工业革命时期的伦敦；从古代埃及墓葬中的木乃伊，到中国长沙马王堆一号汉墓出土的2100年前的女尸；从宋代王素种人痘敲开人类免疫学的大门，到英国琴纳发明种牛痘技术成为"免疫学之父"；从康熙和天花、疟疾的故事，到伤寒玛丽一生感染了51人的故事；从"口罩和伍连德"的故事，到"隔离和牛顿"的故事；从名画上的瘟疫，到影视中的疾病。

（三）理性思考，智性审视

"战'疫'史志"立场严肃，不用噱头去取悦用户，而是以智性取胜。专题在封面新闻客户端阅读量达2200万+，全网传播超1.5亿。其中《战"疫"史志·医学进步启示录丨被医学隔离改变的世界》全网阅读量达600万+。《战"疫"史志④人类发展启示录丨110年前东北鼠疫：伍连德首次使用现代医学方法四个月扑灭》《战"疫"史志·文艺繁兴启示录丨黑死病肆虐下的"生之向往"〈十日谈〉吹响文艺复兴号》等内容也收获全网500万+的关注度。"战'疫'史志"其智性主要体现在通过对历史和现实的审视，获得有价值有深度的判断，如"公开透明，才有助于遏制疫情与恐慌"；"每一次'国际关注的突发公共卫生事件'的宣布，都是人类不断积累全球性流行疾病防治经验的过程，也是一个不断面对病毒演变挑战的过程"；"病毒带给我们死亡与伤痛，也带给我们生命与未来"；"医学是有关诊断和治疗的技术，是人类脱离危险的重要工具。而人类还必须具备，防止历史重演的艺术"。

（四）以古鉴今，大家点赞

"战'疫'史志"引起了众多专家学者的关注，作家阿来认为"战'疫'史志"是很有必要的国民素养教育课。在文艺评论家、辞赋家及茅奖、鲁奖评委何开四看来，"战'疫'史志"最大的价值是促使人类记住教训、反思自我，同时传递对光明的信心。中山大学传播与设计学院院长张志安教授则指出,这个系列报道的价值不仅在于"以古鉴今",更在于从人类文明的高度,重新审视人类和疫情的关系。中共中央党校文史教研部高级经济师郭全中也在阅读"战'疫'史志"后评说"能够帮助我们,也就是广大社会民众,更好地与新型冠状病毒战斗"。此外,四川省作协党组书记、作家侯志明,朱自清散文奖获得者、作家蒋蓝,作家、诗人李瑾等都对"战'疫'史志"表达了肯定和赞许,他们认为这是基于历史、现实和未来三重视角的反思记录,"不仅意义重大,同样非常优秀"。

第四节 封面新闻抗疫报道工作的经验

一、充分发挥党支部战斗堡垒作用

14名奔赴湖北武汉一线的记者中共有5名党员,经集团机关党委批准,成立了封面传媒武汉报道组临时党支部。在封面传媒党总支的直接指挥下,武汉报道组临时党支部及时认真学习贯彻习近平总书记系列重要指示精神,按照集团和公司的工作要求,把打赢疫情防控阻击战作为重大政治任务抓紧抓实,发挥好党组织的战斗堡垒作用和党员的先锋模范作用,带领战斗在防控疫情一线的党员和员工践行初心使命、体现责任担当,在风险和困难中冲锋在前,带头做好并积极帮助大家做好防护安全工作,以优秀的作品、优良的作风塑造"封面铁军"。在武汉采访期间,武汉报道组的1名同志递交了入党申请书,3名同志发展为预备党员,2名同志发展成为入党积极分子,进一步壮大了临时党支部的战斗堡垒。

二、一线实战历练年轻队伍战斗力

武汉报道组是一支以"90后"为主力的记者队伍,平均年龄29岁。14人中,有9人是"90后",3人1995年出生。他们中有的是研究生毕业后入职刚一年,有的是来自汶川大地震重灾区,有的是父母在武汉自己在四川工作,有的是父亲是四川援助湖北医疗队成员……在征得家人的同意后,这批"90后"奔赴一线,带着新闻工作者强烈的使命感、责任心以及战斗力,在武汉及湖北的医院、火车站、小区、乡村、工厂留下他们的足迹,发回了大量优秀的作品,不仅完成了自身职业生涯的一次洗礼,也展现了年轻一代新闻人的业务素养、扎实作风和品德修为。从雪花飘飘到樱花绽放，封面新闻通过此次报道，培养和历练出了一支经过一线艰苦锻炼、能打硬仗的年轻队伍。

三、创新报道形式提高传播有效性

除了文图报道，武汉报道组重点运用 Vlog、直播、微记录、深度视频等方式推出报道，大大提升了全网的传播效果。从除夕夜开始，以 Vlog 日记体记录了真实奋战的武汉，成为除本地媒体外全国最先发出的系列现场视频报道，全网点击量共计超 5 亿，条均播放量 1000 万+；"直击武汉封城首日"直播从 1 月 23 日晚上 8 点播到 10 点半，引发全网关注，微博 375 万人次观看，快手全站 push 触达 2 亿用户；"直击武汉防控第一线"合集在抖音上共发布了三百多条视频，超过 10 亿次播放；《四川独行医侠》《武汉 120 急救站唯一出诊女医生》《武汉封城后的 20 万外卖订单》等微记录在网上形成有影响力的广泛传播；深度调查视频《探访湖北仙桃口罩生产基地》全网传播量达 5 亿。

第十五章 丁香医生抗疫报道研究报告

王岷山[①]

在移动互联网时代,平台即媒体。大者如腾讯、百度,小者则散布在各个细分领域,如专注于互联网医疗的丁香医生。在2020年这场前所未有的新冠肺炎疫情全球防控中,丁香医生脱颖而出,以参与健康传播的矫健身姿,赢得用户青睐和社会的广泛关注。丁香医生作为一家专业垂直类网络平台,在疫情防控的健康传播中取得了良好的社会效益。疫情地图、实时播报、辟谣、在线诊疗等构成"丁香医生"健康传播的多元维度,呈现出全球性、权威性等特点。建议其将健康传播纳入企业社会责任管理框架。

第一节 丁香医生基本情况

"有温度、有知识、有态度"的丁香医生是丁香园旗下的一个事业板块。丁香园诞生于2000年7月,最初是一个医学知识分享网站。经过多年发展,丁香园现已成为中国领先的医疗领域连接者以及数字化领域专业服务提供商。丁香园打造了国内领先的医疗学术论坛及一系列移动产品,并全资筹建了线下诊所。通过专业权威的内容分享平台、丰富全面的数据积累、标准化高质量的医疗服务,丁香园连接了医院、医生、科研人士、患者、生物医药企业,截至2018年4月,已拥有550万专业用户,其中包含200万医生用户。目前丁香诊所已在杭州和福州落地,并计划延伸至更多城市。2014年7月,丁香医生微信公众号矩阵开始运营,在新冠肺炎疫情前已拥有2000万

[①] 王岷山,国家互联网应急中心,助理研究员。

粉丝，年生产科普内容 2600 余万字，年阅读量达 5.6 亿次。

第二节　健康传播"七巧板"

关注大众健康的丁香医生不是新闻媒体，不具新闻采访报道权，但却可以从健康传播的视角，为用户提供多方面的服务。丁香医生团队开发的"全球新冠病毒最新实时疫情地图"包括疫情地图、实时播报、辟谣、防护与疾病知识等多个板块。

一、疫情地图

疫情地图是丁香医生最可称道、最成功的地方，正是以疫情地图这种直观的图示为媒介，丁香医生填补了疫情初期的信息洼地，在很短的时间内吸引了大量的用户。从疫情地图的策划与上线过程，也可以管窥丁香医生在健康传播中的快速反应与落地能力。1 月 21 日，基于微信公众号的移动端 H5 页面丁香医生疫情地图上线，通过深浅不同的色块和不断变化的数字，实时呈现中国大陆各地确诊病例、疑似病例、治愈病例的汇总情况与地域分布。难能可贵的是，疫情地图从策划到正式上线，短短不过 24 小时。

疫情地图上线后，引发多方关注。国家卫健委、世界卫生组织等机构与丁香园的团队保持密切沟通，一些官方平台通过接口形式接入疫情地图。在此后的 100 天内，疫情地图的总浏览量达到了 38 亿。

随着疫情在多个国家蔓延，丁香医生将目光投向全球。3 月 16 日，疫情地图英文版上线，"全球疫情地图"英文版包括"全球地图""最新资讯""新冠病毒知识"3 个板块，所有疫情波及国家的最新疫情数据、新闻资讯、防护知识都会实时更新，同时借助地图、趋势图等形式，实时直观展示疫情进展。全球疫情地图借助微信、Twitter 等多个平台，为全球用户提供及时、准确的疫情相关数据。

二、实时播报

实时播报是丁香医生的另一个重要板块。疫情形势变动不居，防控更是争分夺秒，实时播报通过网络技术第一时间采集更新各地最新通报进展，以及各地应对肺炎采取的重要措施、手段，为用户提供了一个全面了解当地及全国、全球范围内疫情防控的重要渠道。这些信息来自新闻机构、卫生健康管理部门的网站、客户端、微博等载体，在满足及时性的同时确保了真实性。

三、识谣辟谣

从国内外的诸多案例来看，在重大突发公共卫生事件发生时，谣言传播也往往相伴相生，成为社会学意义上的另一"传染病症"。这是因为面对疾病的快速蔓延，人们对自身所处环境的不确定性难以准确感知和把握而导致集体心理恐慌。与历史上的全球传染性疾病不同，本次新冠肺炎疫情处于一个人人有终端、人人可发声的资讯高度发达的网络媒体环境中，谣言产生与传播的速度、复杂性和影响力远远超过以往。在公共卫生危机时刻，谣言不但给疫情防控大局带来干扰，也影响到社会秩序的稳定，乃至伤害到整个社会机体和公共精神。如何与谣言赛跑、及时辟谣、澄清事实真相，成为疫情防控工作中至关重要的一环。在这个方面，丁香医生进行了很好的实践。

诸如"居民可以在家使用试剂盒自测""吃降压药会增加感染病毒风险""喝酒可以抗病毒""用微波炉加热口罩可以消毒""56℃的热水洗澡能对抗病毒""喝茶可以预防肺炎""蜂疗能治愈新冠肺炎""在武汉上空播撒消毒粉液""病毒感染的都是老年人""晒太阳可以杀灭病毒""援鄂医疗队只能吃方便面"等一类的谣言，丁香医生都能够在第一时间在辟谣板块中予以呈现，并通过有关专家、权威机构和丁香医生团队对其进行辟谣，起到了以正视听、稳定社会情绪的良好效果。

四、普及疾病和防护知识

在公众号上，丁香医生开设专门板块，利用专业内容生产优势，向公众普及疾病和防护知识，刊发《什么是新型冠状病毒》《冠状病毒怕什么》《日常防护要到位》《治理方法早知道》等文章。此外，丁香医生还与世界卫生组织驻华代表处联合发布答疑合集，就"新型冠状病毒已经变异了吗""收现金会感染新冠病毒吗""目前有能够预防新冠病毒的疫苗吗"等问题进行集中答疑。

五、在线诊疗

2017年4月,丁香医生App上线了在线问诊业务,开始推进患者服务,到当年12月,丁香医生问诊平台已覆盖国内82%的三甲医院,执业医师近2万名,平台上的医生总计服务时长近50万个小时,累计服务超过2000万用户,解答的健康问题超过120万个。疫情发生后,丁香医生App第一时间为湖北地区居民启动专家义诊服务,帮助用户在线上完成自查,缓解疫情焦虑,减少外出就医交叉感染的风险。在线诊疗是医患双方通过网络进行的信息互动过程,也是传播疾病防治知识的重要环节。

六、发布研究报告

2020年5月,丁香医生数据研究院联合京东大数据研究院、新榜、壹心理等机构发布《后疫情时代国民健康趋势洞察》,从大众在疫情期间的健康关注度、媒体选择倾向、心理健康状况、消费行为等维度进行调查,首次发布疫情期间国民健康观念和消费行为的变迁轨迹,并邀请行业专家对健康趋势进行预测点评。研究报告作为一种特殊的信息载体,具有较强的行业权威性和分析研究的科学性,体现出一定的行为导向作用,是健康传播的重要媒介。

七、开展公益活动

2020年4月,丁香医生与新浪微公益、瑞丽、健康时报、医生群体及多家知名企业共同发起"手护健康公益行动",向公众呼吁注重科学洗手,同时注意手部健康护理,呵护女性和儿童群体健康,全面做好抗疫防护。

第三节 丁香医生健康传播的特点

一、全球性

全球化是近两个世纪以来人类社会发展的主旋律,极大促进了技术、资本、商品和人力资源的流动,促进了经济发展和文化的交融,但全球化也有负面效应,传染性疾病的全球流行就是一例。2020年新冠肺炎疫情蔓延趋势也呈现出全球性的特点,与此相适应，疫情防治也需要全球联防联控，需要全球范围内的健康传播。上线疫情地图英文版，说明了丁香医生的全球性视野，体现出其所具有的人类健康卫生共同体意识。

二、权威性

权威性与传播效果密切相关，对于权威性信息，公众有天然的信任感。在疫情防控阶段，信息的权威性更是重要。丁香医生疫情地图及实时播报的信息来源包括国家卫健委、中国疾控中心以及地方省份医疗卫生机构、新闻媒体的权威发布渠道，确保了信息的可信度。

三、专业性

丁香医生问诊平台覆盖了全国超过八成的三甲医院，医生通过上传身份证和执业医生执照进行实名注册，在线诊疗的专业性得到充分保障。同时，医生也参与到丁香医生的内容建设过程中，包括专业和大众科普文章的撰写、审核，甚至是传播。

四、及时性

丁香医生疫情地图从动议到落地不到一天时间，充分说明了丁香医生团队和决策层的敏锐性和执行能力。运用网络抓取技术，疫情地图和实时播报能够在第一时间集纳全球疫情和防治最新动态，及时满足用户的信息需求。

五、参与性

健康传播不是单向灌输，它强调传者与受众互为他者的身份转换。公众亲身参与、主动作为、与传者互动，是健康传播的理性境界，而网络提供了健康传播的这种可能性。丁香医生在辟谣板块设有两个按钮，一是"我要曝谣言"，用户可以提供关于疫情防治的流言向丁香医生求证，采纳后会在"谣言排行榜"中展示；二是"分享一下，终结谣言"，用户点击按钮，就可以将一则谣言转化成图片并发送给微信好友，提升了健康传播的社交属性。

六、人文性

医者仁心，但健康传播的价值内核不单是仁心，更是一种以天下苍生健康为己任的责任感和使命感，它彰显着温度，以人为本，关注芸芸个体的疾苦和精神世界，始终把人放在第一位。1月24日，丁香医生发布征集公告：关于这次疫情，你有哪些故事或线索？公告称，"除了和疫情有关的数字与科普，我们也关心着每一个正在发生的细节，每一个鲜活的生命，每一个关乎'人'的故事。如果你是参与疫情救治的一线医护人员，如果你或你的亲人正亲历着这次疫情，如果你身处武汉且对此次疫情有自己的观察，欢迎和我们聊聊"。这是丁香医生多个征集公告中的一个，体现了丁香医生健康传播的人文情怀。

第四节 对丁香医生改进健康传播的建议

一、利用问诊大数据，做好流行性疾病的预警工作

大数据不仅是一种新型的生产要素，也是国家治理的重要战略资源。丁香医生可以深度挖掘问诊平台上的大数据，分析各类疾病空间时间分布、患者病理特征等，提升数据价值。特别是对于流行性疾病，丁香医生大数据可以发挥"先知先觉"的作用，利用人工智能技术进行全天候检测，在重大卫生安全事件发生前及时作出预警，为疾病溯源、防控等提供有效支撑，为国家治理能力现代化建设作出自己的贡献。此外，丁香医生也可以与其他数据主体开展合作，实现数据的开放共享，最大程度地实现数据效能。

二、改进传播文本形式，提升短视频的呈现比重

丁香医生在疫情地图中采用了大量的图表，增进了信息的直观性，受到用户欢迎。除此之外，短视频的应用也值得充分重视。当前，短视频已成为一种主流传播形态。根据中国互联网络信息中心发布的《第43次中国互联网络发展状况统计报告》，截至2018年12月，我国短视频用户规模达6.48亿。建议丁香医生结合网络传播趋势，在网络媒体矩阵中增加短视频的比重，提升可视性。在视频内容方面，可组织用户参

与短视频的制作，动员用户"绘声绘色"讲好疫情防控故事。

三、因人而异，注重健康信息的个性化传播

在移动互联时代，信息推送可以做好千人千面，在法律的框架内，在保障用户合法权益的前提下，精准推送个性化信息是提升传播效果的有效途径。丁香医生可以针对不同用户的信息接收习惯，推送符合其需求的信息，特别是关注农村地区的用户，尽可能缩小健康传播中的"数字鸿沟"。

四、将健康传播纳入企业社会责任管理框架

履行社会责任是社会对企业提出的要求，也是企业核心竞争力的重要内容，对企业可持续发展具有重要意义。在本文的写作过程中，笔者两次与丁香医生联系，想与对方社会责任部门沟通，但被告知并无此部门设置。在公开可见的材料中，丁香医生也没有展现出完整的企业社会责任理念。建议丁香医生及时引进社会责任管理框架，建立健全内部社会责任管理架构，将社会责任履行与业务开展有机融合，更好履行与政府、医院、患者、社区和股东等利益相关的社会责任。

新闻时政类期刊媒体篇

第十六章　中国新闻周刊抗疫报道研究报告

李晓玲　于重榕[①]

2020年是中国新闻周刊创刊20周年。在突如其来的新冠肺炎疫情中，中国新闻周刊全景式的抗疫报道以其专业、深度和成熟展现了老牌新闻类杂志的"意见领袖"地位。但是，中国新闻周刊在舆论引导力上依然存在着不足，面临着传统纸媒在新媒体环境下的共同挑战。针对这些问题，本文提出了可能的解决思路，探讨提升传统纸媒舆论引导力的方向和路径。

第一节　中国新闻周刊基本情况

2020年，中国新闻周刊迎来了创刊20周年。这份由国务院侨务办公室主管、中国新闻社主办的综合性时政新闻刊物，内容涵盖了政治、财经、文化、科技、体育、时尚等诸多领域，20年来一直塑造着自身国内第一流高端新闻类杂志的形象。

自办刊以来，中国新闻周刊就以市场化运作的体制走在中国期刊创新发展的前列。杂志长于特写式的客观报道，简洁利落、观点明晰的叙述手法造就杂志权威、干练、活泼的"意见领袖"风格。其读者对象主要为关心社会问题、有较高知识水平、具有中等以上收入的人群，读者结构主要为政府官员、企业管理人员、知识分子等。根据中国新闻周刊官方网站的"自我介绍"，目前该杂志在全国200余大中城市发行，发

[①] 李晓玲，昆明广播电视台记者，研究方向为新闻媒体业务；于重榕，云南美术出版社办公室主任、编审，研究方向为新闻出版。

行量为 85 万册 / 期，传阅率 1:5，每期读者人数达到了 425 万。在宣传推广中，该杂志也给自己贴上了诸如"确定到达中央高层""能进入两会代表驻地""驻外使馆订阅""多家外航机上阅读刊物"等标签，实践着杂志创刊以来的宣传口号——"影响有影响力的人"。

目前，中国新闻周刊已经从杂志发展为国内领先的社交媒体内容供应商，包括中央重点新闻网站中国新闻周刊网、拥有超过 5500 万粉丝的官方微博、覆盖 600 余万粉丝的微信矩阵（中国新闻周刊、中国慈善家、壹读、有意思报告、哎呀我兔、中新汽车），以及累计播放量过亿的有意思 TV 短视频工作室。2019 年，《中国新闻周刊》的新媒体收入占比过半，在利润上占比超过 70%，告别了原来单一依靠广告和发行的模式，成为一个由新媒体驱动的全媒体平台。

第二节　中国新闻周刊抗疫报道基本做法

截至 6 月 1 日，中国新闻周刊 2020 年共出刊 19 期，自第 4 期（2 月 10 日出刊）起，通过主题策划、社论、通讯、特写、记者手记、随笔、专栏、漫画等以多形式、多体裁、多角度刊载关于"新型冠状病毒感染的肺炎"疫情报道。经笔者统计，19 期刊物中关于疫情的各类报道共计 183 篇，其中第 4 期至第 15 期共计 12 期的主题策划"封面故事"都与疫情相关，反映出中国新闻周刊对抗疫报道的高度重视。

一、准确真实报道疫情

中国新闻周刊记者在其《记者手记》中写道："我们忠实地记录下这场疫情，因为我们知道，信息公开透明是我们战胜疫情的必要条件。"[1] 中国新闻周刊在抗疫报道中坚持客观原则，文本叙述简洁、明晰，在灾难报道习惯性偏向煽情的氛围中，保持了一贯理性、冷静、专业的"意见领袖"风格。准确真实的抗疫报道尊重了大众的知情权，有助于缓解社会恐慌。与此同时，中国新闻周刊推出系列主题策划，以疫情为中心向深度和广度扩展，通过反思式报道、对比式报道等，在更高层面思考，提供

---

[1] 陈晓萍. 信息公开透明是战胜疫情的必要条件. 中国新闻周刊, 2020（4）: 3.

了大量可供决策者、管理者参考的建设性意见。

（一）深入疫情事件现场

"就在武汉出现'不明原因肺炎'消息第一次传出的2019年12月31日，中国新闻周刊记者来到华南海鲜市场，发现这里仍正常营业，很少有人戴口罩……"① 这是中国新闻周刊在其《武汉之憾，黄金防控期是如何错过的？》中的报道。在第4期（2月10日）的《记者手记》中："这一次是否派记者前往武汉，对我们而言是一个艰难的决策过程。经过反复讨论，最终派出了三名记者……"② 从社长夏春平刊载在第9期的专栏文章中我们知道，正是他在武汉带领前方战"疫"新闻报道组工作。社长带队无限接近新闻现场，保证了新闻素材的真实、客观，这正是《武汉之憾，黄金防控期是如何错过的？》等深度报道得以成形的基础。

（二）聚焦武汉风暴眼

中国新闻周刊一直把报道的焦点聚焦于武汉。在其国内疫情报道中，仅有一篇关于湖北其他地区，一篇关于北上广地区、其余全部关于武汉。第6期（2月24日）封面《武汉攻坚，我们如何与疫情赛跑》、第12期（4月6日）封面《武汉重启》、第14期（4月20日）封面《复工时刻武汉如何保住中部C位》，用了3期封面关注了武汉抗"疫"的全过程，并为武汉后抗"疫"时期的走向进行了思考。这种"深耕一地""集中子弹打关键点"的做法使得中国新闻周刊在媒体抗"疫"报道中独树一帜，形成了独有的新闻报道深度。

（三）关注公共卫生系统

中国新闻周刊在其第3期（1月20日）创刊20周年纪念《致二十年》中，回顾了过去20年来的重大新闻事件，2003年的SARS被列入其中。这篇题为《SARS：改变的不仅是公卫系统》的报道，回顾了SARS发生以后中国在传染病监测与报告、《传染病防治法》修订、疾控系统建设、突发事件问责制建立，乃至社会事业发展等方面的改变，并提出了尚未完全解决或仍存在差距的问题。或出于偶然或出于有意，这篇对SARS的回顾式报道为接下来的新冠肺炎疫情报道埋下了"暗线"。中国新闻周刊

---

① 李想俣，李明子，彭丹妮，杜玮.武汉之憾：黄金防控期是如何错过的？.中国新闻周刊，2020（4）：12-13.
② 陈晓萍.信息公开透明是战胜疫情的必要条件.中国新闻周刊，2020（4）：3.

的抗疫报道对公卫系统给予了极大关注，用了相当多的篇幅对新冠肺炎疫情下的传染病监测与报告、疫情防控的决策、疾控系统建设、感染病学、重症医学等发出拷问，如《武汉之憾，黄金防控期是如何错过的？》《疫情防控的决策路径》《疫情之后，疾控改革往何处去》《重症医学的新冠之问》等。第10期以《重新认识感染病学白色防线》为题推出封面策划，针对我国感染病学的历史与现状进行了专题报道；第12期《修复白色防线》再次分析了我国感染病学存在的问题和短板。咬住主要问题深挖细究的做法让中国新闻周刊的抗疫报道独到、深刻，让其"关心社会问题、有较高知识水平"的读者群能够获取更专业的知识信息，也体现了其推进社会发展进程的责任追求。

（四）盯准舆论争议点

和其他突发性公共卫生事件一样，新冠肺炎疫情发生后，社会普遍存在恐慌情绪，随之而来的是猜忌、偏见乃至歧视和攻击。媒体有责任做出正面引导，消除民众的恐慌和疑虑。在这一点上，中国新闻周刊秉承其一贯的敏锐、专业，抓住当前舆论争议的焦点，通过权威的声音、不偏不倚的报道，实现舆论引导的作用。中国新闻周刊第7期（3月2日）推出封面报道《防控之辨：我们怎样科学应对？》，此时，国内疫情防控已取得了一定成效，但医护人员因感染离世等消息仍然刺痛人们的神经，舆论对疫情前期的"防控不力"存在很大质疑。这一期封面报道对疫情发生、发展过程中的经验教训进行深刻总结，没有用一边倒的正面报道来回避问题，而是通过梳理回顾"疫情防控的决策路径"来发现问题，引导舆论向前看，将危机转化为契机，推进未来传染病应急防控体系的完善。在《疫情防控的决策路径》报道中，通过对国内公卫专家、世卫组织专家、美国卫生专家的采访进一步肯定了中国的防控举措，并对下一步复工、复学提出了建议，很好地将舆论从对过去的质疑和控诉引向了对未来的期许和规划。

在新冠肺炎疫情全球大爆发，一些国家将传染源头指向中国的时候，中国新闻周刊在第8期（3月9日）专访张文宏并刊载报道《专访张文宏："关于零号病人，我只认证据"》；当一些欧洲国家抛出"群体免疫"理论，国内对这一陌生的理论充满迷惑其至抱有鄙夷态度的时候，中国新闻周刊第13期（4月13日）推出封面报道《群体免疫之路》，以德国为例呈现了"疫情防控的群体免疫之道"，阐述了"群体免疫"

的科学与政治。这些报道同样用客观的态度为公众科学、理性地认识复杂事物提供了判断依据。这组报道最后还指出"中国刚刚经历过的可能只是这场疫情的序幕",以一记警钟提醒社会有必要考虑如何与病毒长期共存。从以上类似报道中我们可以看出,中国新闻周刊的抗疫报道能够敏锐地抓住舆论焦点,通过客观报道,巧妙而有效地化解舆论危机,正面引导舆论。

(五)客观报道国外疫情

当新冠肺炎疫情逐步在全球蔓延时,作为中新社主办刊物的中国新闻周刊迅速反应,及时报道了意大利、美国等主要国家的疫情和防控情况。第9期(3月16日)和第11期(3月20日)分别推出封面报道《真实的威胁:大流行》《停摆的世界》。这些报道真实地记录了当地社会对疫情爆发的恐慌、应对的慌乱等情况,同时搭配了"记者手记""专栏"等不同形式的报道,用作者的亲身经历更接地气地讲述了世界人民、华人华侨的抗疫故事。针对国内部分读者因不够了解别国国情而产生的偏见或嘲讽,《在纽约我为什么戴口罩?》《大邱告急:"防疫模范城市"的难题》《日本"慢半拍"的疫情防控》等在报道海外疫情的基础上还介绍了当地的公共卫生政策、决策程序等,让读者在增进了解中消除偏见、接纳不同。《新冠时期的全球"数字游戏"》这一报道指出:"比较疫情中各国的数字有误导性,甚至是危险的",引导读者科学、理性地看待全球疫情。

二、贯彻中央抗疫精神

作为一份期刊,时效性并非所长,因此中国新闻周刊没有关于抗"疫"的重要会议、指示、考察、新闻发布会等的直接报道,而是将党中央的抗疫总思想融在了每一期策划、每一篇报道和评论当中。中国新闻周刊在第4期(2月10日)开始正式展开新冠肺炎疫情报道时,少有地直接引用了党中央的指示:"2020年2月3日,中共中央政治局常务委员会会议指出:这次疫情是对我国治理体系和能力的一次大考,我们一定要总结经验、吸取教训。要针对这次疫情应对中暴露出来的短板和不足,健全国家应急管理体系,提高处理急难险重任务能力"[1]。这不仅是向读者直接传达党中央精神,

---

[1] 李明子,杜玮,李想俣,徐天,周群峰.封城之后.中国新闻周刊,2020(4):31.

更是为刊物接下来的抗疫报道定下了方向。在之后的报道中，无论是《武汉攻坚，我们如何与疫情赛跑》《防控之辨：我们怎样科学应对》，还是《重新认识感染病学白色防线》《后新冠预言》，都是在贯彻这一精神，都是在总结经验、吸取教训，力求用媒体的力量推进健全国家应急管理体系、提高处理急难险重任务能力。

三、开展建设性舆论监督

截至 6 月 1 日，中国新闻周刊没有曝光式的负面新闻报道，而是通过社论、专栏、记者手记等形式来发表观点，提供建设性意见。

（一）新刊论

位于杂志扉页的"新论"是编辑部对重大问题的权威性评论，具有社论的地位。从疫情报道开篇的《疫情是国家治理体系和能力的试金石》，到之后的《如何决策下一步疫情防控的部署》《让专业人士成为现代社会合格的"守门人"》，再到复工复产阶段的《疫情后中国经济如何发力》《应当采取更具扩张性的经济政策》《千方百计稳住百姓粮袋子、菜篮子》，全球疫情发生后的《国际疫情对中国防控构成新挑战》《合作是这个星球的主题》……这些评论都具有鲜明的指向性，随着疫情的发展直击关键问题，观点明确、论述简洁有力，发挥了较强的舆论引导作用。

（二）一周观察

"一周观察"栏目刊载的评论表达了对具体新闻事件的观点，如《唐志红被撤，那些外行的卫健委主任》《李文亮之死，给非恶意发布更大的宽容》等。对引发巨大社会影响而且新闻事实已经很清晰、其他媒体已做过充分报道的事件，中国新闻周刊用评论的形式旗帜鲜明地发表观点，透露出强烈的社会责任感。虽然没有做直接的负面报道，但其在舆论监督上并没有缺位。

（三）记者手记、专栏

"记者手记"通过记者的所见所感，用更感性的语言表达观点，易于读者理解和接受，如《信息公开透明是战胜疫情的必要条件》《戒不断的野味》《别伤心，会好起来的》《信息透明永远是最好的疫苗》《"速生"又迟到的健康码》等。"专栏"中专栏作者的文章则为读者提供了更为多元的观点，如《对病毒少用"消灭"之类的词汇》等。

四、多形式报道抗疫医护人员

关注一线抗疫的医护人员是抗疫报道中的一个重点,也往往成为引流点、催泪点、振奋点……《中国新闻周刊》在这一领域的报道体现了其鲜明的特色。

(一)以图片报道展现抗疫

深入的调查、富有逻辑的剖析,深度报道的大量文字表述在阅读上难免给读者以枯燥之感,图片报道很好地发挥了调剂的作用,丰富了报道的形式,如《一位急救医生的24小时》《战"疫"生死线》等。相较于其他领域,医疗救治现场适合用图片的形式向读者直观地呈现医护人员抗疫的现场,无需太多语言,紧张的氛围、巨大的压力和医护人员的精神状态跃然而出。

(二)以深度报道关注"人"

医护人员作为疫情的见证者和抗疫的先锋,他们的经历和感受最能直接而真实地反映这一突发公共卫生事件。中国新闻周刊关于抗疫的深度报道中大多有医护人员的身影,虽然报道中对医护人员的采访大都指向一个共同的目的——挖掘短板和不足,推进公卫系统建设,但仍然对作为"人"的医护人员给予了足够的关注。在第6期(2月24日)的报道《武汉战"疫"的攻坚时刻》中,中国新闻周刊集中采访了包括武汉本地、援助医疗队、方舱医院的多位医护人员,通过他们的讲述反映重症医疗、急救抢救、基层管理等方面存在的不足。该报道从一位护士长眼中的一场风雪开始,用讲故事的方式推进报道,给故事中的"人"以更多关注,使这一报道相对于其他深度报道更有可读性。

(三)不跟风、不煽情

抗疫过程中涌现出了不少抗疫英雄,尤以医护人员为多,但相较于其他媒体,中国新闻周刊仅在第16期(5月11日)中以《"网红"张文宏养成记》为题,报道了在这次疫情中"爆红"的医生张文宏。同对其他医护人员的描述一样,不拔高、不煽情,即便是对"网红"张文宏也是着力于将他还原成一个兢兢业业的普通医生。文章用张文宏的一句话结束"自己不是一个公众人物,疫情结束以后,在专业领域还可以继续发声"①,这既是张文宏的态度,也是中国新闻周刊对疫情中医护人员的态度。

五、用情讲述老百姓的抗疫故事

对人民群众居家抗疫的报道,中国新闻周刊多用图片、随笔、专栏的形式来呈现。图片展现了抗疫中的人生百态,看似平静的图片蕴含着坚韧的情感。随笔、专栏文章,作者富含感情地讲述自己真实的经历,将疫情中的普通人用更人性化的方式进行呈现,在杂志冷静、理性的深度报道间,犹如一股暖风,细腻无声地刮进读者心中,更具感染力,更容易得到读者的共鸣。如专栏中《爸爸在"封城"的子夜悄然离世》一文,作者是中国新闻周刊杂志社社长夏春平,讲述自己因为要报道疫情回到武汉,却遇到父亲离世的变故,真实、平静地叙述了在"封城"的武汉,一个寻常家庭里的一件不寻常的事。再大的灾难、再突然的变故,也阻挡不了一个家庭继续向前走,千万个疫情中的家庭何尝不是这样,这份力量足以让读者坚定战胜疫情的信心,保持拥抱生活的热情。

六、适时聚焦复工复产

作为一本政经类杂志,经济一直是中国新闻周刊报道的重点领域,关于复工复产的报道及舆论引导自然不会缺失。随着疫情防控形势的发展,从第 6 期(2 月 24 日)起,中国新闻周刊用一组复工返程的图片报道将抗疫报道的视线逐步转向复工复产。第 14 期(4 月 20 日)封面《复工时刻武汉如何保住中部 C 位》,用一组报道聚焦了武汉的复工复产工作以及疫情之后的经济发展。第 18 期(5 月 25 日)以《摆正政府位置,为企业复工复产护航》的评论,结合疫情影响,就如何贯彻落实党中央、国务院《关于新时代加快完善社会主义市场经济体制的意见》精神作出了论述,是复工复产阶段强有力的舆论引导。此外,《服务业的艰难复苏》《外贸的抗疫"持久战"》《疫情下的中小企业之困》等多篇报道都从不同领域对疫情之后的复工复产以及如何应对 2020 年下半年经济挑战进行了探讨。

---

① 鲍安琪."网红"张文宏养成记.中国新闻周刊,2020(16):69.

第三节　中国新闻周刊抗疫报道成功经验与不足

一、理性建设与务实行动

无论是 2003 年的 SARS 报道还是 2008 年的汶川地震报道，再到此次新冠病毒疫情报道，中国新闻周刊都将视角切入大灾难面前的一个国家应急体系的运作，更多地展示出"多难兴邦"的希望之光。"我们期待，危机可以提供一个契机——让政府、社会团体、公民实现对公共事务的协同治理。这不仅应在灾难面前得到落实，更应在日常社会生活中成为制度化模式。"[①]这一理念几乎在中国新闻周刊每一篇疫情报道中都有体现，如第 15 期（4 月 27 日）的封面《后新冠预言》通过一组报道表达"在共同度过一个不确定的时期之后，'后新冠时代'终将给我们带来更多新的进步"[②]这一理念。对社会发展的美好愿望和强烈责任感是中国新闻周刊 20 年来的"初心"，这一"初心"树立起杂志"意见领袖"的地位，也在这次疫情报道中辐射出更为深远的影响。

二、延伸报道选题的广度

新冠肺炎疫情带来的影响是广泛的，作为以深度报道见长的媒体，中国新闻周刊自然不会在新闻选题的选择上就疫情报道疫情。每次灾难对于媒体来说都是新闻的富矿，周刊也紧紧抓住了契机，将一些行业、社会问题放到疫情这个放大镜中审视，产生了大量有价值、有影响力的报道。例如，在疫情发生初期就刊载报道《致命的野味》，提出"推动《野生动物保护法》修订刻不容缓"。第 8 期（3 月 9 日）推出封面《疫情下的超级实验：远程办公与在线教育》，对疫情下的新趋势做了深入分析。同时，中国新闻周刊还对因疫情而引发的医患关系、社会关系、人性结构、社会治理等进行了思考，其经济板块关注了受疫情影响的汽车、旅游、养鸡、电影等行业。这些报道都延伸了抗疫报道的外延，使得报道更为多面，满足读者更高的阅读需求。

---

① 中国新闻周刊编辑部. 二十岁宣言. 中国新闻周刊，2020（3）：1.
② 中国新闻周刊编辑部. 后新冠预言. 中国新闻周刊，2020（15）：12.

三、有侧重有层次的报道策略

中国新闻周刊不求面面俱到，不跟风蹭热点，而是集中力量将报道的焦点放在武汉，将侧重点放到公共卫生系统上，保证了稿件的质量，形成了自己独树一帜的风格。对于人物、疫情百态等的报道，则采用图片、专栏等形式，特别是开辟了"哎呀我兔"漫画栏目，与深度的调查类报道形成了错层，不同的风格间相互调剂，在整体上丰富了报道的形式和层次。

四、发力新媒体引导舆论

在这次新冠肺炎疫情中，各大主流媒体纷纷利用新媒体平台发力疫情报道。中国新闻周刊检验了其转型发展的成果，单微信公众号就有200余篇10万多字报道，其官方微博发起话题《#周刊君与你共同战"疫"#》阅读量超过百亿。2月10日在杂志正式开始疫情报道之前，中国新闻周刊的报道《"超级传播者"：他转移4次病房，传染了14名医护人员》《确诊病例破千：为何SARS用了4个月，武汉肺炎只用了25天？》全网刷屏，成为现象级稿件[①]。

中国新闻周刊对疫情全景式的报道彰显了老牌新闻类纸媒面对突发重大卫生公共事件的专业特色，但引导舆论方面也存在着一些不足。

一是专注于杂志自身的定位和读者对象，中国新闻周刊在选题和报道形式上倾向于专业和深度，面对伴随疫情发展而不断快速变化的大众舆论热点，受出刊周期限制，其反应多为总结式、反思式的事后报道，影响了其舆论引导力。

二是尽管在2019年12月31日，中国新闻周刊记者就来到华南海鲜市场，但是杂志对疫情的报道是从2月10日出刊的第4期开始，在此之前杂志还在按计划推出新年策划《2020重建新秩序》和创刊20年策划《致二十年》，没有体现出对突发事件的快速反应。

三是在新闻报道的文本上，中国新闻周刊精英化的文本叙述方式显得过于"高大上"，在浅阅读的新媒体时代，这样的文本载体面向舆论的大众对象时影响了快速传

---

① 陈晓萍.信息公开透明是战胜疫情的必要条件.中国新闻周刊，2020（4）：3.

播的效果。

第四节 开展有效报道引导舆论的有效路径和方法

一、以专业的新闻采编主动引导舆论

自媒体时代，大众可以就自己的所见、所闻、所感披露信息、发表意见，还可以转发、点赞、评论，迅速形成舆论漩涡和意见风暴。当前，自媒体的影响力越来越大，重大突发事件的首发信息，往往是由自媒体发布的。在这种情势下，媒体掌握首发权的机会越来越少，抢占时效的可能性越来越低。

突发重大公共卫生事件的原因和走向往往需要专业知识的剖析和权威意见的解读。拥有专业的新闻采编队伍、操作经验的传统纸媒，能够更为全面地掌握消息来源，在准确报道、深度解读方面拥有自媒体们无法比拟的优势。成熟的新闻团队利用这一优势，能够以报道的专业性和准确性扭转在新闻时效性方面的劣势。

特别对于中国新闻周刊这样的期刊媒体来说，出版周期造成其在时效性方面的天然劣势，因此，突出强化其擅长深度跟进、内容供应的优势地位，在舆论场中利用后发优势逆转为"意见领袖"，使其实现引导舆论的不二选择。

二、通过收集研判舆情及时引导舆论

媒体在做好信息采集、整理、发布的同时，对舆情开展收集研判，是掌握发布时机、及时引导舆论的重要前提。闷头做新闻只会"自说自话"，关注舆情动态才能发挥传统强势纸媒的专业优势。

一方面，媒体要组织专业舆情监测队伍，强化业务能力建设，补充互联网人才，深入各类新媒体平台收集舆情走向的动态信息，关注谣言等负面信息的发生、发酵。另一方面，新闻采编人员要充分运用专业的新闻特长，对舆情走向作出准确判断，并从新闻选题、报道周期、发布时间等方面采取有效快速的应对措施。在这一过程中，改变传统的生产方式，特别是改变冗长的选题、稿件审核机制势在必行。只有加速审核流程，才能实现快速反应，进一步强化专业新闻采编在引导舆论方面的效果，有效防范负面舆论的扩大。

三、善于运用新兴媒体参与舆论话题

新媒体时代，微博、微信、App、短视频是大众参与突发性重大事件讨论的意见广场，也是信息发布的主要渠道。新闻媒体如果仍然固守于传统载体，媒介间的天然隔阂显然会使引导舆论的效果大打折扣。

像中国新闻周刊这样的传统纸媒拥有硬新闻的强大生产能力，针对受众对高质量内容的永恒需求，在内容融合上打通机制，将传统的新闻表达加以改造，使之适应新媒体的传播规律，通过这样的二次加工提升传统新闻表达在新媒体环境下的生命力，强化舆论引导效果。如将强调逻辑的文本进行碎片化、人格化表达；将面向成熟受众的表达方式改为面向年轻用户的网络表达。这其中即涉及传统媒体向社交媒体角色、身份的转换，充分运用微博、微信、短视频等新媒体平台，努力成为聚合类新闻客户端的内容供应商，以观点和话题搭配深度内容，以发表观点、点赞、投票等互动方式参与舆论话题，努力使大众在参与中意识到危害性和严重性，进而引导舆论。

第十七章　财新周刊抗疫报道研究报告

朱松林[1]

新冠肺炎疫情爆发后，财新周刊派出了37名记者奔赴武汉疫情一线，他们秉持新闻专业主义理念，聚焦疫区普通百姓，探访医疗领域专家，还原疫情关键节点。他们为公众提供了全方位、立体化的全纪录式报道，为疫情防控、制度建设积极建言献策。财新周刊刊发的多篇稿件被大量传播，引起大众广泛的赞扬、支持与共鸣。财新传媒取消"付费墙"，践行建设性报道，启动疫情报道专项基金等行动，都是承担社会责任的重要举措。财新周刊在疫情报道中的成功经验值得推广，存在的瑕疵也需要在今后的报道中反思。

第一节　财新周刊基本情况

财新周刊是财新传媒集团旗下专业"从事财经、时政及其他社会领域新闻资讯报道，并提供客观和有深度的新闻评论"的新闻周刊。财新周刊脱胎于1998年10月创办的新世纪周刊，该刊原由中国（海南）改革发展研究院主管主办。2009年12月，离开财经杂志社的胡舒立，在北京成立了财新传媒，致力于打造一家提供财经新闻和资讯服务的全媒体集团。2010年1月，财新传媒注资已陷入多年亏损的新世纪周刊，胡舒立团队接管杂志的采编和经营业务。在正式推出"改刊纪念号"的同时，刊载新世纪周刊全部内容以及每日更新其他原创财经新闻稿件的财新网Caing.com也正式上线。

---

[1] 朱松林，安徽财经大学文学院教授，传播学博士，研究从事传媒产业和媒体融合研究。

2015年3月，当年第10期新世纪周刊正式更名为财新周刊。此后的财新传媒虽然经历了多轮融资，但始终坚持了"编辑独立"，内容定位并未受到股东更替的影响。改名后的财新周刊拓展传播渠道，强化纸媒与网站、视频、图书、会议等多平台融合，成为财新传媒旗下的一支重要力量。①作为财经业内最有影响力的杂志之一，财新周刊周刊以"专业、专注，真相、真知为核心价值观，以经济、时政及其他社会领域的新闻资讯为核心，提供客观及时的报道和深度专业的评论，树立公信力和影响力，记录、推动、引领中国市场经济的宏伟进程"。②

财新周刊每期160页，虽然是一本严肃的综合性新闻杂志，但是版式轻松活泼，颇具时尚感。财新周刊的读者职业分布以企业管理人员、企业所有者（合伙人）、专业技术人员、公务员、学生为主，具体构成情况如下图所示。读者对象中80%年龄在26—45岁之间，他们是所在行业和领域的中坚力量，在政治、社会、经济乃至文化和生活中充满向上提升的意愿。财新周刊旨在通过内容报道帮助这些群体明晰上升的路径，为他们提供上升的动力。

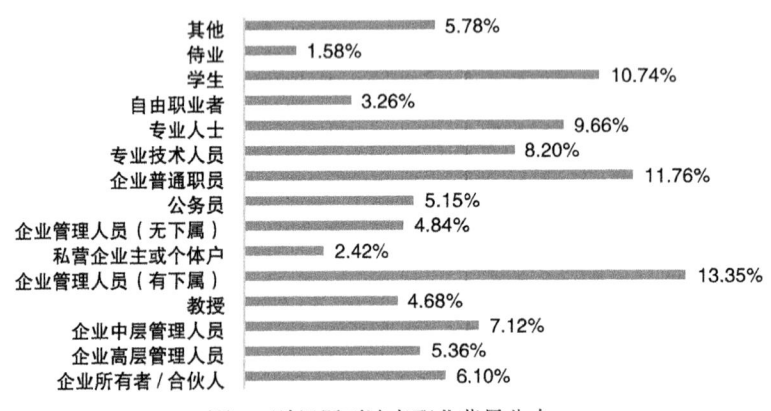

图1　财经周刊读者职业背景分布

财新团队以专业品质和社会责任为生命，不仅关注国际经济领域大事件，也关注国内民生重要事件。2016年以来，财新团队秉持专业主义的理念，采写制作了一系列广受好评的原创获奖作品（见表1）。

---

① 冯竞谊. 浅析改革开放以来传媒组织结构变革：以财新周刊为例. 新闻知识，2017(10).
② 财新网. 财新周刊介绍. http://corp.caixin.com/aboutus/，2020-4-25.

表1 财新传媒近5年来部分获奖作品列表

年度	作品名称	发布渠道	奖项名称
2016	《救市的问题与迷失的监管》	财新网	首届"普惠新闻奖"
2016	《5·12地震回望系列VR纪录片》	财新网·视听	首届CHINA VR新影像奖 "最佳纪录片奖"
2016	《从调控到刺激 楼市十年轮回》	财新网·数字专题	亚洲出版业协会年度卓越网络新闻奖
2017	《卢旺达系列报道》	财新周刊	首届中非报道奖"最佳时事报道"
2018	《穿透安邦魔术》	财新周刊	亚洲出版业协会年度卓越经济报道奖
2018	《妄人鲜言：谙熟规则、利用规则、践踏规则》	财新周刊	2017中国资本市场新闻报道优秀作品奖"二等奖
2019	《中国过半耐药结核患者未获治疗 传染风险扩大》	财新网	第二届中国结核病防控报道奖优秀报道奖
2019	《"相互保"到"相互宝"》	财新周刊	中国人民保险杯全国保险好新闻奖
2019	《黑云压城 中国"芯"事出路何在？》	财新周刊	中国经济新闻奖特别奖
2019	《猪瘟凶猛》	财新周刊	中国经济新闻奖深度报道类一等奖
2019	《全民欠钱时代》	财新周刊	中国经济新闻奖深度报道类二等奖
2019	《以"拨乱反正"精神纠正涉企冤错案》	财新周刊	中国经济新闻奖新闻评论类二等奖
2019	《响水余响》《内蒙古政法窝案风暴》《操场埋尸16年：谁是"保护伞"》	财新周刊	全球深度报道网"2019年中国最佳调查报道"
2020	《方舱里的故事》	财新网·视听	中国经济媒体抗疫短视频大赛二等奖

第二节 财新周刊疫情报道的社会责任意识

在此次新冠肺炎疫情期间，财经新闻凭借扎实的专业技术和清晰的新闻理念，利用多样化的媒体渠道为国内乃至国外受众真实迅速地传递了疫情状况，全面清晰地描绘了一幅幅中国的抗疫图景，在中国对内对外传播方面作出了突出贡献，受到了业界和广大读者的一致好评。

一、用高效的报道为抗疫预警

在武汉出现新冠肺炎案例但还未大规模扩散时，财新就已经注意到了这个病毒潜在的威胁。12月31日财新网的报道《武汉发现不明原因肺炎 当地一海鲜市场消毒（更新）》，开始了预警。随后财新周刊于1月20日发表的《不明肺炎忽现》和《SARS专家管轶：武汉肺炎防治三原则不要人为误导》两篇文章引起了广大受众的关注，较为清晰地预测了新冠肺炎的风险和与SARS的高度相似性。在重大公共卫生事件中，不瞒报、不隐藏相关信息，将真实的事件呈现在公众面前，财新洞察了危机的前兆，起到了预警的效果。

在疫情爆发时期，最重要的就是信息的公开透明。流言之所以传播最主要的原因就是正规的传播渠道不够畅通，而公众为了去获得相关信息不得不去从别的途径加以获取。所以疫情在国内大规模爆发时，财新等多家媒体奔赴武汉疫情前线，力求为读者还原一个最真实的武汉全景。在面对突发的重大公共卫生事件时，官方的敢于发声敢于把真实的现状告诉公众可以起到稳定民心的作用，而不是引发传统观念中所担忧的公众恐慌。财新周刊用多种方式报告疫情实况，满足了疫情期间公众的信息需求，也缓解了公众对危机事件的恐慌，有利于社会的稳定。

在国内疫情已经基本控制的今天，财新周刊依旧秉持着公开、透明的理念。它一方面报道无症状感染者的状况，境外输入情况和零散的本土病例，让大家认识到这场抗疫战争虽然已经到了最后关头但仍然不可以放松警惕；另一方面主打它的王牌方向财经新闻。从疫情对国内企业的影响到响应国家号召大力发展经济。财新没有刻意回避疫情对我国经济的打击，而是将事实告诉大众，鼓励大众携手共同推动国家经济复苏与发展，力求打赢脱贫攻坚战，实现全面建成小康社会的目标。

传播学里有一句话叫新闻是历史的第一卷手稿，那么如何在历史的画卷里留下真实的现状，这一次新冠肺炎终究会成为历史，而对于历史我们的选择虽然是大步向前迈进，但更重要的是不可以忘却，那么如何以史为鉴面向未来，在这一点上，财新提供了手稿，而我们需要进行思考。

二、建设性新闻助阵抗疫斗争

随着社交媒体的崛起，媒体生存的大环境发生了深刻变化，传统媒体都在探索如何在公共传播时代重建公众信任。近年来，建设性新闻正成为传统媒体在新闻报道中的一种新探索。建设性新闻以解决问题为宗旨，而不是为了赚取更多利益而放弃了本该坚守的专业主义。建设性新闻一是强调正面报道，给人以向上向善的信念和力量；二是强调参与，也就是媒体和记者不能置身事外，而是作为社会成员之一，介入大社会问题的解决过程中。[①]

在疫情报道中，财新一方面简述了疫情给国家带来的危害，另一方面，它立足于本身的特色，以财经新闻为主，针对疫情给我国经济带来的各种危害提出了许多卓

---

① 唐绪军, 殷乐. 建设性新闻实践：欧美案例. 北京：社会科学文献出版社, 2019：1.

有成效的建议，以及在疫情之下对出现的各种问题所进行的反思。例如，财新周刊于2020年6月6日发布的《后疫情时代留学潮降温》，这篇文章将视线聚焦于近期饱受关注的留学生团体，简述了新冠肺炎对留学潮带来的影响，以及疫情之下中美关系破裂等多方面的原因正在给留学生团体带来的结构化压力，并且财新的视线聚焦当下但不仅仅受限于当下的疫情，将眼光放在国际市场，联系多方面因素对留学市场进行深度剖析和解读，给留学生家庭和准备留学的团体以一定程度上的了解和警示。2020年6月1日财新网发布的《中国经济按下"重启键"，如何把握复苏脉搏》一文，在中国已经基本控制新冠肺炎疫情的大背景下，分析了中国在重启经济时对重点地区和行业优先复工的重要性进行了分析和强调。

在新冠肺炎对我国政治、经济、文化等多方面带来剧烈影响之际，媒体应该做的是去做社会的黏合剂，尽可能地提供解决问题的方法而不是一味地传递大量消极信息引起恐慌，这是媒体的社会责任，更是在大型公共卫生事件中一个有良知的媒体应该履行的义务。

与一般媒体抓住新闻事件切入点，然后把事件撕裂为社会疤痕不同，财新周刊的疫情报道旨在成为社会的黏合剂，帮助和服务疫情中的政府和公众。1月20日的财新周刊就发表了《不明肺炎忽现》的深度报道，认为"中国疾控系统正在面对一场意外考验"，而当时的疫情还没有成为影响全国的公共卫生事件。随着疫情的蔓延，该刊使用多媒体技术辅助报道的《了解你附近的"武汉肺炎"定点医院》，可以让用户通过定位了解自己身边定点医院的位置，方便用户就医需求。财新周刊及时、客观的一线报道，不仅澄清了很多流言，也让人们对疫情的理解更加准确、清晰。正因如此，财新周刊在疫情爆发后，迅速成为社交媒体上的"网红"，多期杂志在零售市场被抢购一空，以至于编辑部不得不对2020年第六期杂志采取预售方式，以便提前掌握印量。

媒体在疫情期间的新闻报道，不仅要有深度、有广度，还要有温度。[1]财新周刊不仅利用自身在财经领域的专长，为企业复工复产、全国经济复苏提供切实可靠的建议，更从前线动态、救援、交通、医疗、民生、地方疫情等方面对疫情进行多角度关注，提供具有丰富信息量的新闻报道。

---

[1] 郑保卫，赵新宁. 论新闻媒体在新冠肺炎疫情传播中的职责与使命. 新闻爱好者，2020（4）.

三、用限时免费回归媒体公共属性

财新网于 2017 年 11 月 16 日起正式启动财经新闻全面收费模式，通过"财新通""周刊通""数据通""英文通"的"四通"产品，满足不同用户的阅读需求。此前的财新周刊数字版，早在 2013 年就采用了付费阅读模式，但是发稿量更大的财新网则是供用户免费阅读。全面收费意味着财新传媒付费墙形式升级，从原来的允许用户免费阅读部分内容的"篱笆墙"模式，转变为收费更彻底的"水泥墙"模式。[①]

作为一个深耕于经济领域的专业媒体，财新传媒为读者提供的独家的、有公信力的内容很大程度上具有无可替代性。内容收费并不令人感到奇怪，并且每月花费很少的成本就能享受到高质量的专家分析报告，这对于很多高端读者来说本身就是一件性价比极高的事情。面对新冠肺炎这一重大公共卫生安全事件，财新网率先取消了"付费墙"，将采写来的有关疫情的新闻全部以免费的方式供读者阅读，回归了主流媒体本身应有的公共属性。对涉及广大人民群众利益的重大公共卫生事件解除付费限制，财新传媒的这一做法值得其他建立"付费墙"的主流媒体借鉴。

四、用专项基金提供报道人员保险保障

1 月 20 日，武汉成立了疫情防控指挥部，这标志着疫情进入全面爆发和抗疫阶段。当 500 万人匆忙撤离武汉的时候，多家媒体记者却逆向前往这个病毒风暴中心。财新周刊派出了 37 名记者坚守武汉，在一线追踪抗疫的最新进展。此外，财新周刊还有一批驻外记者，分布在全球 5 个国家，发回所在国和国际组织对这次疫情的关注，这是很多其他媒体所不具备的。

记者是公众的眼睛和耳朵，在重大公共事件发生时，记者只有进入现场，才能才写出最真实、最准确的报道。从这个意义上说，那些在危急时刻奔赴最前线，深入定点治疗医院进行采访的记者们是媒体维护公共利益、承担社会责任的最显著的标志。面对新冠肺炎疫情的严峻形势，财新传媒为了支持、帮助和鼓励记者深入一线进行现

[①] 施畅. 中国传统媒体付费墙的困境与突围——基于对财新传媒的个案研究. 人民网研究院，http://media.people.com.cn/n1/2019/0105/c424274-30505728.html,2020-6-10.

场采访，在 1 月 31 日启动了"武汉疫情报道专项基金"。这项行动计划的资金主要来自于财新公益基金会，该组织由财新传媒管理层、采编人员和一些热心公益的学者发起，致力于促进公益传播和行业交流项目。该基金会在 2014 年设立了重大公共事件报道专项基金，旨在帮助和激励深入重大新闻现场进行一线采访的新闻工作者。"武汉疫情报道专项基金"启动后，得到了社会各界的支持。从 5 月 6 日该基金会公布的结果看，共有 39 家媒体的 118 位新闻记者获得了报道奖助金。另外，基金会还为奔赴疫情一线报道的 322 位记者购买了保险保障。

第三节 财新周刊疫情报道评析

一、财新周刊疫情报道的亮点分析

（一）以小见大展现全国抗疫图景

疫情期间我们见到了许许多多感人的画面，无论是任劳任怨的志愿者、大爱无疆的爱心捐赠者，还是武汉本地或外地驰援的医务人员、成千上万坚守家园的武汉市民，每一个小小身影都是中国抗疫宏伟画卷的一个组成部分，都体现着中国团结一致众志成城的民族精神。财新在疫情期间有着许多优秀的报道，与其去用数字刺激读者，不如用具体的事例去感动读者，因为数字是冰冷的而人是鲜活的。我们看到财新用一个个有代表性的事例向我们展示着武汉的抗疫情况，如《新冠时期，5 个普通人的隔离日记》就是用 5 个普通的武汉市民自我隔离的故事向我们展示了在当时的武汉有着许多人正在饱受着新冠肺炎的折磨，用他们自己的故事来诉说这段痛苦的经历，更能够引起读者的共情。同时这些居家隔离是否可以做到及时治疗的问题也引起了大家的关注，所以财新在向大家呈现这些事实的同时也表达了这些普通百姓的基本诉求，引导公众关注此类议题。

小故事有小故事存在的必要。当今社会，诸如对此次的突发公共卫生事件，无论是对外传播还是对内传播，软性的传播方式或许会取得一些硬性的宣讲模式所达不到的成效。所谓的抗疫图景应该是由一个个小到每个家庭的图景共同组成的，疫情期间的新闻报道不能仅仅将视线放在整个国家，而应将视线聚焦到某个武汉市民的身上，用他们的故事去折射出整个抗疫过程，以小见大有时可以产生极好的传播效果，产生更好的共情。在描写疫情对我国经济的影响时，用各种数字堆积起来的文章对于多数不懂金融的读者来说显得过于枯燥且深奥了，但是用疫情对于一个个市民切身的影响，或许更能让读者有所感触。财新网于2020年5月2日发布的《一名欠租的湖北母亲，爬上了阳台》，将疫情对个体工商户的影响聚焦到了一个湖北母亲李娟的身上，引起读者的触动。

所以媒体在进行信息的传递或者是观念的传播时，可以考虑转换话语形态，用一些具体的鲜活的事例进行传播，有时可以取得以小见大的惊喜效果。

（二）立体化传播渠道强化传播效果

在传播渠道上，财新也是充分利用它的全媒体集团的优势，打造出一个高效的全媒体矩阵。

一方面财新周刊凭借其拥有的专业化采编人才，深耕于内容打造出了一篇又一篇深度报道。疫情爆发以来，财新周刊先后推出了《病毒何以至此》《抢救新冠病人》《保卫湖北》《复工预备起》《新冠病毒》《武汉冬天的八张面孔》《美国战役》《韩国做对了什么》《他们打满全场》《新冠检测挑战》《新冠防控常态化之路》等11期封面报道。这些深度报道真实地还原了疫情爆发时中国的现状，一篇篇特稿用生动且专业的文笔将缩影背后的场景呈现在我们的面前。另一方面由于现阶段人们接收信息的主要渠道是网络，人们习惯于在碎片化时间里接收所需要的信息。财新网充分利用了互联网的优势，从内容到渠道充分融合互联网特性，打造出全媒体传播矩阵，实现了信息了立体化传播。

财新网在"财新数据"栏目中开辟了《国内疫情观察》《国际疫情透视》两个每日疫情分析简报，用权威数据显示疫情发展动态，为读者提供可靠的趋势分析与经济判断。财新网还在"视听"专栏推出了名为《见证·2020》的六集回访式纪录片，用镜头记录了包括记者、医生、康复者、志愿者、网格员、心理医生在内的疫情见证者的现场记忆；记录武汉方舱医院医护人员顽强抗疫故事的短视频《方舱里的故事》荣获了中国经济媒体"共同战役健康吉利"短视频大赛二等奖。网络的即时、互动、可视化等多种特点既做到即时即传，使得最新信息快速地被人们所了解，满足了人们对疫情信息的需求；又做到多篇数据报道，将各种数据进行可视化处理，使得信息内容具有极强的观感和易读性。

财新视听还上线了两档音频专题节目"疫情前线日志"和"疫情数字背后的故事"，前者由一线记者讲述"围城"中发生的故事，后者则从医生、患者、志愿者等不同侧面展示不同个体在疫情中的经历。两档节目在喜马拉雅和今日头条等平台同步上线。

（三）聚焦核心人物提升公信力

在公共卫生事件中，公众最信服的是疫情专家的声音。他们的专业化发言，对于疫情的解读，目前的控制程度以及如何防疫最具有说服力。疫情期间钟南山院士关于疫情的控制情况以及疫情爆发的高峰期的预测和网红医生张文宏的关于如何防治新冠肺炎的建议在朋友圈疯狂转发，他们本身的专业性以及多年的工作经历使得公众愿意相信他们所言。医学专家们的权威性和公信力可以有效提高信息的传播效率。

财新周刊在疫情期间的报道，无论是关于新冠肺炎的解读还是后期关于疫情对我国经济的影响，都邀请业内顶级专业人士进行分析。比如财新于2020年6月2日举行的直播《金墉对话张文宏|财新国际圆桌会议：抗疫政策分析与公共卫生体系建设》，就是请了金融领域专家和公共卫生领域的专家进行对话，分析了世界各国对于疫情采取的措施以及复工复产情况。

传播信源的可信性高低对于信息在短期内是否有说服力具有极大的影响。所以财新在进行新闻报道时采访了多位专家人士，听他们的专业解读，他们对于疫情现状以及防控措施的观点会更容易被公众所接受。特别是在这种突发性事件中，休眠效应几乎无法产生，信源的权威性和可信性变得尤为重要。

二、财新周刊疫情报道中的瑕疵

（一）舆论监督力度有限

在此次疫情期间，武汉红十字会对捐赠物资的处置牵动着所有为抗疫捐款捐物者的心，云南大理征用重庆口罩事件也引发了全国人民的广泛关注。对于这些争议事件，或许出于力有不逮，财新周刊没有予以充分的关注。一个具有高度社会责任感的媒体，除了曝光这些事件，还应当深挖背后的利益链条并调查相关责任人是否存在谋取私利的违法违规行为，监管这些公共事务决策者和执行者的日常工作行为和工作规范。媒体需要承担起舆论监督的职能，督促相关部门强化监管，建立完善的工作机制，防止类似不良事件的再次发生。

（二）舆论引导形式单一

舆论阵地是疫情防控战争中的重要阵地。媒体在突发的重大公共卫生事件中，要注重对公众的舆论引导。舆论引导通常可以通过两个途径，一是用事实"说话"，讲好抗疫故事，将媒体的立场潜藏于对事实的选取和叙述之中，这种通常是通过主动设置新闻报道议程来完成。另一种是直接发声，将主流媒体的态度和立场直接呈现给读者。面对疫情中感染和死亡人数的增加，社会上各种极端言论大量涌现。在这种紧急状态下，立场鲜明、行动有力的舆论引导就变得十分必要。这不仅有助于缓解公众面对众音鼓噪时的茫然和紧张，也有助于确立广大群众同疫情战斗到底的信念和必胜的信心。

主流价值观是保证社会稳定发展所必备的。财新周刊或许是囿于其社会精英人士的读者定位，更倾向于尊重读者的分析思考能力，因此在事实呈现上发力程度明显强于主流观点的直接表达。但殊不知，非疾病防控领域内的其他行业精英在突如其来的新型冠状病毒面前，也和普通大众一样无所适从。因此，直接发声试的舆论引导在特定情境下相当必要。

（三）后期报道引发争议

财新周刊在后期报道中，所倾向的关于群体免疫的论调引起了很多读者的批评。在应对重大公共卫生事件的过程中，专业的医疗团队制订的治疗方案，应该受到媒体的尊重。在公众对于疫情的专业知识了解有限的情况下，媒体发表倾向于支持群体免疫的报道，可能会造成不利于疫情防控的后果。这也说明，即便是财新周刊这样高举专业主义大旗的老牌媒体，也可能会出现把关机制不严的问题。

结　语

一个国家、一个民族，总需要有一些正直的、有理想的媒体，它们是推动社会进步的动力之一。从整体上看，财新周刊刊发的来自于一线的绝大多数报道都产生了强烈的社会影响。有些报道内容甚至直接推动了"疫情防控"机会的不断完善。在 UGC 蓬勃兴起的新媒体传播时代，专业媒体只有肩负起媒体的社会责任，切实发挥其在监视环境、协调关系和传承社会遗产中的功能，才是赢得用户支持并在竞争中制胜。

第十八章　三联生活周刊抗疫报道研究报告

杨　姣　许天敏[①]

本研究报告以三联生活周刊在疫情中的报道为例，采用案例文本分析的研究方法，对疫情报道中所展示的文本内容、传播模式进行探讨，研究了其在新媒体传播背景下对新型冠状肺炎之下的突发性公共安全事件的重构和偏移，为数字化时代下媒体恪守职业道德和新闻伦理，及时有效地传递现场状况，忠实履行了公共媒体的社会职责提供参考，同时也指出其在疫情报道中的不足，为其他类期刊提供思路和借鉴。

第一节　三联生活周刊简介

三联生活周刊（以下简称三联）是我国目前影响力最大的综合性周刊之一。其前身是20世纪20年代，由邹韬奋创办于上海的生活周刊，1995年由三联书店在继承传统的基础上于北京复刊。复刊后的三联以"力求轻松生动简练雅洁而饶有趣味"为办刊目标，其办刊宗旨是"以敏锐的姿态反馈新时代、新观念、新潮流，以鲜明个性评论新热点、新人类、新生活"。三联关注时下热点，贴近当下生活。以"一本杂志和它所倡导的生活"进入读者的眼球，注重文化特色的创新，拥有明确的杂志定位和精耕的文化产品，从而赢得了稳定的受众群，成为国内综合类新闻周刊的领跑者。

在2015年，三联转型为新媒体。利用"1+N"，其包含两个方向，"1"就是杂

[①] 杨姣，副教授，云南大学滇池学院人文学院副院长，主要研究方向为区域对外传播理论与实务；许天敏，福建师范大学2019级新闻学研究生。

志的整体转型，"N"是三联经过多年的时间探索得出的结果，即实现媒体转型，以寻求传统杂志转型和发展。2016 年，三联开始创办中读 App，如今的中读成为其新媒体的主战场，也就是"1"。最终，三联借助互联网，结合微信、微博，将报道连结到互联网产品中去，形塑互联网媒体的新型态，形成新闻性与文化性的交融，成为同类刊物中的佼佼者。

从 2020 年 1 月 20 日起，三联进入武汉，记录疫情。借助微信公众号发布第一篇关于新型冠状病毒的警示报道《"非典"幸存者礼露口述》，到 2 月 26 日有关新冠肺炎整体性报道已超过 100 篇。其中官方微信号推送记者原创调查稿 60 篇。疫情期间，三联生活周刊杂志连续出版了三本主题刊物，刊发记者原创报道 50 余篇。其公号推出的主题"新冠特刊|2020 年初，我们在武汉现场"，其中包含了：记者原创、"非典"旧稿、读者投稿、咨询活动四个板块。这些刊发于微信的报道描述了新冠肺炎疫情前期的主要情况，追踪疫情的发展脉络，为历史留下弥足珍贵的文字记载。

第二节 三联生活周刊媒体抗疫基本做法

一、疫情预警：初期报道的内容结构叙述模式

三联周刊具有极强的新闻敏感性，触及当下时事的关键点。疫情发生初期，三联第一时间派遣记者前往武汉，进行疫情的深度报道，实时更新报道；同时动员在家记者以电话采访的方式编辑稿件，建构多元的新闻分发渠道，线上线下联合专题报道，记者多角度采访，编辑全环节操作，平台以每日 3—4 篇报道疫情的速度更新，做好坚守社会实情的瞭望者。

从初期的内容来看，面对疫情每天都在发生变化的情况，三联选择从大方面追踪疫情和具体的个人事件入手，发现问题和解决问题。其报道《武汉肺炎一线医生口述：大爆发期或将到来》《肺炎重症病人一床难求》文章发布当日，武汉宣布"封城"，大众对武汉发生了什么有极强的信息渴望，此刻三联从武汉三甲医院、二级定点医院以及患者等不同角度了解情况，了解民众想要了解的医院内发生了什么、为什么医疗资源出现挤兑、病床为何如此紧缺等。三联抓住疫情时间的关键点，把握舆论环境，理解当下大众的信息需求。

三联一方面从"封城"早期读者对病人的关注、对医院物资紧缺的担忧，到各地简单粗暴断路带来的问题，及时反映实时问题，在事实呈现中尽力去厘清解决问题的思路；另一方面，进行大量个人采访的深入报道，从个案的经历出发，关注疫情期间的个体情感与经历。以《周洋家寻医记》为例，将武汉市民"周洋"一家三代五口人：爷爷、奶奶、父亲、母亲和周洋自己的疫情故事展现出来，在疫情期间周洋为亲寻医，一人奔走寻找治疗及机会的故事。在读者的眼中，如同周洋一家颠沛流离的命运，已不再是冰冷的疫情病例数字，而是将人的情感相互连结，在这个寒冬中得以彼此共情的慰藉。

除了武汉患者的故事之外，三联对医护人员的刻画同样占据重要的位置，一线医护人员的故事在《武汉急诊一线医生口述：惟愿冬天早点过去》《我守护在武汉金银潭的重症病房》中体现，采用纪实口述，不间断地跟随观察与记录。这个与往常不同的新年，三联通过对医护人员的记录，揭示着这场宏大战"疫"的某一切面。在报道《武汉急诊一线医生口述：惟愿冬天早点过去》中，主人公对其女儿的回信中写道："吾坚信没有一个冬日不可逾越，病毒肆虐的当下，亦如是"[①]。这是包括前线医护人员在内，也是多数民众所持的坚定信念。

三联叙述角度不仅有站在他者立场上的观察和记录，还有以自身角度与叙述，这篇报道中的作者不仅是叙述者，也是疫情的亲历者。以《封城前后，武汉时刻》为例，身为武汉人的作者采用"自我叙述"的方式，以文本化的自我考察和更详见的叙述方式多维表达，身处现场，从自我的角度讲述身为武汉人对武汉时刻的所思所想。该篇文章的叙事主干，以时间为基准，包含了是关键的四个时刻：1月22日，"信息被戴上'口罩'"；1月22日，"肺炎病人已一床难求"；1月23日，"什么是'封城'"；1月24日，"武汉被抛弃了吗"，这四个时刻细致地划分了武汉经历疫情发生到发展过程中，群众心理极端化的过程，从害怕、紧张到焦虑、悲痛、愤怒，情感的变化体现出一座城市的居民对疫情发生时寻求希望的渴望，以更详实的自我故事，在细节中刻画真实。

---

① 武汉急诊一线医生口述：惟愿冬天早点过去.三联生活周刊，2020年1月27日，https://mp.weixin.qq.com/s/qHj8OB8YPdBSH_6pb60-6A.

疫情初期的报道中，特别值得注意的是《武汉肺炎，已经出现超级传播者了吗？》《现场|武汉新型肺炎：为何直到今天才引起更大注意？》和《武汉肺炎一线医生口述：大爆发期或将到来》三篇报道，其中单篇最大阅读量超过千万次，揭示了早期武汉新冠肺炎疫情情况，解答民众关于新冠肺炎是什么、如何传播等疑惑，讲述疫情事实，指出医疗救援与现实状况不匹配、信息不透明的问题，凸显民众对社会疫情相关信息模糊，究竟是"人传人"还是中间发生了"变异"的问题所引发的民众困扰和焦虑。

以报道《现场|武汉新型肺炎：为何直到今天才引起更大注意？》为例，记者记录下市民黄昌认为"新冠肺炎的传播不过是冬天流感高发，大家只不过是得了严重的感冒而已"的认知，由于认知错误和信息堵塞，导致后期疫情势态蔓延剧烈，后果是十分惨痛的。武汉市市长周先旺表示"这个教训很深刻，与我们对这个病毒的危害和传播的认识，从一开始没有达到这么高的等级有关"[①]。包括诊治流程繁琐、医疗设施供给无法与社会需要相匹配、符合资质的医疗机构无法快速有效地获得检测资质从而为临床工作带来巨大的压力等，这些都从侧面显示我国公共卫生总体规划和顶层设计较为薄弱，应急响应机制难以应对危害人民健康的突发重大公共卫生。

二、战"疫"防备：中期报道角度的转变与侧重

从疫情初期的信息无序、社会资源配置混乱，转向中期的战"疫"防备的资源调配、居家隔离等问题中。三联不再回答疫情是什么、新冠肺炎为何会产生等，而是基于现实的状况，对口罩为何如此紧缺、武汉周边地区的疫情是不是被忽视了、物资捐赠为什么不畅通的问题进行详细的说明，发出《口罩产能全球过半，为何还是"一罩难求"？》，结合1月29日，国家工信部有关负责人介绍，最大产能达每天2000多万只，但根据口罩业内人士的估计，中国的实际产能肯定远超于此。其事实证明，在疫情初期，产能能否真正释放，又如何调配，都是巨大难题。[②]凸显在全国疫情蔓延的紧张趋势之下，截至2月3日，全国口罩等预防物资缺口极大，供不应求的趋势在

---

① 现场|武汉新型肺炎：为何直到今天才引起更大注意？.三联生活周刊,2020年1月22日,https://mp.weixin.qq.com/s/xuf8nn1OPOY51cyZMduQ-Q.

② 口罩产能全球过半，为何还是"一罩难求"？.三联生活周刊,2020年2月3日,https://mp.weixin.qq.com/s/k_8VwKZRbrj5KZOqATrgdA.

持续增长，且指出当下物资运转问题在于口罩调配信息依旧闭塞，尚没有公开信息显示，全国的口罩在政府统一调配下，到底是如何分配和运输的，最终引发对重大突发公共卫生事件冲击下我国口罩资源应急配置问题的研究，指出疫情期间我国口罩资源应急配置存在日常储备不足、技术约束叠加春节因素，导致前期产能恢复滞后于疫情发展、部分地区受赠口罩资源的管理和分配出现短时混乱、部分地方政府应急配置干预过当等问题。

为此，应对口罩市场进行适度管控或规治，充分发挥紧急采购的应急保障作用，政府采取优先供给收治新冠肺炎患者的定点医院，民众募集物资对医院进行物资应援等。英国公共关系专家里杰斯特曾指出，危机传播有"3T"原则：第一，"以我为主提供信息"（TellYourOwnTale）；第二，"尽快提供信息"（Tellitfast）；第三，"提供全部信息"（Tellitall）。[①]三联在疫情初期，解释疫情发生所带来的物资问题，口罩、防护服等医疗用品紧缺，"深度报道"关注的问题与实际相连、与生活相贴、与民众相近，真正体现出了浓郁的人文关怀和强烈的社会担当，呼吁湖北之外的我国同胞，彼此共情，共同抗疫。

1月25日，三联组织"三联在行动"的公益活动，以身作则，充分发挥了媒体在资源配置方面的优势，在医疗物资极为紧张的时刻，帮助匹配捐献者和需求者的信息，通过自身的行动和努力，在为社会大众传递着重要的信息——社会上下齐心协力，共同抗疫，呼吁更多的人参与到社会抗疫的行动中来。此时武汉金银潭医院也开始向社会公开募集物资，募集的物资包括医用外科口罩、N95口罩、普通医用口罩、医用防护服、一次性手术衣、防护面罩、防冲击眼罩和一次性圆帽等，大家一起加入共克疫情的队伍中去。

与此同时，为缓解社会紧张情绪，减少民众对疫情的恐慌，做好居家隔离也是疫情防备阶段的一大要事。根据事实情况，1月29日三联推出《新冠肺炎：自我识别及居家隔离指南》，作者采访北京协和医院感染内科主任李太生，对感冒发烧和肺炎引起的感冒发烧作了细致的区分。

---

① Michael Regester:Crisis Management: What To Do When The Unthinkable Happens [M]. London: Hutchinson Business Books, 1989.

2月15日，三联结合第几届奥斯卡奖最大赢家韩国影片《寄生虫》，科普另一个寄生虫"新冠病毒"相关知识，写出《"寄生虫"与新冠病毒》的报道，结合实际进行破次元的对比，不仅让读者对当下的病毒与病菌的知识有所了解，同时也引导读者去思考有关人类社会平衡共生的问题，用积极的态度让大众了解当下的处境并相信："无论是细菌还是病毒，都是自然生态系统不可或缺的一份子，不同物种共享整个生态系统，谁也离不开谁，这才是生命的真谛。"[①]三联借助《寄生虫》电影，找到完全不同领域内容之间的"同构"，或者说是找到了高于具体领域、又统领不同领域的共通知识，其视角独特、内容新颖，深受读者喜爱。

三、疫情缓和：整体报道方位的侧重

三联在疫情报道中的深度问题主要是基于对人物关系的挖掘，其中以家庭、社区、医患三个方面为主，报道中的核心角色分别是病人、护士、病毒，以这三者为对象，逐步发现和记录疫情的情况。通过对重点问题的事实描述，发现疫情背后的社会现实，以细小的事件、人物作为报道的切入点，不作全局性的概括性报道，而是对具体的事实进行真实的记录和复刻，完成服务于社会公共利益知情权的责任。

内容主要分为两个部分，一是报道内容的编排，通过对内容的编排，叙述人表达当下的现实状况，和读者建立起认知；二是标题内容的设计，结合疫情封面故事栏目，2020年第7期、第8期、第9期，标题风格从探索质疑到引人深思，疑问句式标题与内容式标题互相穿插，例如《疫情突发状态下，如何界定应急管理的模糊地带？》《当重大疫情来临时，我们只能再建一个"小汤山"吗？》《疫情会对股市带来怎样的冲击和机会？》等疑问句式的标题，给读者以想象和反思的空间；《口罩送达医疗一线的路径，供应链与机制》《法国巴斯德研究院：正在研制一种新冠病毒疫苗》等简短干练的内容式标题，以突出报道视角和报道趋向为准，定位精准，内容客观。

总体而言，三联在标题制作上突出疫情期间社会的关注重点和方向，以清晰准确的定位形成与读者之间的情感联结。疫情报道的广度建立在疫情报道深度的基础之上，主要体现在对选题角度的广度。报道的广度体现着其对疫情专栏的视野范围，也是新

---

① 寄生虫与新冠病毒.三联生活周刊，https://mp.weixin.qq.com/s/54EeeIir-sp37RWtyXOBdw.

媒体时代传播效益的重要显现。

米克·巴尔将叙事分为文本、故事以及素材三个方面。①三联报道选题角度多样，新闻类的报道属于纪实性叙述文，通过对文章中素材（成分）的安排来完成一个故事（内容），并作为一个有限、有结构的整体（文本）传递给受众。新闻报道中最著名的模式就是"倒金字塔结构"，但这种适合消息写作的结构模式，在疫情中的报道呈现并不明显，其更多的是运用叙述、描写、抒情、议论等多种手法相结合的统一，从人物的角度上考虑，在疫情报道之中表达出人作为主体的反应，具体地反映疫情事件或典型人物的一种新闻报道形式，从个体中发现社会，记录当下、了解当下。

在疫情报道的内容方式上，并不严格按照消息的写作手法，结合文学类叙事手段，从新闻变为故事，主要依靠两种方式，即素材选取和叙事顺序。以《新冠肺炎，医院的节点》为例，以医院作为观察对象，记录疫情的演化路径。三联认为这篇报道"是一个从个案到局部整体的过渡"，在这之中，作者记录了医院如何接诊病人，医生是如何意识到新冠肺炎的危险性，其中，作者欲表达出在医院中新冠肺炎治疗时病例的报送和信息的传递，疫情发展前期，无法形成制度性应对的现实在本文中淋漓尽致地体现，"节点"式的传播让信息在传递过程中严重损耗，展现了疫情前期大众对事实认知的不完整和政治上匆忙公共决策的选择，由此导致中后期病患剧增、医疗资源产生挤兑和匮乏，大众对武汉的严峻形势已有了解，蔓延在社会场上的是大众的焦虑情绪，这种担忧使得社会人心惶惶，此刻，三联在疫情信息的发布和传播之外，还引导大众用平和的心态看待疫情，建立对新冠肺炎的理性认知。即便医院产生救治危机且愈演愈烈，三联仍写道："最近一周，随着武汉的火神山医院、雷神山医院和多个方舱医院逐渐开放，重症病房不够的情况开始出现了新的好转"②。

疫情报道的故事性和新闻性还体现在对素材顺序的编排上，《个人与社区，疫情爆发后的百步亭》从新闻要素出发，最大程度保证了文章的故事性与报道的新闻性的集合，写下周洋一家的经历。作者驳静也记录方舱医院里的故事，她所写的当事人的爱情那种老套与传统的婚姻缔结故事，在疫情与无常之下的悲剧，精彩无比。新冠肺

---

① 克米·巴尔. 叙述学：叙述理论导论. 北京师范大学出版社, 2015:3.
② 新冠肺炎，医院的节点. 三联生活周刊, 2020年2月15日, http://ny.zdline.cn/h5/article/detailToH5.do?artId=84483&sm=app&nt=mg.

炎疫情，在这些具象个体的命运里，不再抽象，而是具体深刻的，与此同时也保证了文章的信息量，满足大众对武汉疫情的关心和疫情态势发展的信息需求，三联在疫情中将"生活"充分展现在大众的视野之下，实现巨大的突破和创新。

第三节 三联生活周刊抗疫报道中的成功经验与不足

三联在疫情期间的报道总体而言是成功的，对缓解社会恐慌、化解舆论危机发挥了重要的作用，成为大众在这个春天身居家中了解外面世界的公示牌。在灾难新闻发生的背景之下，三联作为社会媒体的职责再次凸显，在动态新闻中的时效性和竞争优势，将目光瞄准读者对新闻事件进行深度解析的阅读需求，运用其较大的篇幅对新闻事件进行更深入、详尽的报道，通过理性的梳理更多地提供疫情事件的延伸性信息，充当社会环境的瞭望者角色。

封面故事是《三联》杂志在疫情报道中的主要呈现方式，"武汉"成为了封面故事的关键点，引发了一阵收藏热。追踪社会热点，做深入详尽的疫情评述，从不同的角度采写相关新闻，以帮助人们从不同层面理解新冠肺炎，需具备以下几个方面的要点，首先，能够为读者找到一个阅读的切入点，为其理解疫情叙事报道的意义提供适当且真实的语境；其次，能够使文章不脱离时代背景和环境，与事实保持联系，成为真实的复刻而非捏造。

第四节 媒体如何在突发重大公共卫生事件中开展有效报道引导舆论

一、发挥"人本主义"，用事实达成共识

"人本主义"是三联的新闻方法论。其根基是，疫情之下，传统意义上的媒体的客体立场应当退位，三联与湖北武汉汇成命运共同体，分散焦虑，引导舆论。社会舆论是对一些事实从道德上加以解释和经过整理的一种看法。大众需要沟通的信息环境，闭塞的信息沟通机制只会增强其焦虑情绪的产生。三联作为我国主流媒体之一，指出初期信息沟通机制依然存在短板，难以及时披露疫情信息，发挥人文主义关怀，指出

根本问题之所在，用事实达成共识。

二、进行价值引导，坚定抗疫必胜信心

媒体要与政府部门进行沟通，提高自身媒介素养，坚定价值引导的主风向标。从健康传播的角度出发，突发公共卫生事件的应对不仅是政府负起守土之责，每个市民也需要参与其中。同时，我们也要摒弃占据支配性地位的话语沟通的策略，疫情爆发初期对信息的"拖、瞒、压"，不但无济于事，反而会让后续的舆情工作陷入被动的困境。政府只有通过媒体向民众及时披露疫情信息、普及预防病毒知识，才能有效扼制病例增长和疫情蔓延。正所谓，"谣言止于公开"，唯有如此，官员及其代表的政府的媒介形象才能得到积极建构，媒体在这之中需要发挥"桥梁"的作用，沟通上下区隔的话语场域，明确主要职责，一方面对制度进行反思；另一方面，达到科学性的认同和传播，坚定抗击疫情的决心，引导正确的舆论，实现媒体的价值。

三、吸取深刻教训，增加时代记忆的共通

传染性疾病在人类历史上的地位长期被低估，由此《三联》开设"'非典'旧稿"，从"非典"与个人、国家、世界格局三个角度介绍旧时"非典"的发生对大众历史的重要意义和警示，结合了"非典"口诉者的独白，回忆"'非典'时期"的惨痛经历，为抗争新冠肺炎留下经验、获得启示，对自身提高要求。三联倡导在面对疫情时，需要读者与自己达成共识，吸取教训，共同面对未知的挑战。仅有如此，在新冠肺炎过后的天空下，人类将对未知的困难做好攻克的准备，不再惧怕突发性疾病的来临，保护绿色生态、和谐社会。

四、打破传统媒体的传播模式，实现融媒体转型的优秀实践

三联作为实现融媒体转型中较为成功的案例，打破了以下困境：作为传统杂志媒体的内容多以图文为主，且篇幅有限、时效性差，难以满足读者的阅读需求；原聚焦深度思考及高知文化内容，读者群体相对小众；新媒体分流了杂志的客户群体和广告收入，办刊压力加大等。当下的三联在分发方式、新闻写作和思维方式上均有转变，在疫情报道传播中信息交互，大众的参与度大大提高，实现信息价值最大化、传播效

果最优化。

　　反观当下，全球化趋势让病毒传播进入了快车道。三联倡导大众在了解社会疫情信息之外，也应该去看到当下环境对突发疫情传播的利弊。首先，城市化进程加速了人口在城市的大量集中，人口越是密集感染的风险就越大。城市内部密集的建筑群、有限的卫生防疫措施，很难抵抗强大的病毒。其次，现代交通扩大了病毒传播的范围。武汉爆发的新冠病毒沿着交通线波及全国，很快又传播到日本、新加坡等周围国家，就连欧洲、美洲也难于幸免。从经济影响来看，新冠病毒爆发后给跨国企业带来了巨大的经济危机，原本采各国资源之所长的产业链此时变得很脆弱。当下，国内外媒体之间疫情信息要相互贯通，特殊时期彰显主流媒体的责任与担当，在经济上实现复工复产，保持乐观心态，将时代的眼光放眼未来，攻克艰难时刻，迎来希望和光明。

第十九章　第一财经日报抗疫报道研究报告

李　玲[①]

2020年伊始，一场突如其来的新型冠状肺炎打乱了人们日常的工作生活节奏，各地均因疫情受到不同程度的影响，全国各地、世界各国均采取了相应的防疫措施。第一财经日报作为一份全国性的财经类报纸，对疫情发展一直保持高度关注，从国内疫情发展到国外疫情形势均作出报道。本文以第一财经日报疫情期间的报道作为研究对象，分析研究其报道的及时准确性，对国际疫情的报道、对医护人员抗疫的关注、对疫情期间总书记讲话批示的报道，以及对新冠肺炎科普类报道等。基于这些报道，探讨第一财经日报在本次防疫过程中的报道经验与不足，由此进一步分析在突发重大公共卫生事件中，媒体应如何开展有效报道引导舆论。本文认为第一财经日报在本次疫情报道中总体是真实及时准确的，有效地引导了舆论，有利于稳定社会情绪，为读者提供了真实的最新防疫信息，但在全国疫情实时动态报道上存在一定的提升空间。

第一节　第一财经日报发展背景

上海第一财经传媒有限公司创办于2003年7月，隶属于上海文化广播影视集团有限公司，是新型数字化财经媒体和信息服务集团。2003年7月7日，上海第一财经传媒有限公司财经频道和广播频率统一整合更名为"第一财经"，在上海挂牌成立。

[①] 李玲，暨南大学新闻与传播学硕士，中国工业经济联合会中国工业企业社会责任研究智库专家，研究方向为新媒体、政治传播学、互联网与社会治理。

第一财经旗下机构和产品包括，第一财经 App（移动客户端）、第一财经网、第一财经电视、第一财经日报、第一财经杂志、第一财经研究院、第一财经商业数据中心，以及面向全球财经人士的英文媒体平台一财全球。

第一财经旗下的第一财经日报创刊于 2004 年 11 月 15 日，是中国首份市场化的财经日报，该报由北京青年报社、上海广播电视台、广州日报报业集团联合主办，其核心理念是"为时代负责"，作为专业的财经日报，其目标读者是中国的高端主流人群，例如创业者、商业精英、投资机构的高层领导等。[①]

一直以来，第一财经日报因其在媒介融合等多方面处于行业比较领先的地位，受到了业界和许多学者的关注。第一财经日报从企业制度上进行变革，对品牌宣传策略也进行相应调整，多平台媒体矩阵协同发展，也对媒体内容及呈现形式做出很大改变。就这些方面来说，第一财经日报作出了诸多尝试与创新，有许多成功经验值得借鉴参考，因此也备受关注。

基于第一财经日报的独特性与代表性，本文对第一财经日报在新冠肺炎疫情期间的报道进行分析，探讨其特点、经验与不足，由此观察市场类财经媒体在突发重大公共卫生事件中起到的舆论引导等新闻媒体作用。2020 年初爆发的新冠肺炎疫情是一场突发重大公共卫生事件，因病毒的"新型"、未知、传播迅速等特点，疫情初始给民众造成了迷茫、恐慌，甚至谣言满天飞。大众媒体承担着舆论导向的重要职责，成为疫情期间发布信息、维护社会稳定、增强全民战胜疫情信心的重要阵地。第一财经日报作为财经类媒体，在疫情期间适时发布疫情相关财经类新闻，报道疫情对经济各方面产生的影响。本文通过分析研究第一财经日报疫情期间的新闻报道，探讨疫情期间第一财经日报对舆论的引导及发挥的新闻媒体作用。

第二节　第一财经日报抗疫报道特点

疫情期间，第一财经日报以财经类疫情新闻为主，及时准确地报道全国疫情最新动态，实时报道国际上其他国家和地区的疫情最新动态，对医护人员抗疫作出相应报

---

① 程昌发. 媒介融合下第一财经日报的创新发展探析. 江西财经大学, 2019(6).

道，对习近平总书记抗疫的相关指示作出报道，并对新冠病毒及疫苗科普知识进行报道。通过对疫情的报道和多方面解读，第一财经日报在抗疫期间持续发声，发布最新的防疫动态，积极引导舆论，稳定社会情绪，为读者树立战胜疫情的信心。

一、及时准确地真实报道国内疫情

2020年1月疫情爆发，1月21日第一财经日报刊发《全国确诊217例新型肺炎病例，新发传染病防控体系再次启动》[1]一文。此后，第一财经日报的新闻报道中持续出现疫情相关报道，为读者了解疫情最新动态提供准确的信息，有效发挥了新闻媒体的信息报道作用，帮助读者了解疫情最新动态，为读者做好自我防护、有效应对疫情发挥积极作用。

疫情期间，武汉作为疫情重镇一直是大众关注重点，也是中国疫情好转的关键点。第一财经日报在一些关键时间点，对武汉抗疫情况进行最新报道，如《武汉火神山医院接收，首批新型肺炎确诊患者》[2]等。第一财经日报对武汉疫情的持续关注和报道，帮助读者了解疫情发展形势，缓解读者的紧张和焦虑情绪。

第一财经日报作为财经类媒体对疫情期间中国经济发展情况进行持续报道，针对疫情对中国经济的影响进行持续报道，聚焦复工复产情况。《各地复工首日积极复产，降低疫情对经济影响》[3]《多地已发放央行专项再贷款，精准支持疫情防控重点企业》[4]等复工复产报道，为疫情期间的经济复苏提供事实参考与支持。对疫情期间经济情况的报道，尽管第一财经日报关注疫情对经济产生的消极影响，但总体上是报道经济发展的积极方向，如《短期政策与长期改革加速推进，疫情不影响长期向好基本面》[5]一文中指出的经济发展趋势。对良好的经济形势的预测与报道，有利于增强读者抗击疫情的信心，稳定疫情期间的社会情绪。疫情期间国家相关经济政策的出台，第一财经日报也持续报道，如《中国定向扶持举措先行，全球央行加速"非降息式"抗疫》[6]。

---

[1] 马晓华.全国确诊217例新型肺炎病例，新发传染病防控体系再次启动.第一财经日报，2020.1.21.
[2] 武汉火神山医院接收，首批新型肺炎确诊患者.第一财经日报，2020.2.5.
[3] 胥会云，钱童心，陈姗姗，王珍，高雅.各地复工首日积极复产，降低疫情对经济影响.第一财经日报，2020.2.11.
[4] 段思宇，吕倩.多地已发放央行专项再贷款，精准支持疫情防控重点企业.第一财经日报，2020.2.13.
[5] 祝嫣然.短期政策与长期改革加速推进，疫情不影响长期向好基本面.第一财经日报，2020.2.19.
[6] 周艾琳，陈婷.中国定向扶持举措先行，全球央行加速"非降息式"抗疫.第一财经日报，2020.3.9.

尽管疫情对全球经济带来冲击，但一些新的经济增长点也在疫情期间获得发展，第一财经日报对疫情期间新的经济增长点进行报道，如《疫情催生数字经济新引擎，"新基建"加码先行》①一文即对疫情期间数字经济的发展给予关注和报道分析。

防疫物资也是抗疫胜利的重要保障，疫情期间防疫物资的供应情况是大众关注的焦点。第一财经日报对防疫物品的供应情况也持续关注和报道。《做纸尿裤的改做口罩：政企联手火线投产抗疫物资》②《董明珠开卖口罩，涉足医疗为哪般？》③等文章对疫情期间的口罩供应情况作出报道，既是行业观察的财经类新闻，同时也是防疫物资供应情况的关注。

综合看来，疫情期间第一财经日报及时准确真实地报道疫情，从财经类媒体属性出发，一方面报道重大的疫情动态，另一方面从财经视角报道疫情对经济和各产业的影响。

二、持续报道国际疫情防控

本次疫情席卷全球，各国纷纷遭受疫情影响。在全球化的国际形势下，各国疫情的发展趋势成为诸多具有国际出行需求读者的关注点。第一财经日报积极关注世界各国疫情发展动态，从多角度对国际疫情防控工作作出报道，为有国际出行需求的读者提供参考依据，也为国际化发展的读者提供参考信息。

如同对国内疫情的关注与报道，第一财经日报也一开始就对各国疫情发展的国际疫情动态进行报道。《恐慌指数VIX两日飙升63%，WHO：已有9国控制住了疫情》④《意大利新冠肺炎确诊，病例增至283例》⑤等多篇报道对世界其他国家的疫情进行报道，及时跟进最新的国际疫情防控信息，为中国读者科学准确地了解国际疫情和发展趋势提供依据。

第一财经日报也从医护人员抗疫的角度对相关新闻进行报道。《美国抗疫大作战，

---

① 祝嫣然.疫情催生数字经济新引擎，"新基建"加码先行.第一财经日报，2020.3.24.
② 金叶子，魏中原.纸尿裤的改做口罩：政企联手火线投产抗疫物资.第一财经日报，2020.2.11.
③ 王珍.董明珠开卖口罩，涉足医疗为哪般.第一财经日报，2020.3.10.
④ 周艾琳，冯迪凡，高雅.恐慌指数VIX两日飙升63%，WHO：已有9国控制住了疫情.第一财经日报，2020.2.27.
⑤ 意大利新冠肺炎确诊，病例增至283例.第一财经日报，2020.2.26.

火线征召全球医护》①是关于对美国疫情大发展时期,美国对医护人员签证放宽的报道。此类报道帮助大众了解国际疫情的发展及相应医护人员投入情况。

第一财经日报在对国际疫情发展的报道中,同样展示了其作为财经媒体的特性。《疫情伤害堪比金融危机,美经济衰退提前到来？》②《美国一季度 GDP 下降 4.8%为 2009 年来单季最大跌幅》③等报道对疫情影响下各国经济发展情况作出报道,为读者对世界经济发展提供参考。《全球疫情难见拐点,这一轮衰退会有多深？》④一文则对受疫情影响的全球经济发展形势作出深度报道,深入全面地分析疫情对世界各国经济产生的影响,帮助读者了解疫情对全球经济的冲击。

本次疫情发展过程中,中国疫情逐步得到控制,与此同时其他国家的疫情却朝越来越危险的方向发展。第一财经日报在对其他国家疫情发展进行报道的同时,也关注华人华侨在海外面对疫情的处境。《巴西疫情凶险潜伏,华商亲历封城与复工艰辛》⑤即报道面对巴西不断恶化的疫情,华商在巴西的发展情况。疫情期间,海外华人华侨因面临较高的风险,一度备受关注,第一财经日报对这一群体的关注有助于读者了解华人华侨面对疫情的最新情况,为读者在一些国际化的决策中提供参考依据。

三、医护人员抗疫报道

疫情期间,医护人员作为防疫工作的中坚力量,一度成为大众和各大媒体关注的焦点。医疗资源的投入和医护人员的工作在防疫中都起到极其重要和关键的作用,充足的医疗资源和足够的医护人员投入是战胜疫情的重要保障。疫情期间,第一财经日报对战"疫"医护人员也给予持续关注与报道。

因疫情的严重性,武汉最早出现了很大的医护人员支援需求,全国各地的医护人员纷纷响应武汉的需求,大量医护人员前往武汉支援。《空军 11 架运输机,多地同

---

① 潘寅茹. 美国抗疫大作战,火线征召全球医护. 第一财经日报,2020.3.31.
② 孙卓,高雅. 疫情伤害堪比金融危机,美经济衰退提前到来. 第一财经日报,2020.3.18.
③ 美国一季度 GDP 下降 4.8% 为 2009 年来单季最大跌幅. 第一财经日报,2020.4.30.
④ 周艾琳,高雅. 全球疫情难见拐点,这一轮衰退会有多深. 第一财经日报,2020.3.25.
⑤ 钱小岩. 巴西疫情凶险潜伏,华商亲历封城与复工艰辛. 第一财经日报,2020.6.23.

步向武汉空运医疗队》①《支援湖北抗疫，多地增派医疗队》②等多篇文章对疫情期间支援武汉的医护人员情况进行报道。这类报道帮助读者了解疫情防控情况，尤其是对于疫区的防治情况有较为及时的了解。医护人员的支援也是抗疫胜利的重要保障，对医护人员抗疫进行实时跟进报道对稳定大众情绪、积极引导舆情和缓解大众焦虑都起到积极作用。

四、报道总书记讲话批示

疫情期间，国家的防疫政策和精神，以及国家领导人对防疫工作的指示对大众抗疫信心和决心起到极其重要与关键的作用。

《习近平赴武汉，考察疫情防控工作》③一文报道了习近平前往武汉考察疫情防控情况。该文刊载日期为3月11日，当时中国防疫工作刚刚度过最为艰难的阶段，处于后期攻坚阶段。此时报道习近平前往武汉考察防疫情况，对于大众坚定抗疫胜利信心、稳定读者情绪起到积极作用。《总理详解经济政策新思路，实现"六保"就实现正增长》④一文则对李克强针对疫情后的经济发展指示作出报道，帮助读者了解疫情后国家经济政策。

五、新冠肺炎病毒及疫苗科普报道

疫情期间，人们期待疫情早日结束，期待有效的抗疫方式早日到来，第一财经日报积极关注抗疫进展，对各地的防疫情况进行报道，也积极关注疫苗研发进展。《我国新冠病毒灭活疫苗，获批进入临床试验》⑤等报道对疫苗的研发情况进行报道，帮助读者及时了解抗疫的最新进展。

第一财经日报对疫情期间人们如何自我防护也加以报道，并对新冠肺炎病毒知识进行科普报道，帮助读者更全面地了解新冠病毒及其防治方法，为全民战胜疫情

---

① 空军11架运输机，多地同步向武汉空运医疗队.第一财经日报，2020.2.14.
② 支援湖北抗疫，多地增派医疗队.第一财经日报，2020.2.10.
③ 习近平赴武汉，考察疫情防控工作.第一财经日报，2020.3.11.
④ 祝嫣然，陈益刊，郭晋晖.总理详解经济政策新思路，实现"六保"就实现正增长.第一财经日报，2020.5.29.
⑤ 我国新冠病毒灭活疫苗，获批进入临床试验.第一财经日报，2020.4.15.

提供支持。

第三节　第一财经日报抗疫报道的成功经验与不足

疫情期间，第一财经日报对国内外疫情都作出了真实、准确、实时的报道，及时为读者提供疫情动态信息；对于其专注的财经领域，第一财经日报给予重点关注，聚焦疫情期间的经济发展及复工复产情况。但在对全局性报道和关注，以及疫情相关政策的报道上，第一财经日报存在一定不足，没有实时的全局性疫情数据报道，也缺乏对疫情政策的解读和报道。

一、持续实时报道

疫情期间，恐慌与不安一直影响着人们的日常生活。疫情的变化发展成为人们日常最为关心的信息，也影响着人们生活工作的正常节奏。媒体对疫情发展的及时精准报道成为人们获取疫情最新动态便捷直接的途径。

第一财经日报自 2020 年 1 月以来，密切关注疫情动态，实时跟进报道疫情的最新动态和发展，为读者对疫情的判断提供依据。对读者了解疫情最新动态，稳定读者情绪、消除社会恐慌起到积极作用。

2 月中旬开始，国内疫情逐渐趋于平稳，海外疫情逐步发展，日益严重。全球化的今天，世界各国的发展对中国的发展产生影响。经过全国人民的努力抗疫，国内疫情得到控制，于此同时，海外疫情蠢蠢欲动，逐步爆发，日益严重。海外疫情的发展影响着中国与世界各国的正常往来与交流，影响到进出口贸易及各行业的国际业务，也影响到人们的日常出行旅游探亲求学等，因此海外疫情的发展也备受人们关注。基于以上背景，第一财经日报在对疫情的报道过程中不仅限于国内疫情的关注和报道，对海外疫情也持续报道，为有国际交流需求的读者提供了参考依据。

二、聚焦财经领域

财经媒体的属性决定了第一财经日报在疫情关注点上侧重于财经类报道，第一财经日报在疫情对国内外经济发展的影响上进行关注和报道。

《今日全国有序复工，经济保卫战打响》[1]一文是第一财经日报较早关注疫情对经济影响及疫情稳定后全国复工复产情况的报道。疫情期间，第一财经日报持续关注全国复工复产情况，且对外贸、医疗物资、生鲜果蔬等各个备受关注的行业发展进行关注和报道，跟进受疫情影响且关系人们日常生活的各行业发展情况。《新基建新消费上马，双轮驱动稳增长》[2]等报道则对疫情影响下新的经济发展方向和趋势给予关注。

疫情对国际经济形势发展及外国经济影响也是人们关注的重点。《美股再次熔断债市动荡，市场担忧疫情致经济衰退》[3]一文对美国股市受疫情影响进行报道，及时报道跟进美国经济受疫情影响的动态。《"美元荒"来袭汇市巨震，全球经济衰退风险加剧》[4]《全球疫情难见拐点，这一轮衰退会有多深？》[5]等报道均对疫情期间的全球各国经济受到的影响进行报道，为中外经贸往来提供决策参考。

总体看来，第一财经日报在疫情期间对经济领域的报道是较为及时和全面的，疫情期间为读者提供了有价值的参考依据，帮助读者对疫情期间的经济发展提供判断依据。

三、缺少全面的整体关注

第一财经日报自疫情爆发以来对疫情发展给予持续关注和报道，对疫情严重的湖北给予重点报道，对国外疫情严重国家的发展情况也给予关注。但对于中国疫情和世界疫情整体的发展缺乏全面性的关注。

《武汉疫情数据暴增解读：真实情况渐清有利大决战》[6]《支援湖北抗疫，多地增派医疗队》[7]等多篇报道对湖北疫情给予持续关注。尽管湖北作为国内疫情最为严重的省份，疫情发展备受关注，但全国疫情的发展和数据的变化也是人们关注的重点，影响着疫情期间人们的情绪和抗疫的信心。在全国疫情数据的报道上，第一财经日报

---

[1] 李秀中，吴俊捷，胥会云，祝嫣然.今日全国有序复工，经济保卫战打响.第一财经日报，2020.2.10.
[2] 祝嫣然.新基建新消费上马，双轮驱动稳增长.第一财经日报，2020.3.6.
[3] 周艾琳，陈婷，高雅.美股再次熔断债市动荡，市场担忧疫情致经济衰退.第一财经日报，2020.3.13.
[4] 周艾琳，陈婷."美元荒"来袭汇市巨震，全球经济衰退风险加剧.第一财经日报，2020.3.20.
[5] 周艾琳，高雅.全球疫情难见拐点，这一轮衰退会有多深.第一财经日报，2020.3.25.
[6] 马晓华.武汉疫情数据暴增解读：真实情况渐清，有利大决战.第一财经日报，2020.2.14.
[7] 支援湖北抗疫，多地增派医疗队.第一财经日报，2020.2.10.

并没有作重点报道，缺乏全局性发展形势的呈现，难以帮助读者综合了解全国各地疫情最新发展情况。

《美国累计新冠确诊病例，已超 130 万例》[①]《欧洲一些国家逐步，放松疫情管控措施》[②] 等文章持续对欧美疫情严重的国家和地区给予报道；后期世界其他国家疫情逐步发展过程中，第一财经日报也对巴西、印度、非洲等国家的疫情发展进行报道。总体看来，在国外疫情的报道上，第一财经日报关注点比对国内疫情的报道更为全面和多元化。但是在全球疫情发展的数据呈现上，第一财经日报也缺乏实时更新的全局性详细数据，同样难以帮助读者全面地了解全球疫情最新发展。

四、缺少疫情相关政策报道

在抗疫报道中，第一财经日报对抗疫相关政策给予关注，以经济类政策为主，如《中国定向扶持举措先行，全球央行加速"非降息式"抗疫》[③] 报道中国定向扶持举措和全球央行应对疫情的措施。但对于国内政府防疫政策，第一财经日报则较少报道。

疫情爆发以来，政府对新冠病毒的来源给予调查研究，之后出台了禁食野生动物等相关政策，加强对野生动物的保护，也从源头上防止野生动物携带的病毒感染到人。第一财经日报对疫情防控和防范病毒的相关政策缺乏较为深度的报道，在引导读者从源头上防止感染病毒缺乏持续关注。

疫情期间，全国对于交通运输业、餐饮业、娱乐业等人员频繁流动和聚集的行业都给予了管控和规范。其中，以湖北的交通管制为例，鉴于湖北疫情的严重性，疫情期间湖北交通运输具有较多政策进行管控，第一财经日报对相关的政策缺乏持续性报道。就全国其他省份而言，在交通运输上也有较多针对疫情的政策，这些政策对于人们的出行、企业业务的跨地区往来及企业产品的销售均有重要意义，第一财经日报较少对此类政策进行报道分析。对于人员密集且流动性大的餐饮业及娱乐业，疫情期间也有相关政策对这些行业进行规范。疫情期间，餐饮及娱乐场所在疫情较为严重的地区是受到管控的，尽管如此，也时有这些场所产生传染病例。对于餐饮业、娱乐业相

---

① 美国累计新冠确诊病例，已超 130 万例. 第一财经日报，2020.5.11.
② 欧洲一些国家逐步，放松疫情管控措施. 第一财经日报，2020.5.8.
③ 周艾琳，陈婷. 中国定向扶持举措先行，全球央行加速"非降息式"抗疫. 第一财经日报，2020.3.9.

关政策的关注不仅有利于引导读者自身的防疫措施，对相关行业的企业防疫及发展也能给予引导。因此，第一财经日报对疫情期间重点管控行业的政策关注总体来说是不足的。

第四节　媒体如何在突发重大公共卫生事件中引导舆论

突发重大公共卫生事件因其特点，通常备受媒体关注。如何在突发重大公共卫生事件中积极引导舆论是媒体在此类事件报道中应当给予关注的重点。突发重大公共卫生事件报道尤其需要把握新闻的时效性，报道的积极正面性及全面性。

一、把握新闻时效性

时效性是新闻的基本特征之一，对于新闻价值的最大化传递、读者接收信息的有效性都起到重要帮助。在突发重大公共卫生事件报道中，时效性尤其值得关注。

突发重大公共卫生事件因其突发性常常具有不可预见性，这就要求在时效性上尤其予以注意，一旦事件发生，应当给予及时的报道和关注。突发重大公共卫生事件的影响通常较大，而且涉及社会诸多方面，在遇到此类事件时应当及时对事件做披露和报道，从而最大程度控制和降低此类事件造成的不良影响。

第一财经日报在此次疫情当中的报道工作就较好地把握了新闻时效性，对于疫情的发展变化及时作出报道和关注，对科学引导读者防疫起到帮助。

二、正面报道事件

突发重大公共卫生事件通常容易引起社会恐慌，人们普遍存在紧张情绪。媒体报道的正面性与积极性能有效减轻社会恐慌，缓解人们的紧张情绪。

本次疫情中，媒体报道防疫成果，政府积极应对方式及医院有效的抗疫措施，总体上都是以正面的抗疫报道为主。这类报道能引导舆论朝正面发展，消除负面舆论，有效帮助抗疫，稳定社会情绪。

第一财经日报对疫情的报道基于客观事实，关注疫情的发展，但主要以防疫成果、聚焦如何有效解决疫情带来的负面影响、有效地复工复产等正面报道为主。关注问题的解决而不是放大问题本身,是本次疫情中第一财经日报报道的主要方向,总体是积极正面的。

三、全面地关注事件发展

突发重大公共卫生事件报道常常容易聚焦在事件最为严重的地区,在本次疫情中很多媒体普遍集中关注湖北疫情发展,对全国疫情发展虽也保持关注,但缺乏持续的全局性实时关注。

第一财经日报对湖北武汉的疫情发展给予高度关注,但并没有对全国疫情的变化给予全局性实时关注。鉴于第一财经日报是全国性媒体,读者来自全国各地,因此全国疫情实时发展状态更新是非常有必要呈现的内容,这类内容可以帮助各地读者了解自己所处地区的疫情发展,为出行及跨区域发展提供参考。

突发重大公共卫生事件往往不仅在局部地区爆发,局部地区的发展变化通常影响全国。因此,基于跨区域流动常态化,在突发重大公共卫生事件报道中,媒体关注如何由局部到全局;在深度报道中对重点地区给予重点关注,但在常规性报道中如何实时关注全国发展变化,以及局部地区对全国带来的影响等,这些都需要媒体在报道关注点上进一步提升。

县级融媒体中心篇

第二十章　长兴传媒集团抗疫报道研究报告

王晓伟[①]

春节，本是岁月静好、现世安稳的日子，但无情的新型冠状病毒却肆虐而来，扰乱了人们的安宁。在巨大的防疫压力下，长兴传媒集团迎来了一场没有演习的宣传战役。从2020年1月至今，充分利用融媒体优势，坚持以移动优先为原则，构建立体式、全覆盖的宣传网络，提高防疫信息的覆盖面和到达率，并利用大数据、云服务等先进技术，为政府和基层群众提供各类科技助力和信息服务，为打赢疫情防控阻击战提供了强大的精神力量和舆论支持，在此次疫情大考中交出了高分答卷。2020年3月，中宣部第10期《宣传工作》简报刊登《浙江长兴县融媒体中心助力"双胜利"》，对长兴传媒集团疫情期间的典型经验和宣传成效给予了高度肯定。

第一节　恪尽职守，筑牢舆论宣传阵地

自新型冠状病毒肺炎疫情发生以来，长兴传媒集团实时进行权威播报，积极传递科学信息，直接面向广大基层群众，一方面向基层群众科普疫情防控知识，宣传抗疫工作中的感人事迹，大大鼓舞了基层防控疫情士气；另一方面及时传递真相，避免谣言蔓延，有效稳定民心。同时，为政府与民众之间建立"上传下达"通道，助力疫情防控、复工复产。

---

① 王晓伟，长兴传媒集团总编辑，浙江省记协副主席。

一、发挥宣传主力作用，权威报道及时精准

（一）内宣主题突出

1月22日小年夜，长兴传媒集团迅速启动宣传应急预案，全面调整各平台宣传报道方案，采编线取消休假全员返岗，应对舆情正面发声，全媒体平台先后推出"疫情防控总动员""疫情防控阻击战""夺取双胜利""奋战进行时""复苏的力量"等疫情防控特别节目，在新闻战线上打响了一场出色的战役。期间，第一时间传达省市县有关疫情防控的指示精神，报道各级领导干部深入一线检查指导，推出报道四百多篇，把党委政府的周密部署和积极努力及时传达到一线；第一时间播报长兴疫情形势及防控最新情况，及时辟谣假消息，并发布最新最权威信息；第一视角发布新闻观点，以每天一篇评论的形式解读政策精神、鼓舞防控士气，连续推出六十多篇观点清晰的评论，以理性声音助力阻击疫情、复工复产，激励全县人民众志成城、夺取"双胜利"；第一现场报道一线坚守和疫情之下的社会正能量，展现长兴党员干部、热心市民及企业同心同力奋战疫情的事迹，累计推出《疫情总动员丨人物志》特别报道五十多篇，为抗疫斗争注入强大精神动力。

（二）外宣积极主动

不断挖掘基层战"疫"一线的典型经验和感人故事，唱响长兴好声音。截至日前，已向央视、央广、浙江卫视、浙江之声等上级主流媒体采用新冠肺炎相关报道四百多条。上送图片稿件上百篇，在人民日报、光明日报、经济日报等央级媒体刊发四十多篇，其中图片专题《探秘"新冠"病毒检测实验室》分别在学习强国、人民日报等国家级主流媒体上刊发。积极向省委组织部上送短视频优秀作品，共计20余部，为县级台之最。

二、融媒平台联动发声，实现全域覆盖

（一）平台联动全覆盖

在疫情防控和复工复产宣传期间，集团始终坚持融媒联动，1月23日，电视新闻综合频道全天开通三个时段的特别直播节目"防控阻击战"，以每天150分钟的纯新闻量播报疫情相关的新闻，同时增加疫情防控宣传科普短片，每天播出时长90分

钟以上；广播开通特别直播"疫情防控总动员"，通过现场连线、人物故事、插件短片等各种形式，结合疫情防控各类新闻和防护小贴士等进行宣传，总时长达 8.5 小时；新媒体则全天 24 小时滚动直播"疫情防控总动员"；"长兴新闻"于 2 月 17 日复刊后，每天推出"夺取双胜利"特别报道。之后各平台又同步开通"夺取双胜利"等特别直播节目，在社会上传递危难时刻温暖人心的大爱，增强战胜疫情的决心与信心。

（二）应急广播"村村响"

集团还于 1 月 25 日全面启动"村村响"应急广播，并快速加建至 1868 个，每天滚动播出疫情防控内容，向基层群众科普疫情防控知识，引导群众不信谣、不传谣、不恐慌，有效发挥出了农村广播"战时应急"的优势，打通宣传最后一公里，并受到央视关注。

（三）移动优先抢阵地

依托微信、微博和客户端三大移动端主线建构网络宣传矩阵，利用"掌心长兴"客户端、"长兴发布"微信公众号和"长兴新闻网"微博传递权威声音。至 4 月底，"掌心长兴"客户端共发布文章 6100 多篇，阅读量"30 万+"的四十多篇，"长兴发布""长兴新闻网"共发布信息 1460 多篇，日均阅读量达 30 万。在此次疫情中，网络宣传矩阵同样有效发挥政府喉舌功能，实时发布当地疫情防控工作领导小组的系列公告，对疫情防控、延迟开学、复工复产等举措广而告之，每条"官媒发声"都得到了长兴社会的广泛关注，其传播的速度与广度为县委县政府各项工作精神的传达和防控措施的落实起到至关重要的作用。

三、强化媒体舆论监督，发挥积极作用

（一）直击一线强监督

通过内参、监督报道等，反映卡口查车不查人、产业链复工进度不一等问题，协助相关部门做好监督。湖州市发布设岗排查通告后，组织记者对各检查口进行了暗访调查，并对某村口检查处志愿者在帐篷内打扑克牌、未按要求对来访人员进行任何登记和体温测量便直接放行的行为进行了曝光。

（二）违规曝光引重视

推出《未按规定扔口罩要罚款了！长兴开出首张罚单》《严惩！长兴警方速破一

起销售假口罩案！》等7篇报道，系列报道曝光了违法违规行为，引起了市民和相关部门的高度重视，并有效促进问题解决。

（三）话题热议引深思

推出的微信文章《医生订餐被拒！肯德基：医院的外卖都不送》引发全城热议，不同的观点碰撞，最终显现的是在面对疫情的坚持、坚韧和大爱，众多商家主动打来电话表示要为一线医护人员送物资，此事件也成为了策划开展公益活动"送给亲人"的引子。

四、提供公共信息服务，稳定社会民心

（一）完善疫情信息发布机制

从1月24日（年初一）开始，每天安排一位中层骨干蹲守县疫情防控指挥中心，及时传达指挥部布置的宣传内容，同时梳理会议中获取的新闻线索进行报送，做到第一时间权威发布疫情防控最新信息，累计发布各类通告通知36次。尤其是通过两微一端渠道快速发布县委、县政府最具权威性的信息，迅速成为长兴人民接收本地疫情防控信息的唯一主流媒体。

（二）辟谣答疑稳民心

随着新型肺炎疫情逐步爆发，各种谣言纷至沓来，为了阻止谣言扩散引发的恐慌，长兴传媒集团借助"融媒眼"智慧系统强化舆论监测功能，第一时间通过两微一端平台发布辟谣消息，正确应对舆情，先后发布《"长兴已确诊一名患者"系谣言》等辟谣信息40多篇，快速有效地平息了谣言，保持了正常社会秩序。

（三）特别策划"解密吧真相"防疫版

"解密吧真相"是集团一档品牌科普栏目，曾连续两年获评国家新闻出版广电总局扶持项目。自2月起，栏目推出防疫特别版，共策划播出四季，分别为"疫情普及版""疫情防控版""复工复产版""健康生活版"，每季七集。短小的视频、严谨的科普、精心的制作，为观众带来"佩戴口罩""正确洗手"等行之有效的防疫知识。

第二节　勇于担当，体现媒体人文关怀责任

疫情突如其来，人们的生产生活受到不同程度的影响，停工停产停课、农产品滞销等问题，引发舆论担忧。长兴传媒集团充分贯彻人文关怀精神，整合资源，搭建平台，探索推出多元化、特色化的媒体服务，并投身于各类公益帮扶活动中，成为服务群众的好帮手。

一、投身公益精准帮扶，彰显媒体力量

（一）送给亲人

1月底，长兴传媒集团联合县文明办、团县委、县妇联、县文广旅体局共同举办大型公益行动"送给亲人"，第一季活动于4月8日结束，累计开展75期。该活动开展以来，累计参与的爱心商家有100多家、爱心志愿者达1000多人次，累计慰问执勤卡点1500多个，慰问一线执勤人员5000余人，送出爱心商品2万件以上，总金额60多万元，社会各界用实际行动为守卫家园的抗疫战士送去温暖。

（二）帮扶在行动

"帮扶在行动"是长兴传媒集团连续开展多年的公益品牌，今年2月中旬，集团关注到本地农产品滞销问题，策划启动"帮扶在行动"第三季，打出口号："帮农户卖菜，帮用户买菜，受疫情影响的农产品，我们一起帮你做"。同时创新融媒宣传模式，开展全平台多样化的农产品助销活动。一是推出帮扶节目，2月以来，策划推出"帮扶在行动"战"疫"助农特别节目，共拍摄了9部专题节目，每部分别以一种农产品为主题，每期时长8分钟，由爱心帮扶大使助力时令农产品销售，使帮扶产品被更多人知晓，该节目帮扶农户27家，累计销售蔬菜、水果、禽类等农产品102.5吨。二是开展帮扶直播。3月3日上午，推出"云帮扶"战"疫"助农公益活动融媒体直播，整场直播历时两小时，分成云种草、云抢购、云美食、云抢答、云满天、云求助、云采蛋和云买家等八个版块。直播期间，爱心买家可通过直播链接或"长兴鲜"微信公众号进行下单认购，也可以直接联系农户进行订购，直播中实时播报后台认购情况。直播总播放量超101万，爱心买家达137个，许多市民留言互动，点赞超1万。一季度，帮扶活动累计助农销售总额达240万元，云买家遍及长三角周边城市，有效解决了农

户的燃眉之急，减轻了因疫情带来的经济损失。

二、开放平台优质资源，服务政务民生

（一）提供免费收视

疫情正值春节，为了让大家减少外出，同时在家中享受文化大餐，长兴数字电视60套收费的高清付费节目，以及点播专区的学习、电影、直播等优质资源，对所有有线数字电视用户全部免费开放，对已经欠费停机的用户实施不停机政策。同时，24小时维修服务机制不停歇。春节期间，3个本地频道组收视率上升40.3%，创近年来春节假期收视新高。

（二）开设"空中课堂"

针对疫情期间中小学师生家庭的教育需求，主动与县教育局联系，让出频道资源，组织保障团队，于1月12日起开设电视节目"空中课堂"，实时同步播出县教育局发布的学习课程，直至4月8日结束，共完成八个阶段的大屏直播课程，获得了教育主管部门和广大师生家长肯定。

（三）网上政务平台

定位为"新闻+政务+服务"的"掌心长兴"客户端不仅充分发挥基层主流舆论阵地作用，更在政务、服务上发挥成效。"掌心长兴"通过一站导引、一网通办和一端服务，推动"最多跑一次"为"一次都不用跑"，共链入长兴政务通的政务类应用达1800多项。2月1日，长兴县政务办发布通告，停止现场办理服务，倡导通过网络办理各类政务事项，掌心长兴成为重要的网上综合服务平台，目前多项服务日均使用量都在1万以上。

（四）开展心理咨询

针对疫情期间市民心理健康问题，集团联合湖州师范学院心理系、湖州市第三人民医院等单位，开辟广播防疫心理咨询节目"听见你呼吸"，主要围绕疫情的发展情况及不同人群呈现出来的心理状态，做好心理危机干预和热线疏导，并邀请"心理按摩师"心理专家电话连线的方式作客直播间，引导市民科学认识疫情，合理疏导因疫情导致的焦虑、抑郁、恐惧等心理，话题有"面对疫情，常见的心理问题""怎么缓解焦虑的情绪？""我想上班了""返岗复工，你做好心理准备了吗？"等等。长兴

广播的吉祥物"波波"在节目中开通心理微课堂,讲述心理小常识。该节目精减版音频每天在微信公众号"掌心长兴"推送。节目互动通过"长兴广播"微信公众号发送文字或者语音留言,开通了全天热线电话,收听方式多元化,该节目持续开展 1 个月,共推出 25 期,累计服务 1000 余人次。

三、打造直播带货平台,助力复工复产

为深入贯彻落实习近平总书记在浙江调研的重要讲话精神,强担当、亮行动,长兴传媒集团坚定政治方向,扛起党媒担当,聚焦企业复工复产,聚力"打好疫情防控总体战、打赢经济发展翻身仗",全力做好企业复工复产的宣传"助推器"。

(一)网络在线答疑

为及时回应群众关切的民生问题、企业关心的发展问题,推动全县经济社会尽快步入正轨,2 月 19 日上午,长兴传媒集团在"长兴发布"微信公众号和"掌心长兴"App 上特设直播平台,组织开展网络在线问答活动。活动共分两个阶段,每个阶段都会有 5 个部门的"新闻发言人"参与答疑解惑,涉及的内容涵盖复工复产、企业发展、农产品销售、用工返学、交通出行、大数据管理等方方面面,引导团结全县上下共抗疫情、共克时艰、共谋发展。整场直播活动累计现场留言提问共 149 条,答疑 49 个,在线观看人数近 3 万。

(二)启动直播带货

此外,集团还于 4 月启动了"传媒生活馆"线上项目,以"主播带货"的直观形式多角度展示产品,并通过限时特价、满减、优惠组合套餐等营销方式,促使用户快速下单,拉动消费。首期直播观看人次达 10333 人,销售额达 3 万元。截至 5 月中旬,已为金三发、波路梦等 60 多家企业开通了直播带货的平台,开展直播 6 场,共卖出产品达 80 多个种类。4 月 25 日精心策划"消费红五月 长兴欢乐购"钜惠长兴优品云购汇暨百名主播促消费活动,为消费券发放造势。1 个主会场+7 个分会场,215 家企业联动,百名主播直播带货,其中,中共长兴县委常委王伟新走进直播间客串"小二哥",仅半小时就吸引了超 1 万人观看,互动留言达到 1000 余次,成交额逾 3 万元。

第三节 精准智控，提升媒体战"疫"助力

集团从 2017 年开始布局未来智慧发展，承接政府社会投资类信息化项目，打造具有复制推广价值的运营模式和产品体系，建设运维云数据中心"政务云""民生云"，构建全县"智慧枢纽"，赋能媒体融合发展创新，在此次疫情中也发挥了极大的作用。

一、开启智慧技防加持，实现精准防控

集团旗下科技公司第一时间响应防控工作要求，为乡镇紧急开通公安视频专网链路，完善无线智能报警监控、高速路口智能球机监控体系，乡镇工作人员可通过治安视频监控实时掌握各区域人员聚集情况，在减少值班人员户外暴露时间的同时，让布防区域更大、信息收集更及时。此外，主动为各部门、街道提供行业最新的疫情防控方案，累计安装高速路口智能球机 7 台、智能卡口设备 2 个、无线智能报警监控 432 台。其中，智能监控可实时推送人形检测告警信息至工作人员手机，极大缓解了街道人手不足的问题，以技防结合人防，用行业新科技助力疫情防控工作。并借助科技手段，为社区、企业研发"慧管理"疫情防控出入登记系统，以防疫电子通行证替代纸质通行证，实现有源可溯，确保精准化防控。

二、借力社会综治平台，保障应急指挥

集团下属慧源公司积极发挥信息化技术专长，通过与航天五院共同研发的 CIG 信息栅格平台和社会基层治理信息管理平台，实现部门间数据共享、资源互通和业务协同，平台建设的推进为移动服务提供了丰富的数据接口，在疫情期间快速收集第一手基础数据，为相关部门和领导进行应急指挥提供了研判依据，大大缩短了研判时间，为下一步工作部署赢得宝贵时间。专业技术团队 24 小时随时待命，共完成县新型冠状病毒疫情防控视频会议等 45 次会议的技术保障工作，体现了长兴县基层社会治理现代化能力。

三、研发专项民生应用，解决群众难点

以服务和生活便利为目标，整合政府相关部门和各事业单位的相关服务资源和权

威信息，为长兴居民提供本人密切相关信息，以及其他生活、医疗、交通、旅游、便民、政务、资讯、办事等方面的信息服务。已经入驻服务共计 220 项，其中政务办事 192 项、查询类事项 10 项、民生类服务 18 项，初步满足本地居民对信息资讯、生活服务需求，新的应用开发还在陆续上线。在"掌心长兴"客户端开发"口罩地图"应用中，实时更新全县 84 家药店的口罩储备情况，使广大市民足不出户即可获得详细信息，减少不必要的外出行为。3 月 4 日正式上线自主研发的"口罩实名购买"系统，通过现代智慧技术手段协助政府科学管理口罩发放，为口罩物资调配提供依据，全县共 84 家药店使用。该系统解决了市民重复购买抢购屯货的问题，在正确进行宣传引导的同时，采用技术手段防止漏洞，从根本上解决难点问题。

第四节 战"疫"收获

疫情期间，作为媒体人，我们的任务就是为坚守的人鼓与呼，同时坚守着自己的岗位职责，打响了一场宣传战线上的防疫战，有付出，更有收获。

一、战"疫"宣传获得肯定

在新冠肺炎疫情发生以后，长兴传媒集团积极联动，及时传递中央和各级党委政府权威声音，在疫情防控与经济社会发展"两手都要硬，两战都要赢"的实践中彰显媒体融合的"新闻力量"。这种强信心、暖人心、聚民心的实践做法也获得了充分肯定。

2020 年 3 月 6 日，中宣部第 10 期《宣传工作》简报刊登《浙江长兴县融媒体中心助力"双胜利"》，对长兴传媒集团疫情期间的宣传成效给予高度肯定。

3 月 10 日，人民网、央视网、新华网三家央媒先后分别发表报道《浙江整合宣传平台，及时发布权威信息——媒体融合，汇聚战"疫"力量》、《浙江：联动赋能县级融媒战"疫"显身手》和《浙江县级融媒体中心：打通战"疫"宣传"最后一公里"》，对长兴传媒集团"掌心长兴"客户端多项便民服务应用、系列微广播剧《逆行的你》和《又见工友》，以及"云帮扶"战疫助农公益活动融合直播等给予充分肯定。3 月 11 日，光明日报客户端发表《浙江 90 家县级融媒体中心彰显抗疫合力》,再次点赞长兴传媒集团创作系列微广播剧,为战"疫"斗争注入强大精神动力的宣传做法。

二、传播能力获得提升

广大基层群众对疫情信息的高度关注,也给集团各媒体平台尤其是新媒体平台带来了粉丝效应。以1月20日为疫情报道分隔线,对移动端平台前后一个月(12月20日—1月20日和1月20日—2月20日)的传播及运营数据进行比对,两微一端的阅读量、粉丝量都出现了大幅度上涨。如,"掌心长兴"App单日最高下载量增长10倍,单条最高浏览量增长15倍;"掌心长兴"微信公众号粉丝日均增长400人以上。此外,"掌心长兴"抖音平台正式运营短短3个月,粉丝突破40万,仅其中的"主播说"栏目累计浏览量已破亿,单条最高浏览量为4940万。

强大的粉丝效应也在集团开展各类公益活动期间展现了威力,无论是"送给亲人"的活动,还是"云帮扶"直播助农活动,集团策划发起的各项倡议都得到了广大市民的大力支持。"送给亲人"连续开展两个半月,每天一场从未间断,赞助商家和爱心人士也从未间断;"云帮扶"直播获101万浏览量,远超了长兴县64万的常驻人口数,辐射到了长三角周边地区,在直播结束后至今,受助农户仍不断接到农产品求购电话,爱心公益活动余温还在持续。

三、融媒产品佳作频出

疫情期间,来自基层的鲜活素材,也使得采编人员灵感迸发,融媒产品佳作频出。

(一)短视频

以"世相"和"智行"两大工作室为短视频生产主力,通过建立防疫信息微信群、搭建典型人物选题库,动态掌握各类抗疫典型,推出《疫情总动员丨人物志》特别报道50多篇,同时制作电视大屏和新媒体小屏两种不同传播形态,并辅以"人物海报"的形式加快传播率、扩大影响力,打造出《挥泪看妻子的陈江》《隔离病房的尿不湿医生》《打怪兽的妈妈》《村里的独腿守门员》等典型人物报道,有10篇人物报道先后被新华社、浙江卫视、浙江之声等上级媒体所录用。此外将部分新闻作品拆分成更适合抖音、快手等网络传播的短视频90多条,其中播放量"10万+"的达到30多条，累计播放量超 3000 多万。

（二）短音频

策划推出系列微广播剧《逆行的你》14 集，其中 7 集被学习强国平台录用，被中国微广播剧公号征用，并将遵照国家广电总局指示，提供给湖北广电各频道播出；推出《又见工友》7 集，其中 2 篇被中国微广播剧公号征用；推出大型自述体短音频系列《战"疫"声音日历》76 期，记录在长兴大地上为抗疫而战的每一个普通人，用自述日记体讲述工作日常，捕捉战"疫"最前线的点滴感动。

（三）MV

创作《逆行的背影》《空城逆行长兴加油》《花已开归不归》等 MV6 部，其中《逆行的背影》与蔡大生合作，为全省首发；《空城逆行长兴加油》获得 7.5 万的点击量。推出 H5 作品 20 余个，其中《我是党员我先上》浏览量"10 万+"；《让党旗高高飘扬》收到 2000 余条来自一线党员的上传信息。

（四）其他移动精品

拍摄了大量有温度、有价值的摄影作品，在移动端连续推出《众志成城抗击疫情》《党员先锋战"疫"情》《送个亲人》《探秘"新冠"病毒实验室》《战"疫"父子兵》等 5 期视觉"一瞬间"，以温情故事打动人。推出《探秘硬核小区》《逼近零度的深夜，这帮硬核守门员亮出新技能！》《随机采访 20 个长兴市民，他们憋在家里都干啥了？》《"送给亲人"十日记：战士一线筑"疫墙"　后方群众送温暖》等掌心 Vlog，让广大群众能够第一时间了解我县防疫工作。推出各类宣传海报 100 余张、长图 10 余张、手绘漫画 6 部、动漫短视频 2 部等，极大丰富了融媒产品的展示方式，为移动端宣传助力。

四、传媒队伍得到锤炼

此次疫情防控战役，对集团所有人员来说都是一场硬仗，年假还没来得及开始便宣告结束，全员转入"战时状态"。全媒体联动、全员调配的方式，彰显一线新闻工作者的责任和担当，期间，有许多年轻员工脱颖而出：采访记者退掉好不容易抢到的车票，放弃回湖南陪伴孕妻，连续一个月无休奋战在抗"疫"一线；摄影记者深入高危"新冠"病毒检测实验室，记录下检测人员直面可疑病例标本的画面；已转岗的主持人临时受召而回，再次出现在久违的电视屏幕上，在市民间引起了不小的轰动；多名党员记者主动请缨前往隔离区、疑似病例排查点、高速卡点等防疫最前线，日夜蹲守带回最具温暖、最有信息的现场报道。抗疫期间，集团员工互相关心鼓励，各个条线通力合作，留下了很多温情瞬间。全集团更有15名年轻员工深受身边党员的影响，在这个特殊时期，不约而同地递交了入党申请书，向党组织表达主动奉献的强烈愿望。集团还发起内部募捐，422名干部职工共捐款137500元，为抗疫贡献出自己的一份力量。

第五节 战"疫"感悟和下一步举措

此次疫情，让我们清楚地感受到，危难时刻，更需彰显媒体人的责任和担当。作为基层主流媒体，我们还任重道远。未来，将以全力全面打造全国一流区域互联网信息服务提供商为目标，以"改革创新"为工作总抓手，致力服务创新、业态创新和体制机制创新，继续保持县级融媒体中心建设领先地位，写好长兴媒体融合发展"后半篇文章"。

一、整合集约，夯实融媒建设的基础性工程

（一）坚持内容为王，壮大主流舆论阵地

坚守"内容为王"，以内容优势赢得发展优势。在坚持党管媒体原则下，抓主线、举旗帜，服务中心大局，优活动、强直播，提升主流影响，不断巩固壮大党在基层的主流思想舆论阵地；在传播党和国家声音的同时，自选主题充分唱好"地方戏"，服务好当地社会经济建设。同时，坚定实施移动优先战略，强化移动端平台及渠道拓宽建设，抢占舆论制高点。继续围绕"掌心长兴"客户端的"新闻＋政务＋服务"新定位，做好内容运营、技术升级、服务优化等工作，整合县域优质政务、民生服务，提升可用性。强化移动端平台及渠道拓宽建设，发挥行政推广力量，为App的下载及应用拓宽范围，依靠活动、直播、内容服务等完成"掌心长兴"App的自然增粉，实现"线上＋线下"共同推进。到2020年底，实现App下载量破30万、头条平均阅读量破万目标；制定编委会2020年"十大攻坚战役"。

（二）厚植群众沃土，打造综合服务平台

顺应浙江省县级融媒体中心建设发展需要和新闻舆论工作新的发展潮流，搭建综合服务平台，提升基层治理能力。继续强化"掌心长兴"客户端的"新闻＋政务＋服务"模式，一方面借助大数据技术与应用，打通和建立政务服务渠道，做好政府部门、乡镇、街道的服务平台升级开发，加强互动互联；一方面搭建用户反馈平台，提供多种渠道的用户反馈爆料系统，增强用户的互动性。推动"最多跑一次"为"一次都不用跑"，对接入的 1800 余项政务应用，密切跟踪服务情况，聚合各类综合服务能力，盘活县域社会资源；对社保、医保、交管等领域多项高频民生服务实现"一站导引、一网通办和一端服务"。不断延伸媒体参与社会治理的想象空间，提升区域治理水平和治理能力。融通建设"两中心一平台"（县级融媒体中心、新时代文明实践中心、"学习强国"学习平台），实现立体化"宣传大格局"，充分发挥媒体融合发展在创新社会治理中的重要作用。同时，凭借前期智慧产业探索基础，延伸业态，完成居家养老中心平台、清廉乡村平台、智慧环保、智慧农业等新项目实施，提升信息化集成和自主研发能力，满足"智慧社会""智慧城市"信息传播需求，助力解决"智慧社会""智慧城市"治理中的各种现实问题。

（三）深耕下沉市场，集聚社区信息资源

坚持功能定位，提升技术能力，做足应用开发。不断强化爆料、话题等社交互动板块的互动效果，服务本地，打造本地生活圈，让用户成为内容生产者，提升用户黏性；充分挖掘社区、乡村的潜力，将社区服务业务引入"掌心长兴"App 中。着力做好未来社区乡村数字服务平台建设，加快对民生应用功能的深入开发，建设包含"诚信码""长兴鲜"等各类应用场景服务，争取 2020 年底达到 25 项。此外，扩大内容创作群体，将区域内的政府机构、专家学者等组织或个人作为专业性的创作用户，成立传媒智库。同时启动成立长兴传媒数字传播研究院。打通"媒、产、学、研、金"五位一体的县级融媒体中心新格局。

二、优化生态，推进融媒机制的纵深化改革

（一）推进融媒机构重组，重塑生产传播链条

继续实施移动优先战略，兼顾传统媒体平台，今年 4 月已完成对编委会架构的调

整。立足移动优先，确定新的策采编发工作流程，包括科室设置、岗位职责、工作步骤、考核体系、资源分配、内容运营以及融合营销等内容，进一步合理分配人力、物力投入，将传播重心真正转移到移动端。

（二）优化平台焕发活力，搭建资源运营平台

探索市场化运作模式，从"营销"向"运营"转变，打破原有平台制经营，将集团营销资源进行改革重组，实现内容平台与营销平台真正的共融共通。以政企、商业、产业三大块为运营主体，以"线上+线下""媒体+平台"等全方位攻势突破媒体营销瓶颈。牢牢把握集团作为县级融媒体中心样本的优势，积极寻找轻资产运作项目，正筹备搭建全国融媒体中心产业联盟基地，聚拢县外媒体同行，利用模式、项目输出来拓展县外合作项目，打造媒体融合生态圈。以"媒体+项目"的模式，抱团发展，开辟新的创收渠道，同时尝试主播带货、旅游项目、教育培训、银发经济、线上系统开发等产业拓展运营。今年已启动线下体验店"传媒生活馆"，通过线上宣传、线下体验、线上线下同步销售的形式进行深耕运营。

（三）人才结构固本升级，打造人员生态机制

调整优化科室设置，优化人才结构，力争员工年优化率达到5%以上。同时加大优秀年轻人才压担使用力度，培养第二管理梯队。创新选人招人方法，引进集团发展急需的高端人才，提升人才专业结构。继续实施"万物生长"融媒人才养成计划，制订因材施教、因需施教的培养计划。成立集团技术委员会，不断壮大高层次人才队伍，打造一支包含高级工程师、工程师、助理工程师于一体的项目实施队伍，含一级建造师、二级建造师于一体的专业人才队伍，以及含项目经理、产品经理、前端开发、后端开发、手机开发等于一体的软件研发团队。积极接轨市场需求，申领弱电智能化、通信工程总承包、涉密资质、软件企业认证等多项资质，持续提升核心竞争力。积极争取参与5G建设和运维，引领媒体融合走上快车道。

三、产业重塑，拓展融媒发展的智能新业态

（一）信息智慧全域化

依托12000路治安监控、20000多路社会监控、车辆结构化、人脸结构化、AI分析等应用，全面建成长兴传媒新的业务城域网——智能监控专网。利用专网优势，一

方面推动卫健系统、教育系统等政府行业监控资源的统一管理和统一服务；另一方面将拓展小区、企业监控安装应用，实现全域覆盖、全网共享、全时可用、全程可控的目标，力争成为县域内基础信息网络。

（二）数据变现智能化

依托"长兴云"和CIG平台数据资源，在保证数据安全性的基础上，整合雪亮工程的视频资源，应用于多部门业务监管和服务，寻求数据应用变现的突破口，例如一窗受理、智慧环保大视野监测、智能交通、智慧旅游等。到2020年底，力争为50个以上政府投资信息化项目提供云服务、为30个以上市场化运作的项目提供入云服务。与航天五院共同完成CIG平台升级，在战略合作协议的基础上，与航天五院开展"长兴模式"产品复制推广，助力提高政府公共服务能力。

（三）数字产业基地化

组建长兴数字产业园基地，由县大数据局为指导单位，长兴传媒集团作为具体执行和运营单位，做好数字企业招商、数字化人才培养、数字产品研发等工作。以现代智慧城市管理平台为支撑，以数据共享、业务协同为重点，进一步推进智慧城市建设，努力打造"整体协同、智慧高效"的数字政府，助力长兴高质量赶超发展。

（三）媒体联盟产业化

以长兴传媒集团在全国县级融媒体中心建设成果上的引领优势，联合全国千家县级融媒体中心组建全国县级融媒体中心数字联盟平台，打造成数字产业园媒体行业内的全国基地。此外，在目前已有的长兴县电商服务平台基础上，搭建全国县级融媒体中心电商平台，利用媒体联盟优质，开展垂直电商、直播带货、传媒生活馆等线上线下业务。

第二十一章 洪湖市融媒体中心抗疫报道研究报告

曾彧 李友华[①]

庚子新春，疫情肆虐。洪湖市融媒体中心在抗击新冠肺炎疫情的宣传战役中，充分发挥县级融媒体"融""新""快""实"的特点，为疫情防控和经济社会发展提供了强大的精神动能。我们的主要做法是，在市委和宣传主管部门的领导下，强化宣传统筹、强化信息统筹、强化平台统筹、强化服务统筹，不断创新新闻节目的生产方式和传播方式，忠诚履行全媒体时代官方媒体的新闻宣传和舆论引导工作职责。通过打好打赢疫情防控和复工复产宣传战，凝聚了力量、鼓舞了人心、锤炼了队伍、提升了能力。同时，主要网络平台的关注人数分别增加了20万和12万，充分彰显了"群众在哪里，我们的服务就跟进到哪里"的目标要求。

第一节 洪湖市融媒体中心基本情况

2019年3月，原洪湖市广播电视台、原洪湖市新闻中心进行机构合并，组建洪湖市融媒体中心。目前，该中心拥有一个广播频率、两个电视频道、一份双开四版报纸、一份手机报（电子版）、两个微信公众号、一个官方微博、一个抖音号以及一个手机App等10个媒体传播平台。中心在岗工作人员87人，具有中级以上职称人员45人。近年来，中心坚持新闻立台、产业活台、管理强台的发展理念，在新闻宣传、产业运营、活动策划等方面不断夯实基础，不断开拓市场，不断改革创新，其综合实

---

① 曾彧，洪湖市融媒体中心副主任，记者；李友华，洪湖市副媒体中心副主任，记者。

力位居湖北省县级融媒体的前列。原洪湖广播电视台是全国百强广电。

去年以来，洪湖市融媒体中心充分利用融媒体分众化传播、互补性传播、及时性传播的特点，弘扬主旋律，传播正能量。自办节目主要有时政、民生、法制、文艺、美食、旅游等内容板块，广播电视自办节目时长每天达 12 小时。大型活动和线上直播活动实现常态化，全年组织各类活动超过 150 场。2019 年中国龙舟公开赛湖北洪湖站比赛直播在线观看量超过 500 万人次。联合湖北日报推出的《新洪湖正闪耀》长卷，成为湖北省与县级融媒体中心合作的标杆和样板。中心旗下的洪湖融达传媒公司正在积极探索新时代文化产业发展之路。该中心还多次获得中国新闻学会、中国广播剧学会、全国县市台推优评选大奖。

2019 年 7 月，洪湖市融媒体中心启动新办公楼改建项目。从职能上划分，新建的融媒体中心将分为信息采集、内容生产、综合服务、策划指挥、数据分析、内容审核、融合发布、网络安全、运行维护和监测监管等机构，真正实现"一次采集，多元分发"的目标要求。从实际操作层面来讲，将原有的采访部门整合为融媒体采访部门，负责提供视频、音频、图片、文稿、直播等素材，素材经网络数据抓取，通过审核之后储存到素材库，再发送到融媒体编辑部门。融媒体编辑部经过导播制作、非编精简、智能拆条、文稿编辑等流程后，通过多种矩阵通道发布。同时，洪湖市融媒体中心正在探索"新闻+运行"模式，从新闻宣传向公共服务领域拓展，从传统传播向多元化新闻传播延伸，把洪湖市融媒体指挥中心打造成"新闻+政务+服务"的综合新闻信息服务平台，为受众提供个性化、多样化服务，实现县级融媒体中心的新运营模式。

第二节　洪湖市融媒体中心抗疫报道中的社会责任履行情况

洪湖市地处湖北省荆州市的最东端，紧邻武汉市。1951 年建县，1987 年撤县建市。这里是第二次国内革命战争湘鄂西革命根据地的首府，也是中国工农红军长征三大主力之一红二方面军的重要诞生地。人口 95 万人，面积 2519 平方公里，境内河湖港汊众多，其中洪湖是全国第七、湖北第一大天然淡水湖，面积近 60 万亩。境内有汉洪（武汉—洪湖）高速、江北东高速、武汉绕城高速孝感—洪湖段等高速公路贯穿全境，已经建成的长江大桥一座，在建一座，这里交通便利，人员往来频繁，武汉与洪湖之间经济交往密切。

2020年春节前夕，5万多名武汉返洪人员持续涌入，全国各地途经武汉中转返回洪湖人员超过8万人，洪湖市一度成为新冠肺炎疫情的"重灾区"。2020年1月19日，洪湖市接到首例新冠肺炎报告病病例，患者为在武汉华南海鲜市场附近工作的武汉返乡人员。

疫情爆发初期，公众的关注度并不高。随着疫情的持续蔓延，新媒体和自媒体成为疫情信息传播的主要发布渠道。因为官方信息迟滞，各种信息不对称，各种预测性消息广泛传播，社交媒体、朋友圈疯狂传播着关于疫情的各种提示、警告，真实性有待甄别，最后有的沦为流言，甚至是谣言，所谓的民间舆论场已经失控，主流媒体正面发声显得十分紧迫。

疫情就是命令，防控就是责任。洪湖市立即成立疫情防控指挥部，召开工作会议，迅速做出紧急应对措施。1月20日—24日，连续5天紧急调度，就疫情防控工作作出部署，各级各部门迅速响应、全力以赴，积极迎战、主动应战。全市各级干部停止春节休假、迅速进岗到位。

集结最优势医疗资源，构建高效的运作机制，统一调度、统一指挥、统一标准，发挥制度优势、形成有机整体，全方位凝聚救治医护之力。党员干部、医护人员、公安民警、社区群众、志愿者、爱心人士、返乡大学生、工程建设者……纷纷参与到疫情防控中来。

1月25日，洪湖封闭高速出入口，封闭国、省、县、乡道路，关停所有非必要公共开放公共场所。三天内，人民医院、中医院成为集中收治医院；五天内，四医院、老人民医院改造成集中收治医院；十天内，洪湖小汤山医院建成，第一例病人在2月6日凌晨入住。与此同时，源头防控、交通防线、物资保障、疫情信息、隔离场所等各项工作全面推进，洪湖应对疫情的各项防控措施，短时间内高效启动。与疫魔赛跑，就是和死神较量。

在这场抗击新冠肺炎疫情的战斗中，洪湖市融媒体中心在上级宣传部门和洪湖市委、洪湖市委宣传部的正确领导下，全员参战，践行初心使命，在危机中锻造自己，在考验面前书写答卷，激发全媒体矩阵效应，传递抗疫强音，忠诚履行媒体社会责任，全力打造"全程媒体、全息媒体、全员媒体、全效媒体"，在突发公共卫生事件中努力践行"脚力、眼力、脑力、笔力"要求,为打好打赢疫情防控人民战、总体战、阻击战凝聚力磅礴力量。

一、强化宣传统筹把握正确方向

抓好新闻宣传和意识形态工作,各级党委部门是主责部门,单位一把手是第一责任人。因此,抓好疫情防控新闻宣传和舆论引导工作,是疫情防控工作成败的关键,谁来统筹,怎么统筹,统筹什么,决定了新闻宣传和舆论引导工作的成效。

在洪湖市新冠肺炎疫情防控指挥部的统一调度下,由洪湖市委宣传部牵头,成立了洪湖市疫情防控新闻宣传和外事服务保障组,市委常委、宣传部长任组长,分管副部长、融媒体中心主任任常务副组长,全面统筹疫情防控期间新闻宣传和舆论引导工作,确保新闻宣传的主动权、话语权牢牢掌握在自己手里。

(一)统一策划选题,把握宣传重点

按照上级工作部署,洪湖市融媒体中心迅速成立工作专班,认真学习中央指示精神和有关会议精神,掌握报道新冠肺炎疫情的工作重心和着力点,了解本地疫情情况和防控部署,站稳脚跟,立足全面,统一调度前后方人员,在洪湖市抗击新型冠状病毒感染的肺炎防控指挥部、定点医院工地、社区防控中心等安排了驻点记者,建立高效的选题协调机制,工作信息源源不断汇聚到编辑部。

从1月26日起,每天晚上8点准时召开网络视频会议,广播、电视、微信、微博、报纸、网站、手机报、抖音小视频等多个平台的编辑和记者网上开会,共同策划选题,共享新闻信息,结合各平台传播特点下达采访指令。以医疗救治、医学隔离、社会面管控、防控一线典型为重点,全方位、多角度、立体化宣传疫情防控工作,策划并落实抗疫宣传报道500多篇(条),制作公益广告、海报50多篇(幅),策划微音频、微广播剧20多条。

(二)集中采编力量,提高宣传效率

疫情来势汹汹,让人揪心,多位在外地休假的记者编辑取消了春节休假,甘当"逆行者",赶回洪湖参与抗疫报道。我们细分了疫情报道专班任务,将摄影摄像、手机、无人机、主持人等3—4人编成一个小组,调配采访专车,负责本小组内采访事务,并将对各平台发稿设想通知平台编辑,征求值班编辑意见,实现信息的精准搜集,一

次采集，多元分发，根据平台发稿时间安排，合理布局，避免了重复劳动，提高了新闻时效。视频新闻《生死时速转运13名重症患者》《新闻特写：ICU里的战斗》，分别在今日洪湖本地微信公众号刊发，视频、图文同步推出，抖音版和网络版也同步推出，引起了社会的广泛关注，共收到网民后台留言800条，点击量超过30万人次。

（三）做实外宣报道，展示抗疫成效

洪湖疫情严重，也倍受关注，到3月10日，累计报告确诊病例383例。广东南方医科大学南方医院援鄂医疗队整建制赶赴洪湖，海南援鄂医疗队先后安排4批次队员援助洪湖，湖北省疫情防控指挥部在面向全国召开的新闻通报会上，明确指出洪湖医疗救援物资匮乏，疫情十分紧张，需要特别安排紧急援助。所有这一切，都激励着我们报道好洪湖的抗疫战斗。这其中，我们把关注的重点放在最大程度提高检测率、治愈率，最大程度降低感染率、病亡率，抢救生命上来，也推动了网民的广泛关注。报道重心围绕尊重生命、珍惜生命、爱护生命，创造生命奇迹展开，凝聚人心，激励前行，讲好洪湖抗疫故事，增添战胜疫情的信心和力量。《新闻特写：23封"情书"鼓舞了丈夫激励了自己》，讲述了一对确诊的夫妻在危难时刻不离不弃的抗疫情缘，在央视播出后，引发社会关注，央视"24小时"栏目对此专门发表了主播点评。《洪湖东分块分蓄洪项目复工》《湖北洪湖分区分类分级分时有序推进复工复产》等关注复工复产的热点新闻分别在央视"经济半小时""新闻直播间"栏目中播出，充分展示了洪湖在科学防控的基础上，快速统筹推进经济社会发展的有力举措。两个月以来，中央台、湖北台及荆州台共播发洪湖报送的视频新闻200多条，在"荆州日报"客户端上播发70条，新媒体推出原创抗疫宣传片《洪湖黎明》《洪湖加油》和MV《逆行者》登上学习强国平台，更加坚定了洪湖夺取疫情防控和经济社会发展双胜利的决心和信心。

二、强化信息统筹挖掘新闻深度

疫情爆发之初，官方消息往往局限于各级指挥部的指令、公告等。一时间，各种猜测、质疑甚嚣尘上，各种小道消息满天飞，甚至流言四起。怎么统筹新闻宣传的信息流，做到真实、准确、及时地发布新闻，深度挖掘新闻？这既是疫情防控新闻宣传的政治任务，也是新闻宣传是否出彩的关键所在。

洪湖市融媒体中心编发中心明确提出，信息来源分三块：一是洪湖市疫情防控指挥部的指令、公告等；二是洪湖市 108 家市直单位和乡镇区办的新闻发言人；三是上级新闻宣传机构的指令性新闻选题信息。同时，为了不遗漏任何一条重要新闻信息，洪湖市融媒体中心安排一名副主任坐镇指挥部，除了做好日常新闻宣传协调外，还负责联系广东、海南支援洪湖医疗队、抗疫志愿服务队、社区书记、下沉干部工作组等方面的相关新闻信息。

（一）围绕工作中心，发布权威信息

洪湖市融媒体中心以"讲述一线抗疫故事，凝聚共同抗疫力量"为目标，按照"强信心、暖人心、聚民心"的总要求，设置专栏"众志成城抗疫情"，发挥主流媒体优势，当好战疫宣传员，利用广播、电视、手机报、微信公众号、政府网站及时播报省、市关于疫情防控工作的工作部署及疫情防控相关知识，让群众第一时间了解疫情情况。疫情防控期间，洪湖市融媒体中心共发布疫情防控通知、公告和防控知识等 1000 多条，制作疫情防控公益宣传画报 21 期，有效引导当地群众增强防控意识，提高防护能力。

（二）关注热点难点，加强深度报道

针对疫情防控期间群众最关切的热点信息，记者以民生视角，深挖新闻背后的新闻，《新闻特写：ICU 里的战斗》《发挥网格作用　逐门逐户摸排》《爱心汇聚洪湖　更添抗疫信心》《管控升级　生活物资实施代购配送》等一批热点新闻报道相继在各平台推出，展现群防群控的氛围，广泛凝聚了社会各界力量，携手抗击疫情。

（三）聚焦抗疫一线，讴歌抗疫英雄

在这场艰难而持久战疫中，涌现了许多先进典型，洪湖市融媒体中心第一时间聚焦坚守抗疫一线的工作人员，通过榜样的力量，感动身边人，凝聚人心，鼓舞士气。《危难时刻民兵冲锋在前》《好样的！志愿者小分队！》《点赞！橙色逆行者！》《面对疫情党员突击队冲在前》《张小平：不上前线就做坚强后方》《社区来了"喇叭哥"》……一个个优秀的集体、鲜活的人物展现在人们面前，为打赢疫情防控攻坚战营造了良好的舆论氛围。

三、强化平台统筹增强宣传维度

近年来，随着新闻传播的分众化特点，传统媒体与新兴媒体的呈现出此消彼长的趋势。如何让不同受众都能第一时间接收到疫情防控的新闻信息，洪湖市融媒体中心自成立以来，着力打造的"报台网端微抖"等10个宣传平台，正好借助此次疫情防控新闻宣传，进行一次大学习、大练兵、大检阅。

（一）广播＋村村响，乡村宣传全覆盖

我们充分发挥有线无线广播网混合覆盖、战时应急响应功能，将无线广播网内容与城网广播、村村响广播联动，全方位传递疫情与防疫信息，每天播出60分钟栏目"防疫指南"，包括抗疫主题音乐、抗疫主题曲艺、抗疫广播情景剧等，发布了《防疫"不"字准则》《防疫知识》《洪湖能》《不串门》《不出门》等20多篇公益广告，请本地曲艺人才、乡土歌手、中小学生参与节目录制，分别制作成洪湖方言版、主播歌曲版、普通话版、曲艺版等不同形式、不同时长的抗疫小知识音视频版本，力争做到防疫公益广告入脑入心。

让人民群众能够客观地认识疫情、科学地预防疫情、冷静地应对疫情，加强全市城乡防疫防控信息全域宣传。广播中心还挖掘了诸多抗击疫情一线的暖人故事，如《集结支援》《村支书王跑跑》《确认过眼神》《洪湖力量》等原创广播情景剧，记录疫情期间动人故事，传递暖心正能量。洪湖市融媒体中心出品的七集广播情景剧入选国家广电总局防疫宣传节目库，供湖北各地频率选用播出。

（二）电视＋手机报，双屏互补效果好

疫情防控阻击战打响以来，我们在电视上开辟滚动式专栏"众志成城抗疫情"，每天随时可以收看到抗疫信息，前方新闻采访设置了四个报道组：疫情防控报道组、医疗救治报道组、民生报道组、典型报道组，把采访触角延伸到疫情防控的各项工作中。同时，在新闻频道、生活频道多频滚动播出防疫公益宣传片，到4月1日，"洪湖新闻"中播发抗疫新闻376条，滚动播出公益广告、标语120条次。

手机报是洪湖市融媒体中心和湖北日报集团联合打造的及时新闻推送手机版，用户主要为洪湖市各级各部门各单位机关干部职工，保守用户4万多人。我们将当天的电视新闻信息汇编成条目式新闻简报，每天至少精选15条信息，第一时间推送给手机报用户。

（三）微信＋客户端，移动传播更快捷

新媒体宣传有创新。新媒体中心充分利用直播、微信、微博、网站等平台加大宣传力度、做好舆论引导，第一时间为广大市民发布疫情防控最新动态。从疫情初起到4月20日，我们在今日洪湖微信公众号上发布疫情防控相关推文共计761条，原创122条，单日阅读量"10万+"人次有12条，政府网更新抗疫信息320条，抖音更新抗疫短视频180条，其中今日洪湖增加粉丝量20万余人。同时，在今日洪湖微信平台推出"众志成城抗疫情——洪湖市大型网络直播特别节目"5场，通过现场连线、实地采访，部门联动，直击抗疫工作一线，收到了较好的社会反响，直播累计观看人数120万人次。其中，"众志成城抗疫情·三八节特别节目"用镜头记录节日期间奋战在抗疫一线的巾帼英雄，在线观看人数"50万+"。

四、强化服务统筹助力复工复产

常态化疫情防控阶段，复工复产复市复学是当务之急，如何发挥官方主流媒体的传播力、引导力、影响力、公信力，就是要始终坚持以人民为中心的服务理念，发挥融媒体中心的服务功能，为地方经济社会发展助力。

网络直播作为新兴传播业态，在常态化疫情防控时期成为传播最为远、效果最好的的宣传方式、营销方式。随着直播带货的持续深入，无论是一产业，还是二、三产业，都受益匪浅，为市场推广和产品销售打开了另一扇窗。

（一）网红带货，农副产品火了

受疫情影响，原本在春节期间上市销售的鲜鱼、莲藕、小龙虾等优质农产品大量滞销，价格一路走低。据洪湖市农业农村部门统计，洪湖市有20多万亩成鱼压塘、18万亩鲜藕亟待销售。受疫情期间交通制约，湖北华贵集团大量藕汁、莲汁产品积压严重。

洪湖市融媒体中心主动联系中央驻鄂新闻机构，并协助央视新闻公益助农直播。后来，又和拼多多公益直播、淘宝公益直播主动对接，为洪湖农字号产品销售助力。市委书记在央视直播中化身网红主播，为洪湖莲藕代言，一小时销售23万单。当地合作社负责人感慨的说，做梦也没有想到，一次直播就挽回了800多万元的损失。

网红带货，让洪湖的农副产品红遍中国。洪湖莲藕、洪湖渔家、洪湖清水小龙虾等产品成为抢手货。农业专业合作社、种养殖大户借助网红带货的机遇，自发参与到互联网直播的行列中来。有着"洪湖藕王"称号的杨晶，在疫情期间直播莲藕采摘，青泥巴莲藕很快就断货了。

（二）主播打卡，旅游产品活了

"洪湖水浪打浪"，洪湖本来就是著名的红色 IP。洪湖市融媒体中心专门开办公益性的直播活动"云赏洪湖"系列，采取移动化、社交化、互动化、场景化的方式，为洪湖旅游产品代言，促进了洪湖区域的互联网零售新业态的发展。节目开播以来，成功直播了"金湾花海""洪湖旅游港""悦兮半岛温泉酒店""悦兮半岛水上乐园"等洪湖重点旅游项目，通过主播体验游玩、线上带货的直播方式，将洪湖特色旅游产品进行线上推广带货，端午小长假期间本地旅游酒店销售火热，连续 3 日满房。

（三）全网互动，洪湖经济热了

直播在建工程项目是一次成功的尝试。江北东高速公路建设复工以来，工程施工方抢时间，拼进度，社会关注度高。直播团队在高速公路建设现场架设多机位直播点，实时直播高速公路建设场景，在外洪湖籍乡友纷纷留言点赞。专门为洪湖龙街文旅风情街区的地摊经济打造的一档"龙街七点半"的直播系列活动，"地摊经济"与文旅项目叠合在一起，漂亮的夜景，川流的人群，水乡风韵的人间烟火，将这里浓缩成洪湖的一张新名片，节目组对龙街项目进行了多次直播，助推了洪湖本土经济复苏。

第三节 洪湖市融媒体抗疫报道中的经验和不足

一、抗疫报道中的经验

经历风雨，方见彩虹。目前，全国抗击新冠肺炎疫情转入了常态化阶段。各地在做好常态化防控的基础上，全面开展社会经济生产生活正常秩序的恢复工作，确保如期完成脱贫攻坚目标任务，确保全面建成小康社会。我们媒体也将持续保持战斗力、引导力和影响力，牢牢把握"引导群众、服务群众"的重心，做好宣传工作。总结此次抗疫宣传工作，我们认为，县级融媒体中心充分发挥了凝聚力量、鼓舞人心的职能作用。我们是一支有担当、有作为、能奉献、值得托付的生力军和工作队。同时，在融媒体、新媒体产品的运用，结成网上网下同心圆，统筹大事小事做好民生服务工作中大有可为。

（一）舆论引导聚民心

战"疫"之初，我们判断这次疫情将会处理时间长、灾情重、冲击力大、对经济生活影响广，并且相信在党中央的坚强领导和科学统筹下，一定会战胜这次突如其来的疫情。稳定大局、稳住发展基本盘、保障民生，就能够做好人心稳定，社会稳定。这是我们全体新闻工作者的共同担当和责任，唯有像一名战士那样去冲锋，像一个战斗队那样去决战，用文字的力量、声音的力量、影像的力量、音乐的力量去展现参与的力量、团结的力量，用感动的力量去激励前行。我们深知，我们是见证者、记录者，更是参与者，这就是我们的责任。为了最真实的记录，记者、主持人和医护人员一道，走进ICU病房，走进隔离区，勇闯生命红区，在生与死的考验中，体验了医护人员的艰辛，感受了患者的坚强，泪水和汗水打湿了他们的防护服和护目镜，也感动着普普通通的观众和市民。在这场大考面前，新闻工作者担当了党和群众的连心桥；感受到一方有难、八方支援的中华民族同呼吸共命运的根脉；深化和践行了眼力、脚力、脑力、笔力的"四力"工作要求；站稳了以人民为中心的根本立场，必将与人民永远共情。他们，也在成长。

（二）传播科技添信心

习近平总书记指出："人类同疾病较量最有力的武器就是科学技术，人类战胜大灾大疫离不开科学发展和技术创新。"在新冠肺炎疫情面前，联防联控、群防群控能够有效防止疫情蔓延。更多的是广大医护工作者舍生忘死，白衣执甲，护佑生命。在洪湖，广州医疗队、海南医疗队、本地医护工作者成立了联席会议制度，建立了协同作战机制，组织多个工作小组，制订诊疗手册，指导开展感控防护，一人一策、一人一案个体化治疗方案，加强心理疏导，有效缓解了洪湖市疫情。

特别是24小时紧急改造ICU室、搭建新冠病毒快速检测中心、AI人工智能诊断仪大数据协助治疗、ICU室内的生命奔跑、联合诊疗模式……在洪湖抗疫过程中，凝聚了医护人员和科技工作者的智慧和奉献，一线记者也和他们一起，感受生死时速，与生命赛跑，用生动的记录来稳定民心、增添信心。

（三）用心用情暖人心

饱含深情去一线，真实探访暖人心。在抗疫报道中，新闻工作者与市民同一个脉跳，同一个呼吸。我们始终关注党员干部冲锋在前的组织和领导，关注医护人员的救死扶伤的勇敢，关注基层社区工作者的下沉服务，关注志愿者的默默奉献，关注普通群众的爱心和坚守，关注广大市民的热切期盼，充分发挥短视频的冲击力和文字图片的感召力，风雪之夜有我们，狂风暴雨下有我们，星空路灯照亮了我们返岗的路……为了节约一套防护服，我们忍饥挨饿不后悔。为了直播临时医院的搭建，我们在零下的低温下坚守工地。我们真实记录，深情讴歌，带来《致敬英雄》作品中 400 多位医护工作者的最美笑脸，带来志愿服务者的刚毅和心声，我们展示了小区内大家的守望相助，我们用千里转送重要医疗设备的实况温暖人心。弥合创伤，记录感动，凝聚战斗意志，传递奋斗力量。

同时，我们主动细化服务，将各定点医院的联系电话、社区采购服务电话、心理疏导联系电话、水电气缴费电话、交通出行联系电话、指挥部查询举报电话等便民服务联系方式时时在线在多个本地平台上，方便市民查询。采取抖音短视频、微信公众号、微博发布等形态发起了洪湖区域健康绿码打卡、市民网上订购生活必需品服务、开展居家阅读晒一晒、倡导公筷行动、拼音日志体短视频征集赛、向援洪医疗队和志愿者致敬等网络活动，有效引导了市民社会生活需求。

（四）融媒创新路正长

这次抗疫斗争中，洪湖市融媒体中心牢牢把握建设全程媒体、全息媒体、全员媒体、全效媒体的要求，提升新闻时效，丰富传播形态，增加交互性，做到新媒体优先，第一时点在新媒体推出，全平台滚动分发，24 小时在线响应。新媒体的影响力和阅读量迅速提升，今日洪湖微信公众号关注量超过 20 万人，洪湖融媒抖音号关注量近 10 万人。今日洪湖在县域公共服务号中连续两周在湖北省排名第一。

（五）网络直播力量异军突起

疫情期间，我们先后发起了临时医院建设直播、众志成城抗疫情系列之·走进医院、走进社区、走进志愿服务、公益募捐活动等系列直播、支持活鲜鱼定向销售武汉社区直播、送君南国去上班返岗就业、全城欢送援助洪湖医疗队、复工复产重点工程现场直播等直播活动一场接着一场，每一场的焦点和互动方式都不一样，网民积极留言互动，持续不断带来新的关注度。许多宅在家里的市民主动发来各种留言感言、唱歌送祝福等内容的短视频与我们的直播团队互动，感动了洪湖水乡。

二、抗疫报道中的不足

此次媒体抗疫宣传中，也有许多不足之处需要改进。

（一）宣传引导的维度需要更加丰富，对市民情绪的变化观察需要更加细致并拿出应对之策

比如疫情之初对防疫知识的需求，对基本防疫物资的需求；管制之时，对生活必需品的采购流程信息的需求，对就医流程的需求；取消封闭管制后对外出务工的交通出行办法、复工地的防疫措施的缺乏了解；农产品销售和春耕备耕苗种物资信息需求等服务信息等等，这些都是随着时间的推移和群防群控措施的变化而变化的。必须要做好认真服务，精心回应关切。

（二）知识的快速储备与快速更新，对个体化媒体的敏锐聚合需要更加重视

疫情初起时，新闻媒体是社会大众防疫知识的重要来源，暴露了脆弱性，突显了紧迫性。当其时，整体的对新冠肺炎疫情的认知不足，防治手册和防护指南基本缺乏，造成了媒体的失语，网民的惶恐。后期的H5推广、网上海报设计、直播技术的更新、短视频的聚合、留言的互动等等都在推动媒体提高工作水平。

（三）综合技术平台缺乏，技术支撑能力不足

县级融媒体的技术短板在这次大考面前露怯。"一次采集，多种生成，一键分发"的目标还很遥远。建议在全国范围内优选和推荐1—2种可靠的融媒体技术平台，实现集约化、自动化、智能化运营，发挥云服务、云支撑优势，减少基层融媒体的技术负担。

（四）基层舆情监测和危机管理有待加强

疫情期间，洪湖市和周边县市相继发生了药店销售1.6元/只普通口罩被限价处罚、医护人员家属将社会捐赠分发的蔬菜进行售卖、市民出行健康流程无法操作等网络舆情事件，这些舆情都造成了不同程度的负面影响。对于我们如何更加做好关卡前移，建立制度化、大数据化的网络舆情预警机制和舆情危机处理应急机制提出了更多的课题。现在看来，除了蔬菜售卖属于偶发事件外，其它的都是可以预警到的。

第四节　县级区域融媒体在重大公共卫生事件的基层稳定器作用

纵观县级融媒体中心在疫情报道中的各平台，可以说融媒体在这次重大宣传战役中，有效增强了主流媒体的传播力、影响力、引导力、公信力，扩大了融媒体多平台交叉覆盖的范围，主动及时回应了市民、网民和观众的关切，观众时时刻刻关注我们的媒体动态，我们根据后台留言和社交媒体舆情反馈机制，也有效地引导了舆论、聚焦了热点，疏导了不安、恐慌、愤怒等各种不良社会情绪，增强了我们和用户受众观众听众读者之间的良性互动，提升了市民对主流媒体的信任程度，形成了一张反应迅速、形态多样、功能全面的应对突发公共事件的传播与动员的基层舆论信息网络，为打赢防疫阻击战提供了稳定器式的保障网。

要把握好舆论引导的时、度、效之间的平衡关系，正确处理好失语、恐慌、引导三个维度之间的着力点。"黑天鹅"永远会存在，媒体记者也需要经常面对各种未知领域，也会有由于知识储备不足，心理准备不足，应急能力不足等各种问题和困难。面对这种情况，要力戒回避、恐慌、失语等现象，恐慌会放大整个社会面的恐慌，失语则造成社会面的失望失态甚至绝望。在这种情况下，我们要及时引入信息的辅助机制，增加有关方面的专家意见，加快社会信息公开频率，收集汇总社会舆情的关注点，及时回应市民需求，有效互动疏导，才能找到迅速平息恐慌的渠道。

常态下，要做好应急知识的储备和应急预案的完善。战时要寓引导于服务，强服务促引导。通过信息审核发布机制、回应关切机制、互动机制等，增加信息供给的及时性和多样化，创新传播途径，提升传播速率，当好党委政府和人民群众的桥梁和纽带，更好地发挥守正创新，引领舆论导向的"定海神针"的作用，这也是媒体的责任所在。

第二十二章　浏阳市融媒体中心抗疫报道研究报告

龙章平　胡　敏　徐　旻[①]

2020年春节，新冠肺炎疫情的爆发，让站在群防群治、联防联控一线的县级融媒体中心迎来一次应急大考。浏阳市在全国百强县中排名前列，地域面积广阔，人口众多，是湖南第一人口大县（市）。在前期的摸排调查中，春节前共有8000余人从湖北返回浏阳，疫情防控压力巨大。

在此次疫情报道与宣传中，浏阳市融媒体中心以高度的政治站位、大局意识、全员协同作战的专业态度、过硬媒体"四力"的功底，彰显了主流媒体的权威性和公信力；充分利用融媒矩阵宣传优势，用人民群众喜闻乐见的形式发布权威信息、传播防疫知识、讲述抗疫故事，有效地实现了疫情期间引导群众、服务群众，成功打赢了一场融媒宣传抗疫阻击战。

第一节　浏阳市融媒体中心简介

浏阳市隶属湖南的省会长沙，是全国闻名的百强县市，地域面积5007平方千米，下辖323个村（社区），总人口超过149万，是湖南省人口最多、面积第二的县级市。

2018年，浏阳市被中宣部定为湖南首家、全国首批县级融媒体中心建设试点县市。2019年，原浏阳日报社、浏阳广播电视台合并组建为浏阳市融媒体中心。一年来，浏阳市融媒体中心新闻宣传水平、节目生产能力、事业建设规模、产业发展速度大幅提升，

[①] 龙章平，浏阳市融媒体中心总编辑；胡敏，浏阳市融媒体中心融媒管理调度部（总编室）主任；徐旻，浏阳市融媒体中心记者。

依托报、台、网、微、端、屏等平台，实现全媒调度、全网传输、全域覆盖，综合实力稳居县级媒体全省第一，挺进全国第一方阵，被行业领导、业内专家称为市县级媒体转型升级的"浏阳样板"[①]。

2020年春节，新冠肺炎疫情突如其来，让站在群防群治、联防联控一线的县级融媒体中心迎来一次应急大考。经过前期的摸排调查，浏阳市年前共有8000余人从湖北返回，全市上下面临巨大的疫情防控压力[②]。战"疫"当前，才成立一年的浏阳市融媒体中心充分利用融媒宣传优势，以高度的政治自觉、过硬的媒体"四力"主动出击、积极作为，有效地实现了疫情期间引导群众、服务群众，成功打赢了一场融媒宣传抗疫阻击战。

第二节 浏阳市融媒体中心在抗疫大考中的实践

作为浏阳主流舆论阵地、综合服务平台、社区信息枢纽，浏阳市融媒体中心在疫情防控工作中全平台发力，全媒体调度，全体新闻工作者在第一时间就投身抗疫宣传一线，采用传统媒体与新媒体有机结合的作战方式，抗疫期间刊播稿件超过4000篇，系列评论超过50篇，制作各类抗疫宣传专题片、短视频300多个，还数次登上人民日报、湖南日报以及新华网、人民网等媒体和学习强国平台，推送多篇外宣稿件，全力助推打赢疫情防控总体战，为全市的抗疫工作作出了突出贡献。

一、全媒调度全网传输彰显主流媒体责任担当

主流媒体是主旋律的弘扬者、正能量的传播者。新冠肺炎疫情发生后，作为党媒，应该保持极高的政治站位，积极应对，为夺取疫情防控的胜利营造舆论氛围，纾解公众情绪，将中央的声音以及事件的发展趋势及时、有效地传达给公众。2020年大年初二，浏阳市融媒体中心就召开紧急会议，班子成员、中层骨干返岗，迅速部署全面加强疫情防控宣传，并根据阶段性情况，精心组织、创新策划，利用报纸、广播、电视

---

① 黎春秋.湖南省浏阳市：打造县级融媒体中心"浏阳样板".党建，2019（5）：51.
② 龙章平，胡敏.浏阳融媒：全媒调度，引导服务群众阻击疫情.传媒，2020（4）：31-33.

等传统媒体和网、端、微等新媒体平台,浓墨重彩地反映党中央的坚强领导,展现全市人民同心抗疫,及时回应公众关切,引导社会舆论。

(一)传统媒体尽锐出战,展现主流媒体的公信力

2020年春节前夕,浏阳日报已按相关程序向上级部门报备休刊,但疫情就是命令,浏阳市融媒体中心迅速行动。大年初三,新闻采编人员返岗,浏阳日报报业中心编辑全力编排浏阳日报号外,每天用4个版面,图文并茂外加系列评论,深度报道疫情防控宣传情况,随后增至12个版面。关于疫情报道的所有内容均标注"全力以赴坚决打赢疫情防控阻击战"等题花,系统化的专题(专栏)设置,提高了报道的辨识度。在这期间,浏阳日报共刊发38篇评论,做到了每期报纸都有评论,其中从2月24日—27日连续刊发了四篇《奋力夺取浏阳疫情防控和高质量发展双胜利》的系列评论,分别以《动起来,传扬这份企业家精神》《跑起来,合力呵护良好发展态势》《亮出来,让党徽在奋斗中更闪亮》《干起来,向着美好生活全力奔跑》为题,全网总点击量达到200万次,有效地引导了舆论;而《浏阳永安口罩厂春节假期一刻也不停歇生产》《最美逆行者》《奋力抗击疫情,浏阳疾控人在行动》等一篇篇反映全市党员干部、医护人员守土尽责、众志成城奋战在抗疫一线的正能量稿件,也有力地增强了融媒体中心在宣传抗疫中的公信力。

浏阳电视台新闻节目也于大年初三恢复正常播出,每天确保30分钟的新闻节目时长,党员带头冲锋在一线,采访奋战在防疫一线的医护人员和广大党员干部、志愿者、群众;主持人连夜录制公益宣传片,全平台上线推广。疫情期间,总共制作了50期"防控疫情浏阳在行动"节目,连续50多天播出防疫广播宣传特别节目,坚守了主流舆论阵地,为全市打赢疫情防控阻击战弘扬了主旋律,唱响了正能量。

995交通广播全天候进行播出,每天切播中央人民广播电台中国之声的抗击疫情特别节目。同时,浏阳市农村广播"村村响"也发挥了重要作用。浏阳农村广播"村村响"系统在全市共有8500个广播终端,覆盖全市乡镇(街道)、村(社区)和农村每一个角落、每一名群众。疫情发生以来,浏阳市充分发挥农村广播"村村响"快速、直接、通俗、易懂的优势,把党和政府疫情防控的声音传递到千家万户,实时播报疫情动态、防治知识、防控指令、倡议书等内容,让全市人民都能知晓知识、落实指令,积极参与到疫情联防联控工作中来,打通疫情防控宣传的"最后一公里",真正做到了"村村响、户户到、人人知"。

（二）新媒体形式渠道多样，打造迅速灵活传播力

在疫情防控期间，浏阳市融媒体中心充分利用新媒体手段传递主流声音，依靠掌上浏阳App、浏阳日报官方微信公众号"微浏阳"、浏阳网、浏阳日报今日头条号、浏阳日报抖音号、浏阳日报人民号以及企鹅号、微视号、浏阳电视台抖音号等平台，将原创新闻多元发布，打造了迅速、灵活、及时的新闻传播和舆论引导能力。

2020年1月底，浏阳市融媒体中心将掌上浏阳App作为移动互联网应急发布平台，开设"防控疫情浏阳在行动"专栏，分为防控一线、疫情排查、线索申报、防疫地图、在线义诊、谣言粉碎机等九大板块，并通过"微浏阳"微信公众号、995交通广播微信号、浏阳网等新媒体矩阵，每天滚动发布记者采写的新闻报道和浏阳市疫情防控指挥部提供的权威消息。掌上浏阳App还利用全市32个乡镇街道开设的自主发布端口，发动每个乡镇每天在掌上浏阳App自主编发各乡镇街道疫情防控宣传文章，同时利用乡镇（街道）、村（社区）微信群积极推介掌上浏阳App的报道链接，把防控疫情的声音传递到了千家万户。

为了及时、准确、真实地报道疫情，缓解社会恐慌，浏阳市融媒体中心还制作了《@浏阳人，疫情防控有奖答题来了，强防护得红包！》《打赢浏阳抗疫我参战！我是第×位接力者》等一系列H5作品，采用新颖、互动性强的方式传播防控知识，破除谣言，化解舆论危机。方言短视频《梅姐喊麦抖音：硬要听话，不要扎堆》、浏阳弹词《众志成城战疫情》等视频播放破200万，这些用方言对话、表演生动的短视频在浏阳人民的朋友圈、微信群"霸屏"，收获了网友们的大力点赞。

同时，浏阳市融媒体中心还制作了《@浏阳人，这个春节，我承诺》《致浏阳各位父老乡亲》等一系列新媒体海报，在抖音号、今日头条等平台上发布多篇抗击疫情的海报、长图、短视频，皆起到了较好的宣传效果。

（三）全媒体互联互动，形成强大立体影响力

截至2020年4月中旬，浏阳市融媒体中心关于疫情的报道在"村村响"、广播、电视、报纸、网站、户外屏等媒体总收听、收看、阅读量超过4亿次；掌上浏阳App共发布4100余条新媒体信息，防控疫情新闻的总点击量超过了3100万次；55个融媒作品阅读量突破"10万+"，相关抖音作品播放量超过5000万次；H5融媒互动作品超过 110 万次点击①。

同时，浏阳市融媒体中心还积极联动上级媒体及牵头成立的全国性联盟平台，最大范围地宣传浏阳疫情防控工作及复工复产工作，将浏阳好声音传得更远。新冠肺炎疫情爆发后的一个月内，浏阳市融媒体中心就向央视、湖南卫视通联播出 53 篇反映浏阳疫情防控的稿件，其中央视 7 篇，两次登上央视"新闻联播"；人民日报、湖南日报刊登了 27 篇报道浏阳抗击疫情的新闻报道，2 月 15 日，人民日报刊登由融媒体中心记者撰写的反映浏阳"一手抓防疫，一手抓生产"的新闻《硬核！150 万人的浏阳：无一起聚集性疫情，重点企业全部复工》，一天内阅读量达 210 万次，成为单个点击量超 200 万的"爆品"。浏阳市融媒体中心还联动 42 个县级融媒体中心，共同制作推出抗疫 MV《把爱挂在月亮上》，在各县市电视、手机台同步播出，为湘鄂赣地区抗击疫情凝聚了力量。

在浏阳地域面积大、人口多、社情民意复杂的现实背景下，浏阳市融媒体中心关于疫情防控的宣传做到了有效到达率高、市民知晓率高，在舆情纷繁、众声喧哗中起到了主流舆论的"定盘星"作用，为浏阳市坚决打赢疫情防控阻击战发挥了主流舆论阵地的引领作用。

二、创新方式服务群众助力打好特殊时期民生保障战

新冠肺炎疫情不仅对经济社会产生了巨大的影响，也给人们的实际生活带来了深刻影响。在疫情期间，浏阳市融媒体中心充分发挥国安广电有线网络、掌上浏阳网络平台的优势，通过创新方式方法，在线上和掌上全力服务群众，助力解决实际问题，助推打好特殊时期的一场"民生保障战"。

（一）联动传播，助力重点企业招工

浏阳市融媒体中心充分运用融媒矩阵，积极助推援企稳岗工作，派出骨干记者跟随援企稳岗招聘小组赴邵阳县、新邵县等地采访报道，利用掌上浏阳 App、"村村响"等平台，在全国范围内发布浏阳重点企业招工信息；积极联络湘赣 20 多个县市融媒体中心，为赴外招工的援企稳岗招聘小组在当地提供信息服务，助推当地融媒体中心

---

① 龙章平，胡敏. 浏阳融媒：全媒调度，引导服务群众阻击疫情. 传媒，2020（4）：31-33.

为浏阳发布用工信息,《我是蓝思,全球最大手机屏幕供应商!现在,我向你发出邀请!》一文就登上了"智慧安源""智慧汝城"等30多个手机App,点击均在6000次以上;同时联合全国市县媒体手机直播联盟,用直播的形式向全国展示浏阳企业完善的生活设施和良好的生活环境。2月26日,浏阳市融媒体中心联动数十个湘鄂赣城市广播电视联盟成员,进行并机直播"走进蓝思科技",当天的直播仅掌上浏阳App的播放量就超过了50万次,展现出了一个真实、人性化的蓝思,并成功地为蓝思科技输送了一批劳动力。

(二)打造平台,促进在线教育与培训

根据教育部门的统一部署,浏阳市自2月10日起开展"停课不停学"活动,通过网络在线教学,全市18万中小学生自行在家学习。浏阳市融媒体中心发挥"媒体+"优势,与市教育局联合打造"在线教育"平台,全市中小学生可以打开所属融媒体中心的浏阳国安广电高清机顶盒进入"推荐"页面,点击"在线教育"即可免费观看视频资源。浏阳国安广电网络具有清晰度高、流畅度高、不卡顿等特点,深受广大学生、家长、学校好评。融媒体中心通过整合全国和浏阳本地的优良教育资源,利用广电到小区、到村组、到用户的全覆盖网络,将教育资源一键分发到电视终端,全市的中小学生在家里就能通过电视学习到与课堂同步的教育内容,且无需支付任何点播费用;同时,老师们也可以从平台上学习到优秀教学经验,做到了让18万中小学生停课不停学、离校不离教,降低了疫情对学校教育教学的影响。

目前,"在线教育"平台已投入1800余万元的资金,收录超过3万小时的从幼儿到小学、初中、高中的北京优质同步教育课程;收录长沙"四大名校"名师教学视频5000小时;178名浏阳教师参与录制本地"名师课堂"栏目,超过380个课时,因地施教,更贴学情。同时内容还在持续更新,可充分满足不同年龄阶段学生的学习需求。

除了给全市中小学生打造学习平台,浏阳市融媒体中心也给普通民众提供了一个在线培训的平台。长达一个多月的居家隔离,让很多市民无聊之余心态也变得敏感。为了帮助市民充分利用假期时光,浏阳市融媒体中心大力推出线上直播教学,采用掌上浏阳竖屏直播与抖音直播相结合的双平台直播形式,打造了一系列适合民众在室内观看、学习的健身类、早教类直播教学视频。截至2月27日,融媒体中心共推出16期以"宅出好身体"为主题的女性瑜伽教学视频、11期针对家长和学生的早教类视频,给居于家中的广大市民提供了一个良好的在线培训平台。

(三)掌上点单,助推本土商城保障民生

"羊淘商城"是浏阳市融媒体中心充分利用自身的社会影响力和市场号召力打造的一个属于浏阳人自己的电商平台,旨在为浏阳市民提供一种更为时尚便捷的网络生活消费体验。2月4日起,羊淘商城在主页开设"抗疫情,保民生"专题,在与供应商家充分沟通、协调的基础上,在全市范围内推出蔬菜定制配送业务,实现大众生活必需品商家自配、次日送达。市民通过掌上点单,即可购买从田间采摘的新鲜蔬菜。羊淘商城再通过专业配送,将蔬菜送至各用户小区门口,为居家隔离的广大市民解决了吃不到新鲜蔬菜的实际问题。通过电商进农村,群众在网上购置生活必需品和新鲜蔬菜,网上下单、线下配送,减少了群众出门聚集的频次,有效防控了疫情扩散的可能性。

此外,融媒体中心电商平台还发挥媒体公益性,联动爱心企业购买了10万元爱心物资送往武汉。同时联合多家本市爱心企业向浏阳市人民医院一线医护人员、坚守在高速路口等地的疫情防控一线工作人员捐赠了2000双医用手套、1000份熟食食品、500份面包、17箱方便面以及数百件雨衣。

第三节 浏阳市融媒体中心抗疫报道代表性作品分析

疫情防控是一场关乎全国人民生命安全与健康的严峻战争。作为党媒,应该创新报道形式,融合传播专长,以人民喜闻乐见的方式创作作品。在浏阳市融媒体中心的抗疫报道中,综合运用了图文系列报道、大型专题、H5、短视频、动画、直播、微博话题、Vlog等形式,新闻更加直观且富有想象力和表现力,更能吸引受众的注意力,在带给受众新奇的视觉体验的同时,有利于在短时间内传播扩散,弘扬正能量。下面以浏阳市融媒体中心《全城致敬》融媒体报道和4条破千万播放的短视频爆品为例,为融媒报道提供思考与启发。

一、《全城致敬》融媒体报道

(一)找准主题,主动出击

2020年2月底,媒体报道的重点已经从第一时间提供疫情信息和如何防范,转

移到了各级政府应对疫情采取的得力举措，以及防疫抗疫一线的典型人物和温暖故事。在抗击新冠肺炎疫情的过程中，浏阳市先后派出两批共15名医务人员前往武汉支援。在以往的新闻报道中，因为防护的需要，一线战"疫"人员的出镜几乎都是全副武装。浏阳市融媒体中心将镜头对准这批在武汉一线奋斗的医务人员，请他们摘下口罩，让所有人共同感受他们的"美"，《全城致敬》的策划报道油然而生，不仅紧扣了时机，展现了浏阳人民深深惦记的前线英雄的风采，同时也鼓舞了一线战"疫"人员的士气。

因为受武汉封城的影响，这15名医务人员的照片拍摄颇难操作。浏阳市融媒体中心大胆尝试，主动联系湖北省级媒体，最终邀请到了湖北日报的摄影记者、两次获得中国新闻奖的周立新老师亲自操刀，为这15名一线战斗者拍下了一组令人感动的照片。

（二）多种表达，融合创新

在报道呈现方面，浏阳市融媒体中心也费了一番心血，编辑们最后选择以大海报、文字、短视频的方式，展现15名医务人员的形象。编辑们首先对图片进行了二次设计，将人物特写抠出来，加上统一的背景，做成海报的形式；其次在文案设计上苦下功夫，从15名医务人员的名字中抽出一个字，对应一个成语，展现他们的乐观态度和坚定信心，同时也从他们的采访中提炼出一句话，展现在海报中。最终这一组海报，既具有震撼的视觉冲击力，又具有打动人心的情感力量。

图3-1　浏阳日报于3月11日推出的《"医"往无前　全城致敬》的通版报道

图 3-2 "微浏阳"微信公众号于 3 月 10 日推送的《全城致敬》海报插图

3月10日晚,"微浏阳"公众号首推《全城致敬》,点击量迅速突破10万,留言区的网友们纷纷感言"泪目";次日浏阳日报推出《"医"往无前 全城致敬》的通版报道,并在当天将此文推送到浏阳日报头条号、人民号、新华号等第三方平台,总点击量突破百万。此后两日,"微浏阳"公众号和浏阳日报分别以《今天,你是最亮的"星"》和《感动全城等你回来》来报道后续反响。与此同时,融媒体中心又推出了《全城致敬》航拍短视频,浏阳城区所有大型电子屏幕滚动播放15人海报和视频,浏阳市文明办要求全市有电子屏的单位播放《全程致敬》视频,产生了强烈的社会反响。

纵观《全程致敬》这组报道,策划新颖,主题鲜明,题材感人,操作手法大胆,表现手法融合创新,牢牢抓住了受众的关注点,宣传效果极其明显。

二、4 条播放量破千万的短视频新闻爆品

(一)顺应趋势,抓准热点

当下,时长短、轻量化的短视频已经成为传媒业发展的新风口,在这样的背景下,

将新闻与短视频相结合，无疑能够极大地契合移动互联网时代大众的信息接受习惯，同时也为传统媒体新闻报道的转型开辟了新的方向，极大地丰富了新闻报道的形态。

浏阳市融媒体中心顺应传媒发展趋势，牢牢抓住机遇，在抗疫期间短视频矩阵不断发力，充分把握第一批支援武汉医务人员返回浏阳、开学前校园防疫工作等热点题材，及早谋划、积极调度，多平台差异化运营、多角度传播，推出了四个播放量超过1000万次的短视频爆品，为弘扬抗疫正能量、传播浏阳好声音起到了积极的推动作用。

（二）深耕本土，刻画细节

4月1日，浏阳日报抖音号推送的短视频新闻《完成任务，请求归队！浏阳驰援武汉第一批医务人员回家》播放量达到1020万，点赞量超过17万；浏阳电视台抖音号发布的短视频《英雄凯旋！浏阳全城热烈欢迎英雄回家！》播放量超过1005万；浏阳人民广播电台抖音号发布的短视频《白衣执甲，逆行出征！欢迎英雄回家》，播放量突破1180万，点赞量超16.5万；4月2日浏阳日报抖音号推送的短视频新闻《浏阳蓝天救援队对学校进行全面消毒，为开学保驾护航》，播放量突破1300万，点赞量超50万。

这四条短视频均是浏阳本土抗疫题材，又紧扣疫情防控热点、抓住了市民的深切关注点，同时在BGM的运用、画面的切换等细节方面也做到了精准而精致，用轻松的方式弘扬正能量，能引发本土群众的强烈共鸣，转发量和点赞量庞大，圈粉效果明显。

第四节　浏阳市融媒体中心抗疫报道的启示

浏阳市融媒体中心通过融媒矩阵，打赢了一场县级抗疫宣传阻击战，从实践来看，可以总结出四点启示。

第一，在重大突发公共事件面前，主流媒体应及时、准确、权威发声。充分发挥传统媒体的宣传优势，可以更深层次地弘扬主旋律，更好地发挥县市融媒体的公信力、权威性；同时也应尊重受众的知情权，客观理性地报道抗疫过程中出现的矛盾和问题，及时预警危机，正确引导舆论。

第二，不断创新新闻传播的手段，推出全媒共同发声。在这场疫情防控阻击战中，浏阳市融媒体中心联动各平台协同工作，报纸、电视、手机App、微信公众号、抖音等各平台采用文字、图片、H5、音视频等多种传播方式，形成高密度、差异化、广覆盖的宣传报道体系，实现了更快速、更灵活、更大范围地传播正能量，更好地发挥了县市融媒体的全面性与服务性。

第三，形成用户思维，从用户需求出发，重视互动和反馈，针对不同时段、不同受众精准推送。浏阳市融媒体中心通过贴近人民群众的需求，创作了一系列实用性强的内容。比如在疫情早期，口罩成为市民们关注的焦点，"微浏阳"微信公众号就推出了三期"口罩"系列文章，阅读量均破10万，相关的咨询留言超过500条；在复工复产的时候，浏阳市融媒体中心将焦点放在了助力重点企业复工，联合全国58家媒体线上线下精准宣传，为就业人群答疑解惑；而诸多短视频在各平台的分发，庞大的点赞数和转发数也是用户对短视频内容的一种反馈与认可。因此，以用户需求为出发点，进行内容策划与反馈渠道铺设，是新闻媒体增强用户思维的一种良好方式。

第四，打造过硬的媒体"四力"，提升全媒体新闻队伍的素质。在突发事件面前，正确的政治方向、舆论导向和价值取向，是媒体人应坚持的基本原则。浏阳市融媒体中心的新闻工作者不畏艰险，把笔触和镜头对准疫情防控一线，深入挖掘宣传抗击疫情中的典型人物、先进事迹和感人故事，深入抗疫一线践行"四力"要求，推出了一批有思想、有温度、有品质的作品，展现了新时代媒体人的敬业情怀与使命担当。

结　语

整合县级所有媒体，加强县级融媒体中心建设，是党中央在新时期做出的关于媒体融合战略的重大工作部署。县级融媒体中心的建设，是县级媒体变革的重大举措，有利于引导基层主流舆论，打通媒体舆论宣传工作的"最后一公里"。浏阳市融媒体中心在2020年抗疫大考中的实践证明，县级融媒体中心不仅可以依托日益成熟的传播技术，提升新闻生产能力、增加传播手段、拓展传播平台，服务于地方党委政府，还能发挥自身优势，服务生产生活、教育引导群众。面对严峻的新冠肺炎疫情，成立才一年多的浏阳市融媒体中心，以坚定的政治定力、过硬的媒体"四力"，因地制宜，因势而动，在防疫抗疫这场大考中，交出了亮点纷呈的答卷，切实提升了基层党媒的传播力、引导力、影响力、公信力。

第二十三章　贺兰县融媒体中心抗疫报道研究报告

马　贤[①]

2020年以来，贺兰县融媒体中心面对新冠肺炎疫情的挑战和考验，主动担当新闻媒体的社会责任和使命，全员参战，沉着应战，通过建立三大应急响应体系、健全四大工作运行机制、发挥五个第一优势的疫情防控"345"工作机制，全面加强融媒体舆论引导能力建设，全力以赴投入疫情防控阻击战，为贺兰县保持"无疫县"战果作出了积极贡献。

第一节　媒体简介

贺兰县融媒体中心于2018年年初被中宣部确定为首批县级媒体融合的试点单位。建成以来，通过"中央厨房"模式采编一体化平台，进一步优化采编播流程、整合信息、分享资源，实现重大报道"一体策划、一次采集、多种生成、多元传播、全天滚动、全媒覆盖"。以"新闻+服务""新闻+政务""新闻+电商"等为驱动，推动传统媒体和新兴媒体在内容、渠道、平台、经营、管理等方面深度融合，推动"媒体+产业""媒体+信息""媒体+应用"的媒体融合发展。与此同时，通过可视化的视频系统，贺兰县融媒体中心实现了与首府银川市新闻传媒集团全媒体指挥中心互通互动，实现了银川市与贺兰县两级全媒体策划、联动，实现了资源的共享融通。

[①] 马贤，贺兰县融媒体中心主任。

第二节　主要做法

一、健全三大应急响应体系，掌握疫情防控舆情引导主动权

（一）建立组织有序指挥体系

成立疫情防控工作领导小组和突发事件应急指挥工作小组，制定疫情防控工作方案，明确领导、部门、岗位疫情防控舆情引导的工作重点、措施、责任，建立了横向到边、纵向到底的工作格局。

（二）建立运行高效的调度体系

建立了疫情防控工作会议、协调联动、信息报告、信息审核、信息发布、舆情管控、工作上报等运行机制，切实掌握政策、研判决策、精准施策，及时了解情况，及时调度指导，及时采取行动，充分发挥了信息指挥调度中心科学决策、快速反应、协调联动的神经中枢作用。

（三）建立纪律严明的责任体系

严格执行疫情防控舆情宣传的各项部署和要求，领导干部放弃休假、坚守岗位、靠前指挥，全体干部职工严格遵守工作纪律，确保了政令畅通、令行禁止，确保了各项措施落实落细，没有发生一起脱岗、缺岗违规行为，没有发生一起迟报、漏报责任问题，建立了运行高效、分工明确、纪律严明的组织责任体系。在全县上下共克时艰、众志成城阻击疫情的关键时期，培养了一批勇于吃苦、敢打硬仗、乐于奉献的员工，涌现出了一批优秀的新闻媒体人。

二、健全四项运行机制，占领疫情防控舆情引导主阵地

一是全媒体覆盖，扩大传播力。发挥融媒体九位一体传播矩阵，多平台宣传，九大媒体平台发布疫情防控信息3560余条，其中"魅力贺兰"App专区发布信息1210条，贺兰新闻专栏播出209条，防疫直播观众11万人次，微信群宣传1087余条，贺兰官方微博、健康贺兰云等发布政务信息317条，点击量67万次，一二级应急响应期间日均发稿100余篇，形成了全天候、全方位、立体式、高密度的疫情防控宣传攻势，营造了良好舆论氛围，凝聚了磅礴力量，发挥了主流媒体的主阵地、主渠道、主力军作用。

二是全过程管理，提高引导力。采用"一体策划，一次采集，多元生成，多渠道传播的"中央厨房模式，生产高质量的新闻作品和人民群众喜闻乐见的作品。加大宣传力度，打造新型主流媒体，以"新闻＋服务""新闻＋政务"等为驱动，推动"媒体＋信息""媒体＋应用"、智慧医疗、智慧市政的媒体服务发展，实现单一新闻宣传功能向公共服务功能延伸，单向传播向多元互动传播延伸。目前各平台累计用户达到70万以上，吸引了贺兰各族人民汇聚互联网，实现了新闻传播的全覆盖，提高了融媒媒体服务的公信力和影响力。

自治区启动重大突发公共卫生件一级响应后，贺兰县融媒体中心第一时间火线集结，排兵布阵，全媒调度，全员参与，全力以赴，深入一线，投入"作战"，扎根在疫情防控前线，共克时艰。领导24小时值班、工作人员24小时通讯畅通的应急响应宣传报道制度，召开疫情防控宣传工作专题会议，建立新闻宣传研判机制，及时对疫情防控宣传工作进行分析研判和具体安排，做到领导靠前指挥、亲自部署，确保工作部署到位、任务落实到位。哪里有疫情，哪里就有记者；哪里有需要，哪里就有记者。县融媒体中心40多名采编播人员全体参战，不分日夜连轴传，奔波在城乡抗疫一线。在定点医院的救治病房、在各主干道街头防控卡口、在社区小巷、在各种物资配送点、在各乡镇村组劝返聚集群众的现场、在一线志愿者工作的岗位，记者们栉风沐雨、顶飞雪、斗严寒，冒着随时可能被病毒感染的危险，定格一个个最美"逆行者"，聚焦抗疫一线一个个感人故事，关注这场疫情背后的民生，把全县上下众志成诚抗击"疫情"最真实、最暖心、最鲜活的新闻奉献给了广大市民。

三是全天候播报，确保持久力。FM93.8电台每天安排8档中央及贺兰新闻联播，并开通"疫情一线"栏目9期，时长累计达50分钟，进行播放防疫知识、辟谣等宣传；贺兰县电视台滚动播出防控疫情公益广告30条（次）。每天不同时段循环播放防疫情况相关公告16条，滚动播放标语60条。与此同时新媒体平台时时监测舆情，回应线下群众、线上网友关切的问题，及时报道疫情期间出现扰乱疫情防控秩序、社会秩序、刻意隐瞒病情的违法行为。及时破除网络谣言、虚假病患，消除民心恐慌。播出"贺兰查获一起违规销售口罩事件"浏览量达15050人次。及时公开信息，有效遏制类似行为再次发生。通过全天候的宣传引导广大人民群众，树立群众良好的个人卫生习惯和自我防护意识，形成防控工作合力，保障全县人民群众身体健康和生命安全。

四是全方位动员，增强渗透力。疫情期间与县委宣传部联合实施"农村大喇叭村村响"工程，坚定不移地走群众路线，打响战役集结号，大喇叭覆盖全县64个行政村，集政令发布、信息教育、预警预告、群防群治于一体，每日重大新闻，经大喇叭一广播，老少皆知，打通新闻宣传的"最后一公里"。采用大喇叭、扩音器口播防控知识，微信群宣传预防知识800余条，其中采用村长喊话的模式，录制音频14个，浏览量达5万多人次；制作各类音视频并推送累计130部。将党中央，县委政府的知识精神渗透到贺兰县的每个角落。

三、发挥"五个第一"优势，打好疫情防控舆情引导主动战

一是抢占第一时间，权威发布影响大。大年初一，贺兰县融媒体中心第一时间发布了贺兰县委、县人民政府采取的防控举措，将报道角度聚焦基层；第一时间在微信公众号上开设了"疫情速报""紧急扩散""权威发布"等多个专栏。在抗疫宣传中，"魅力贺兰"客户端成为县内权威发布平台，实行时时滚动播出。官方微信、微博、贺兰广播、电视台多管齐下，扩大信息传播渠道，让受众可以自由选择其喜欢的方式，及时通过各平台了解疫情最新进展情况并做好舆论正确引导。加大全媒体信息播报频次和数量，以平均每天发布抗疫宣传稿件100余篇的频率，传递着党委、政府和全县各级各部门抗疫工作实况，及时把党和政府的声音传播到千家万户。

二是研究第一行动，掌握动态反应快。为了做好疫情防控工作，贺兰县稳步推进，落实属地责任，创新工作方法。安排2613名干部下沉到基层，发挥先锋带头作用，动员社团群体公益组织社会力量、乡镇村社自发组织民间力量，聚沙成塔，筑起防疫防线。各级乡镇村社各显神通，创新基层防疫关。常信乡"外防内攻""五包一"，精准摸排；立岗镇开展拉网式入户排查，作出习岗样本。金贵镇无人机成疫情防控"尖兵"，1台可喷洒作业面积达1万平方米，实现了远程操作，零风险。村委会设置"为民办事服务点"，村干部变身快递员"跑腿"，解决村民基本生活保障问题。社区通过健康检测、心理疏导、市场购物、餐饮配送的"四服务"让居家隔离人员生活上"无忧隔离"，心理上"隔离不隔心"。德胜工业园区实行"四项报备""五个必须""六个严禁"的"四五六式"复工管理，开通"绿色通道"为企业千里送设备，落实一对一服务企业制度，助力复工复产。

县政府出台十条措施帮助中小企业渡难关。金融机构打出"组合拳"助力实体经济,为粮食蔬菜养殖传统农业提供强大后盾。利用大数据云服务,建立智慧防疫系统。构筑"总控制中心+电脑客户端+电视客户端+手机端"四级网络,以"关爱+智慧管理"的方式,实现居家隔离人员管控全覆盖,为居家观察人员链接起一条温情防线。文化界人士顺势而为,说学逗唱,各展所长,文化馆创作了一批快板、歌曲、宁夏小曲等丰富多彩的原创艺术作品,积极传递正能量,为打赢疫情防控阻击战鼓舞士气、加油助威。

融媒体中心派出记者遍布贺兰大街小巷,第一时间及时收集发布全县各类抗疫好经验,好做法,新成就,新动态,《贺兰县2600余名机关党员干部投入一线抗击疫情》《贺兰防疫一线工作者谢灵冬的"抗疫日记"》《洪广镇广荣村村民金明诚一家三口战"疫"情》《"线上+线下"无接触销售贺兰新平园区草莓不愁卖》《疫情防控期间贺兰工业园区开通"绿色通道"为企业千里送设备》等新闻让各界群众看到了党委政府全面统筹,积极部署疫情防控工作的决心和办法。也正是通过这些典型报道,让人民群众看到了胜利的曙光。

三是把握第一热点,主动引导关注多。疫情来势汹汹,人们对疫情充满了疑惑和未知。贺兰县融媒体中心及时把握群众关心热点,不间断权威发布有关疫情的防疫知识、法律知识、安全卫生教育、应急防护等,教育人民群众自我防护。充分运用各大平台,及时转载中央和全区关于预防疫情的相关措施。在"魅力贺兰"App开设疫情防控专区,方便群众了解疫情。贺兰新闻播发209条,时长由原来的15分钟延长至30分钟;贺兰发布微信平台和魅力贺兰App、电视、广播、微信等渠道共发布中央、自治区、银川市的有关疫情防控会议精神和工作要求122篇;发布疫情防控、信息通报等1666条,魅力贺兰发布共1210条;开展防疫直播2次,观看117141人次,微信群宣传预防知识1087余条,在微信群推送音频56条。在贺兰官方微博、健康贺兰云等政务新媒体平台共发布宣传信息317条,点击量67.45万次,积极回应网友关切问题,有效引导全县干部群众积极参与疫情防控,为打赢防控疫情阻击战营造了良好的舆论氛围,凝聚起磅礴社会正能量。

四是深入第一现场,贴近基层效果好。贺兰县融媒体中心坚决贯彻习近平总书记重要指示精神、党中央国务院决策部署和自治区党委、政府相关要求,深入报道全县各级党委、政府防控疫情的有力举措,围绕"众志成城,抗击疫情""我是党员我先上""党员突击队""爱心援助"等主题深入报道,开设"党旗在防控一线高高飘扬""来自抗疫一线的报道""抗疫风采录"等栏目,多角度展示全县党员干部、各族群众齐心协力防控疫情的感人瞬间。"这是我到贺兰县卫健局工作的第15天,决定去驻点的天鹅湖社区卫生服务站和大家一起入户。我包点的这个社区位于贺兰的西南边,是银川到贺兰的最重要的防控线之一,全县排查出的192名密接者这里就有92例。虽然经过10天的督导、协调,大家的工作已提升了不少,回访被居家隔离的人家,满意率很高,但一些细微的东西,我还是想了解地更深点。"记者全天候跟拍的贺兰防疫一线工作者谢灵冬的《抗疫日记》等报道,快速、真实、全面、权威地反映了我县各部门抗击疫情的最新进展。

建设新时代文明实践网络平台,开设"榜样""新时代文明实践微课堂""百姓微宣讲"栏目,搭建道德模范、身边好人、乡贤等百姓宣讲平台,鼓励群众积极参与到疫情狙击战中来,小服务汇集正能量,用小行动积出大作为。疫情期间已注册志愿者7400名,开展1558场活动,参与28800人次,图文视频共推送143篇。青年志愿服务、"巾帼"志愿服务、"银霞满天"老干部志愿服务、"红领巾"志愿服务蔚然成风,体现了全县人民众志成城抗疫必胜的决心。

五是关注第一难点,复工复产服务优。坚决贯彻落实党中央提出的"六稳""六保"任务,利用互联网、大数据和融媒体平台,打好疫情防控组合拳,一手抓疫情防控,一手抓经济复苏。以融媒创新服务模式为杠杆,大力推进云销售、云招工、云车展、领导直播、书记带货等新型业态,解决就业难、招工难、销售难,推动实现"两手抓、两手硬"。

创新工作思路,依托广播、电视、微信端的民生服务版块、App端的"帮打听"和社区服务模块,及时收集呼应群众诉求,帮助解决各族群众生产生活中遇到的困难和问题2000余个。疫情期间,及时举办线上"云招聘"8场,为用人单位和劳动者搭建对接平台,提供就业岗位2379个,帮助解决少数民族群众就业500余名。开展云端车展,县委书记亲临车展现场直播,"知名主播+行业大咖+媒体互动"从不同角度对车展及展商、车型进行一系列的直播宣传,形成长效话题,实现产品和品牌多维度曝光、线上互动、线下导流、最终成交的效果。

打造"贺贺有名"电商运营直播平台，把贺兰县优质的特色产品以限时低价的方式进行直播宣传和销售，开设贫困村农产品直播专场，解决了贺兰县滞销蔬菜约600吨，应邀县委领导走进田间地头，直播四十里店稻渔空间特色旅游产业及特色农产品，被央视媒体多次宣传，引发各族群众"打卡"热潮，带动乡村旅游持续升温。

贺兰县融媒体中心面对新冠肺炎疫情的挑战和考验，用实际行动和宣传成效，践行了积极配合党委政府的工作，不忘"举旗帜，聚民心，育新人，兴文化，展形象"的使命和任务，成为构筑团结一心，共抗疫情基层宣传的主力军，成为了百姓身边最亲切的抗疫"情报站"。为贺兰县保持零发病、零感染"无疫县"的佳绩作出了应有贡献。

年度观察

第二十四章　流行病传播教育：
一种乡村疫情防控的"永坊模式"

刘建华 [①]

1月23日，武汉封城！疫情骤降。

然而，对于湖北近邻的井冈山一隅江西省莲花县神泉乡永坊村村民而言，封城是远在天边的别人的事，他们全然不以为意。

大家沉浸在一年一度的春节祥和气氛中，在准备着串门拜年请客吃饭呢。

"小轩子，准备好香烛，咱们早点行动，先去老祖坟上杀了鸡，好让你妈赶紧做饭。"吴龙掐着一只六七斤重的大阉鸡，大步流星地朝祖山奔去。小轩子拎着竹篮，两步并作三步地雀跃跟上。每年大年三十的祖山祭拜，都让小轩子憧憬不已，这一天是期待春节来临过程中的最高潮。除了祭祖，贴大红春联、吃年夜饭、放鞭炮、洗换新衣等都是新年的福利，更大的福利是发红包。拿着爸爸妈妈和爷爷奶奶的红包，小轩子甚至想好了怎么去和小伙伴们有效利用这些意外之财。

正当乡亲们吃着团圆饭，穿着新衣服，坐在火炉边，话着家常笑看春晚谋划拜年的时候，永坊村支书尹小军一脸严肃地忙着打电话，这个军人出身的年轻带头人，已灵敏地感受到了即将到来的巨大威胁，他下意识地作出判断：这是一场没有硝烟的战斗，新冠病毒是一个极其狡猾的敌人，来无影去无踪，在他此前的战斗经历中，找不到任何与之相类的参照对象，纵使你有天大的本事，敌人在哪你都寻不见，进攻的方向与对象都毫无着落，有力没处使。唯一的办法就是防御，必须马上召开支部会议，

[①] 刘建华，中国新闻出版研究院传媒研究所研究员，博士，博士后。

商量对策，组织人马，布置阵地，作积极的战略防御。尹小军脑子里跳出了在部队上学过的《中国革命战争的战略问题》理论。毛泽东指出，"战略防御是红军作战中最复杂和最重要的问题"。尽管德日等西方国家的军事家认为，"防御的一个重要的弱点是不能振奋人心，反而使人心动摇"。但是，"在保卫革命根据地和保卫中国的口号下，我们能够团结最大多数人万众一心地作战"，"一切正义战争的防御战，不但有麻痹政治上异己分子的作用，而且可以动员落后的人民群众加入到战争中来"。

作为永坊村防控疫情指挥长的尹小军，正是灵活运用毛泽东同志的"积极防御"战争理论，提出了"今年春节不出门，就是为了年年春节能出门"这一事关每个人生命安全的朴素口号，使全村百姓认识到严防严控的极端重要性，在村支部统一领导部署下，全村众志成城，齐心协力，稳扎稳打，打了一场出色的新冠肺炎疫情防控阻击战。永坊村夯实了党支部这个基层战斗堡垒，构建了一套保障机制，动员了一村乡亲战士，控制了一个制胜关口，巩固了一条粮草供给线，畅通了一个交流空间，掀起了一方爱心浪潮，开展了一场流行病教育，彰显了线上媒介与线下媒介协同作战的良好人际传播作用。

第一节　一个堡垒

永坊村公所会议室，参会者的大嗓门与窗外的鞭炮声交替袭扰决策者的大脑，村支书尹小军一边做着记录，一边飞快地思考着同志们的每一条建议。

突然，那种炸裂的鞭炮声与喧杂的争议声消失了，一种难得的寂静，所有眼光齐刷刷看向这个年轻的领头人，等着他作最后的决断。

"群众的生命重于泰山，哪怕他们现在对冠毒不重视，甚至还会有抵触，我们一定要把抗疫当作一次无比重要的战斗去看待，要全民皆兵全副武装全部身心去防御，哪怕是十防九空，也是非常值得的，毕竟生命只有一次，不论厄难落在谁家头上，都是承受不起的。"尹小军书记斩钉截铁地说，一种军人特有的杀伐决断气势震撼全场。

"我们要按照党中央及上级组织的要求，把永坊村支部建设成一个坚强的战斗堡垒。这个堡垒是钢铁铸就的还是豆腐渣堆的，此次疫情防控阻击战就是一块最好的试金石。只要我们全体党员率先行动起来，不忘初心，牢记使命，心往一处想，劲往一处使，不断筑牢战斗堡垒，在危难时候成为老百姓的靠山，就一定能够带领全村人民安全渡过这个危局。"尹小军充满激情地说，"新冠肺炎疫情引发的大型城市武汉封城，是百年所未见的，春节取消串门拜年可以说是千年所未见的，对于我们支部全体党员而言，能有这个机会展示自己自己的能力，为老百姓提供自己的服务，对于赢得民心，为今后开展工作是极其有利的，可以说也是一种百年千年所未有的宝贵机遇。战争时期，党员为人民服务的真心与能力不难为老百姓所知晓，和平年代就不那么容易了。大家都按照各自轨道有条不紊的工作生活，个人的自主性独立性较强，党支部及党员发挥作用的空间非常有限也更加复杂，产生效用的时间较为漫长，这就决定我们平常的工作要耐得住寂寞与枯燥，甚至穷其一生都可能是默默无闻地工作，不为老百姓所知晓甚至还不被理解也是正常的。今天，疫情防控是一次突发的应急战斗，关键时刻考验的是一个人的智慧、勇敢甚至生命，同志们，是骡子是马都拉出来遛遛！"

小军书记的一席话，彻底点燃全村50多名党员的战斗豪情，入党誓言在春节的鞭炮声中显得格外清晰：我志愿加入中国共产党……对党忠诚，积极工作，为共产主义奋斗终身，随时准备为党和人民牺牲一切。此后抗疫工作也有力地证明，永坊村支部不愧为党的基层的一个坚强战斗堡垒！

第二节　一套机制

出身行伍的小军书记深深知道，打仗要有全局眼光，一次战役战斗的胜利，需要各方面条件的配合，所谓天时地利人和是也。毛泽东同志说过，"经验多的军人，他摸熟了自己的部队（指挥员、战斗员、武器、给养等等及其总体）的脾气，又摸熟了敌人的部队（同样，指挥员、战斗员、武器、给养等等及其总体）的脾气，摸熟了一切和战争有关的其他的条件如政治、经济、地理、气候等等，这样的军人指导战争或作战，就比较地有把握，比较地能打胜仗"。新冠病毒这个敌人是人类所未见的，他的脾气根本就不了解，遑论摸熟两字了，唯一的办法就是要摸熟自己本村部队的脾气，要能有效地指挥自己这支部队，就必须成立各种组织，建立一套保障机制，人财物和信息畅通，确保人们在一个相对封闭的乡野空间能够正常生活生产，遇到敌人时，要能随时随地监测发现，指挥各部力量，或者坚决阻击在本村之外，或者有效隔离在本村之内。

为此,在村支部的统一领导部署下,永坊村疫情防控领导小组于1月24日迅速成立,并获得全体党员和广大村民的拥护支持。尹小军任领导小组总指挥,村主任、村会计等村两委成员也都进行了分工,各司其职,指挥作战的领导核心力量得以确保。在领导小组之内,有一个庞大而有机的组织架构,确保了各项机制的有效发挥,为最终成功抗疫扎紧了制度保障。考虑到党员人数及年老生病等诸多不利因素,村支部充分调动了志愿者的积极性,使其自觉主动参与防控疫情工作,避免了传统以来各组各户派任务被动工作心有牢骚的局面。志愿者有一种高度的责任心和获得感,充分彰显了其主体地位与工作能力,减少了行政强制手段,极大动员了不同姓氏、不同年龄、不同阶层男女老少的积极性,再现了战争时代党和人民鱼水之情的感人画面。

抗疫领导小组在依托志愿者的基础上,有效进行引导,委派党员及一些退伍军人为负责人,成立了前线组、后勤组、宣传组、消毒组、机动组等专门组织,涵括了最大多数的志愿者骨干,每天24小时分班有序开展工作。村支部服务群众,配合上级组织,在工作中不断总结经验,逐渐形成了有自己特色的抗疫方式方法,成为全县抗疫工作中的一面旗帜。永坊村疫情防控领导小组具有较大的主动性、机动性与灵敏性,带领1800多人的村子游刃有余地实施战"疫"防御,如同《孙子·九地》所说的率然:"故善用兵者,譬如率然。率然者,常山之蛇也。击其首则尾至,击其尾则首至,击其中则首尾俱至。"

第三节　一村战士

永坊村共有600多户1800多人口,是神泉乡的一个大村,其中贫困户95户,贫困人口354人。2020年是莲花县的脱贫年,当然也是国家脱贫攻坚战决胜之年,同时也是全面建设小康社会和"十三五"规划收官之年。俗话说"船小好调头",相应地,船大就难调头了。永坊村作为神泉乡的一只相对较大的船,让这几百人脱贫本不是一件容易的事。冠毒疫情的突然而至,给全中国按下了暂停键,永坊村自然也不例外。这就给该村今年的脱贫攻坚增加了困难和阻力。

尽管遭遇这种突如其来的困境,永坊村却处处充满着乐观主义的战斗精神。在村支部的有效动员下，全村人民整体转变成一手拿锄头一手拿体温枪的战士，连小轩子都成为不给大人添乱的好战士。村民尹志清说，我们要学习建设兵团的战斗精神与生产方式，不但要把冠毒拒之村外，而且还要不误生产，扎实开展春耕备耕，保障粮食和农业生产稳定发展。尹小军说，在当前抗疫工作压倒一切的前提下，我们也清醒地牢记农村农业农民的根本任务和基本职责，时时刻刻不放松春管春种工作。

在抗疫方面，第一，前线组、后勤组、宣传组、消毒组、机动组等5个工作小组的近百名成员每天活跃在抗疫战场的各个阵地，工作组采取轮班制的形式，确保在村口前线随时有人在守卫。从空中俯瞰，永坊村呈狭长地形，如同一张弯弓卧在青山绿水之间，土地肥沃，植被丰富，宛若人间仙境，由西北的村头至东南的村尾纵深达20多里，两头都与湖南省的茶陵县交界，人口流动较大，风险相对较高。前线组第一时间封堵了与湖南交界的两个村口，只留下与本乡兄弟村庄互连的关口进行密切防控，既保证村民必需的生活生产物资流通，又切断冠毒隐患的侵入。第二，后勤组每天收集人们的物资需求，统一组织采购，与批发商议定最优惠价格，既不增加老百姓的生活成本，又确保挨家挨户送货上门，大大方便了群众生活。第三，宣传组一方面通过贴海报、喊喇叭等形式，积极宣传流行病防范的相关知识，有效开展了健康传播教育，并做好村民禁足家居的心理疏导工作；另一方面，积极排查外来人口，尤其是从湖北返乡的人员，及时上报，及时隔离观察，做到了零死角零遗漏。这里，必须讲一个令人动容的故事。该村曹某携儿子从湖北回村过年，因为她和丈夫胡某长期分开，夫妻感情出现危机，双方情绪显得格外急躁。按照抗疫规定，尹小军上门做工作让其隔离观察，曹某情绪受挫，态度极为不好，指着他的鼻子破口大骂。在小军书记的苦口婆心与笑脸盈盈的感召下，终于同意母子娘去安置房生活。为了安慰其情绪，小军对她的需要有求必应，像家人般倾心服务。尹小军把家里唯一一块腊肉送给了曹某（因为猪肉贵，每户人家只做了一两块腊肉）。小军的寡母70多岁，体弱多病，对腊肉很是不舍，心有埋怨。小军动情地对母亲说："我作为全村的领头人，就想看到全村老百姓能开开心心地过上一个和谐平安年，他们高兴了，我比吃什么腊肉都有味，晚上才能安安心心地睡觉。"第四，消毒组每天进行多次消毒，尤其是生活垃圾场所，在快速清走垃圾的同时，也完成了各项消毒工作，保障了全村环境健康卫生。看着直贯全村的曲江溪那清澈活泼的泉水悠然向南的美景，全村人民对消毒组交口称赞，心情也舒缓愉悦很多。第五，机动组就像一支特别灵巧的山村小兔群，头脑活络、行动迅速、语言暖心，哪里有困难，哪里就有他们的身影，在他们的背后，是乡亲们感激与爱怜的目光。第六，除了这百余人的工作组，各姓氏家族、各小组的集体荣誉感也炽热起来了，吴氏、尹氏、陈氏、张氏、胡氏家族在村支部及本族乡贤的推动下，纷纷关闭了本族的宗祠，取消了各项娱乐活动，取消了家族祭祖活动，取消了十多家婚嫁活动。各小组也主动请缨，组织年轻人进入抗疫战场的各个阵地，表现出了强大的战斗力。居家的老百姓也尽量不给工作人员增加麻烦，与家人围炉话家常，心安理得地享受这尽心的生活服务与无边的天伦时光。

在农业生产方面，各家各户都在谋划着春耕备耕的事情，今年哪块田种什水稻，哪块地种什么瓜果，哪块山种什么林木，大家都有自己的好算盘，全村老百姓都成了全副武装的战士，抗疫生产两不误，是一支英勇且道地的"建设兵团"。尹小军在抗疫百忙之中，时刻关心老百姓的种子、化肥、饲料等农资问题，并对今年的脱贫攻坚勾画了蓝图，要加大力度推进产业扶贫。他坚信，贫困户只有拥有了自己的一方产业，才能增加造血功能，实现真正的脱贫。

第四节　一方爱心

产业扶贫在抗疫工作中迸发出巨大的生命力，再一次印证了其在农村精准脱贫中的重要性、科学性与正当性。在近几年的脱贫工作中，永坊村一直秉从产业扶贫的方略，在村两委的大力扶持下，永坊村的贫困户掀起了养猪、养牛、养鸡、养鹅的产业脱贫高潮。功夫不负有心人，很多贫困户因此尝到了致富的甜头，腰包鼓起来了，腰杆挺起来了，房子盖起来了，孩子荣光起来了，脱贫户一年比一年多，光境一家比一家好。尹小军说，今年要加大产业扶贫工作，将实施乡村大振兴项目，力争使剩下的30多户家庭全部脱贫。

张德生就是产业脱贫的典型代表。作为曾经的贫困户，张德生饱受饥苦与白眼，甚至遭受牢狱之灾，他一度丧失了继续生活下去的勇气。在村里的支持下，他刻苦钻研养猪技术，在去年全国猪肉奇缺肉价猛涨的背景下，张德生共养殖了包括黑猪、香猪、花猪在内的近400头生猪，一举扭转家庭贫困的局面，成了产业脱贫的典型。

喝水不忘挖井人，致富不忘党的恩。张德生知道，自己一家人能够脱贫致富，妻子甚至入了党，都完全得益于党的扶持与乡亲们的帮助。在抗疫封村期间的2月7日，张德生将杀好的一头黑猪送到莲花县红十字会，捐给奋战在抗疫一线的医护人员食用。他说，看到医护人员为救护病人日夜战斗，他和妻子商量后，决定将市值6000元的一头黑猪捐献出来。并且自己宰杀好，骑着三轮车送到县红十字会，由县红十字会再分发到县人民医院和乡镇卫生院。在给医务人员捐赠猪肉后，张德生还以最优惠价为本村及邻村乡亲们提供猪肉，充分满足大家的需求。此外，永坊村的各项养殖业在抗疫封村期间发挥了巨大的作用，老百姓所需要的猪肉、牛肉、鸡鸭鹅肉都由本村养殖户解决，在村支部的统筹安排下，全村物资供应充足，没有疫情封村带来的食材涨价或紧缺之感。

除了养殖户的爱心，全村老百姓积极捐款捐物，慰问战斗在防控一线的工作人员。真的是"党心中装满了百姓，百姓心中装满了党"，一时间，永坊全村形成了爱的海洋。据统计，本村共有160多人参加捐款，资金总额达26000多元，全部用在防控疫情工作中。永坊村的捐款时间之先、人数之广、金额之多，在全乡甚至全县各行政村中，都是第一位的。26000元的捐款，与全国那些大企业大企业家的捐赠相比，也许是微乎其微的。但是它体现出一村百姓的爱党爱乡爱家情怀，体现出一村百姓团结一心共克时艰的坚强斗志，体现出一村百姓坚强不屈自信未来的乐观主义精神。永坊村身处外地的村民胡建新捐款时对小军支书说的一番话，或许能窥出这种情怀、斗志与乐观。他说："面对突如其来的新型冠状病毒疫情，永坊村党支部带领党员和群众参加志愿服务，保证了永坊村民'零传染'新型冠状病毒。在村支部的坚强领导下，党员和志愿者上门分发猪肉成为永坊村一道靓丽的风景。保障村民锅里有肉，开开心心过年，在家不愁吃，病毒零传染，这都是村领导带领工作人员取得的良好成果，深受村民爱戴。"像胡建新这种充满爱心的新时代乡村青年，在永坊村还有很多很多，他们形成的一方爱心实际上就是一种巨大的精神力量。

第五节　一致共识

精神力量的勃发是需要一定前提的，那就是共同体内达成的共识。永坊村作为一个共同体，在抗疫工作中达成的一致共识是：有了党的坚强领导，我们就有了靠山；有了村干部的细致工作，我们就不愁吃喝；有了全体村民的齐心合力，我们就无惧冠毒。这种共识发挥出了巨大的精神力量，在村支部的领导下，村民空前团结、空前交心、空前勇敢，确保了全村今天良好的抗疫战果。

为了达成一致共识，村支书尹小军可谓是颇费苦心，运筹帷幄，体现了一个基层支部书记的智慧和担当。抗疫之初，他清醒认识到，要取得这场战斗的胜利，必须做好充分的政治动员。政治动员最有力的武器就是新闻传媒，通过媒体发挥组织传播、大众传播与人际传播的作用。

首先，他召开支部党员大会，及时传达上级组织关于抗疫工作的精神和决定，利用组织传播的力量，在党内统一思想，迅速达成共识，使全体党员成为防控工作的有力宣传者。同时，他积极引导志愿者组织，与尹志清、吴龙等志愿者负责人有效沟通，在全体志愿者队伍中实现了一种社会性机构的组织传播，充分调动了志愿者的积极性，成为冲在最前线的英勇战士。其次，通过村里大喇叭喊话与张贴海报的方式，对全村1800人成功实施了有效的大众传播，让大家认识到冠毒的可怕性及感染之后的严重后果，使大家抑制了春节走亲访友的冲动，自觉主动地禁足家中，安心享受十分宝贵的天伦之乐。最后，主动利用新媒体实现全村政治、经济、文化、教育、生态信息的全沟通，通过微信群成功实现了最佳的人际传播作用。出于冠毒人传人的可怕性，大家居家抗疫，哪怕是咫尺近邻也不可往来。这时，全村老百姓都搬进了微信群这个虚拟社区，继续熟人社会的交往与沟通，大家分享信息和观点，彼此鼓劲，成为村庄抗疫的主体战场。村两委的干部也不时对微信群进行舆论引导，及时传播上级组织的公告与决定，传播真相，使各种谣言没有空间和市场。老百姓发布最多的是生活物资需求信息，譬如鲜鱼4斤、芹菜2把、豆腐10块、采油一桶、奶粉两罐之类的信息，譬如生姜大蒜葱面粉面条之类的信息，譬如购买猪肉接龙的信息，这成百上千条的购物信息，工作人员都会在第一时间登记造册，或者交给一些批发商铺，或者自己直接去代购，几乎都能在第二天把所需物资挨家挨户送到门上。这些贴心行为使村民大受感动，更加认识到党组织在生活生产工作中的不可替代性，凝聚了民心，统一了思想。在微信群还有关于教育的信息，如孩子们网上直播课情况的交流，课本发放情况，教育部门的相关通知等，这些信息以孩子教育为纽带，大大有利于抗疫工作的舆论引导。

同时，村支书尹小军要求同志们积极利用微信群，恰到时机地发布各种工作信息，诸如雨夜守点值班的照片、量体温的照片、消毒的照片、巡防的照片、劝返外来车辆的照片、爱心人士捐款的照片、上级领导巡查的照片，这些照片真实可信，借助微信群这个社交媒体，超常发挥了人际传播作用。不论这个群中的成员是在本村，还是在外务工，抑或是在相关党政部门工作，他们都认可村支部的做法，最大范围地达成了共识，最佳效用地进行了舆论引导，最现代手段地进行了流行病传播教育，最深程度地进行了精神价值观与意识形态的塑造，为村支部在将来切实开展工作、巩固战斗堡垒、发挥领导作用，垫定了坚实而深远的基础。

第二十五章 抗疫题材纪录片讲好抗疫故事，回应国际关切

于秀娟[1]

无论是被称为建国以来最严重的公共卫生事件，还是被冠以二战以来面对的最大危机，2020年初春席卷全球的新冠肺炎疫情都是一场壮烈的战争，一段不能被遗忘的历史，也正在被人们以各种方式记录。几个月来，我国主流媒体携手商业视听平台、自媒体，邀请全民共同参与，共同推出了多部纪录片，从多个侧面真实记录了疫情防控阻击战的壮烈，构建了抗疫期间的中国形象和中国人形象。这些纪录片认知价值和历史资料价值超过其审美价值，为驳斥西方发起的甩锅中国的舆论战提供了影像证据。

第一节 善于发动普通百姓参与，多角度塑造中国人群像

多主体、多国籍的全民拍摄形式。这些抗疫题材纪录片有的来自主流媒体，如央视纪录频道的《武汉：我的战疫日记》、CGTN的《武汉战疫纪》、SMG的《温暖的一餐》、深圳卫视的《我的白大褂·抗疫日记》、中国教育电视台《战"疫"24小时》等；有的来自网络视听平台，如B站的《在武汉》、优酷《第一线》、二更《疫情中的平凡力量》等；还有的来自留守在中国的外国人的拍摄，如日本纪录片导演竹内亮拍摄的《南京抗疫现场》、美国人瑞恩的《瑞恩平安日志》等。这些纪录片有的聚焦于核心疫区的故事，有的聚焦于其他地区的抗疫工作，有的着重表达医护人员的艰辛，

---

[1] 于秀娟，国家广电总局发展研究中心政策所负责人，博士，博士后。

有的将镜头对准的是疫情影响下普通市民的生活变化和心态调整，均为2020年初春的抗击新冠肺炎疫情阻击战留下了珍贵的影像。

调动全民参与的积极性，PGC+UGC制作模式为主体。因疫情防控的需要，即使是主流媒体记者进入疫区采访也困难重重、危机重重，因此多家媒体携手邀请全民参与，创新纪录片开放式生产模式。《武汉：我的战"疫"日记》由央视纪录频道与快手等短视频平台共同向武汉的Vlog作者们征集作品，再由纪录频道剪辑、合成、播出。《战"疫"24小时》《温暖的一餐》等纪录片也都是采用了UGC+PGC的形式，由主流媒体联合多家机构向全社会发起素材征集活动，号召全民参与。云制作模式进一步促进了电视媒体与新媒体平台之间的深度融合与合作，也充分发挥了跨屏短视频在反映重大现实题材，尤其是突发事件方面的优势。

群像叙事塑造抗击疫情期间的中国人形象。纪录片与新闻最大的区别是其关注的重点不是事件本身，而是事件中的人的体验。这些抗疫题材纪录片大多采用第一人称视角，集聚众多抗疫期间的的中国人的日常生活、工作，以"史诗微积分"的形式，塑造出了大写的中国人群像。大部分作品关注重点不在于哪一个人，甚至哪一群人，而是平凡而伟大的普通人群体。"实话实话肯定怕，但是这个事情还是要有人做的"，"不仅仅是工作，更有一份社会责任在里面"，"拯救了一个人，你是英雄；拯救了一百个人，你是护士"，这是不少纪录片中记不住姓名的小人物的朴实话语。观众们强烈感受到，英雄不一定穿着披风，也可以是戴着口罩、开着顺风车、驮着快递箱……正是千千万万"小人物"在寂寞中的坚守，在重压之下释放出的坚韧，武汉这座英雄之城才构筑起不倒的防线，中国才能如此迅速地在疫情的打击下重新崛起，而这些普通人的群像合起来，则组成了当代"中国人"的面孔。

第二节　善用视频日记体形式，微观叙事汇聚成抗疫史诗

Vlog视频日记体的技术门槛相对较低，普通人可以像记日记一样，用视频记录自己的生活。加之当下智能手机、网络等基础设施完备、便捷，每个人都可以成为拍摄者。虽然大部分视频日记略显粗糙，但是第一人称视角带来的沉浸式体验真实感人。

《武汉：我的战"疫"日记》中记录抗击疫情的Vlog创作者们具有不同身份、

职业，在每集不到 5 分钟的时长里，观众随着他们的镜头进入封城之后的武汉，看到褪去往日繁华的城市景观、忙碌紧张的隔离病房、火神山雷神山的建筑工地等，强烈的代入感让观众瞬间进入战疫语境中，了解到疫区人们的日常生活，感受到医护人员、志愿者及各行各业投入抗疫阻击战的人们的奉献精神。

这些作品大多短小精悍、自成系列，属于集体创作的结晶，带有纪实性与新闻性。如《武汉：我的战疫日记》《温暖的一餐》（番外篇）等均为 5 分钟一集；风格纪实，有的以解说词串联，有的干脆没有旁白，最大限度保留了素材的原生态，后期制作只是从丰富的素人 Vlog 作品中去粗取精，汇聚、提炼生活中的美学，将众多个人的"抗疫微积分"凝聚成整个社会的"抗疫史诗"。

第三节　善于运用外国人旁观者视角，回应国际关切

除了中国人拍摄的纪录片外，一些生活在中国的外国人也拿起了手机等设备拍摄自己的日常生活，其旁观者视角正面回应了国际关注。

美国人瑞恩拍摄的《瑞恩的平安日志》系列作品中，全方位展示了居家防护措施、坐地铁、去超市采购、出门拿快递、居家办公、与朋友线上聊天、了解新闻等日常生活，瑞恩以亲历者身份告诉大洋彼岸的家人和朋友，中国为抗疫所做出的努力以及中国人互帮互助的团结协作精神。

日本纪录片导演竹内亮的两部《南京抗疫现场》则侧重介绍了中国精细精准的防疫消杀措施以及人们衣食住行等方面所获得的各种保障，作为抗疫经验提供给日本国民。与瑞恩作品类似，竹内亮的取景也都是居家日常生活所触及的地点和人物，没有配背景音乐，"因为我不想去渲染和烘托什么，希望用平民化的视角、接地气的方式、客观真实地记录南京的抗疫生活。"其作品已经推出了 16 种语言的版本，在韩国、俄罗斯、意大利等十多个国家的电视台播出。

不少中国纪录片内也收录了留守在中国的外国人的生活和精神状态，作为中国人视角的补充。《武汉：我的战"疫"日记》中记录了英国喜剧演员"逗逗先生"，居家抗疫期间努力学说中国话、写中国字、做中国菜，以及录制短视频向家人朋友报平安的经历；还记录了武汉大学的巴基斯坦等国留学生们如何吃饭、购物、上网课等。

解读中国工作室拍摄的《中国抗疫志》"这里是武汉"一集中，江汉大学副教授萨拉·普拉托面对镜头说："小区被封闭后，我在小区微信群询问如何购买食品。大概过了20分钟，我的门铃响了，他们带来了蔬菜、鸡蛋、食物，有一位还带了非常温暖的纸条，写着：萨拉加油，中国必胜。"朴实真挚的表达带给观众们温暖感人的体验。

无论是中国人还是外国人，湖北人还是外省人，这些抗疫题材纪录片中人物已经消弭了种族、国籍、身份、职业等界限，他们都是被疫情冲击的人，是共同抗击疫情的人，共同构成了抗疫"命运共同体"。

第四节 善于在国际舆论场发声，为中国抗疫正名

在新冠肺炎全球蔓延的大趋势下，由于一些西方政客的恶意引导以及部分西方媒体的选择性报道、不实报道，中国在国际舆论态势上似乎并不占优。当下，如何呈现抗疫期间的真实中国，是一个大的社会命题，主动发声、全方位传播，是当前扭转国际舆论形势的重要环节。

从越来越多的抗疫题材纪录片中，观众们看到了在以习近平总书记为核心的党中央坚强领导下，举全国之力支援疫区，能治皆治、应收尽收，无论贫富老幼，不放弃任何一个患者，这不是西方话语霸权中的"威权"，而是人民至上、尊重生命的人权；刚刚从疫情中艰难走出来的中国马上向多国派出了医疗专家组、捐助了大量防疫物资等，以实际行动诠释了"命运共同体"概念的内涵；《中国抗疫志》等纪录片对多国医学专家的采访，从专业角度阐述了中国及时公布病毒基因序列、与世卫组织联系、向全世界公布多版治疗方案、如何看待新冠病毒来源等问题，体现出了中国的大国担当精神。

这些纪录片在国内外传统媒体和新媒体平台的广泛传播，也营造了良好的舆论声势。《武汉战"疫"纪》2月28日在中国国际电视台英语频道播出，同时通过平台各海外社交平台账号全网推送。美国广播公司（ABC）、英国Channel4电视台、法国TV5MONDE电视台、意大利TGCOM24电视台、加拿大广播公司、日本朝日电视台等20多个国家和地区的主流媒体都进行了转播，使得越来越多的外国网友看到了真实的武汉。《中国抗疫志》自4月6日起陆续在中央电视台、英国Nature

杂志官网以及腾讯视频、哔哩哔哩、爱奇艺、芒果TV、YouTube等国内外平台播出，还将译制成日、俄、西、法等九个语种版本，方便更多国外民众观看。

无论是中国人还是外国人拍摄的抗疫纪录片，让世界看到了中国抗疫过程的艰辛，更看到了中国体制强大的自我纠错能力，看到了普通中国人在困境中从痛苦绝望到奋起抗争的转变及强大的民族凝聚力。尤其是那些建立在普通人视频日记基础上的战疫纪录片，以其鲜明的个性色彩和特定的时代内容成为中国抗疫故事的组成部分，为民族保留记忆，向世界展示中国众志成城、共克时艰的民族气质，也成为反击西方话语霸权的影像证据。

虽然这些短平快的作品在艺术品质上还有很大的提升空间，但是当下更重要的是记录、言说、传播。疫情还未结束，新冠肺炎疫情对人类历史和文明走向将产生怎样的影响，还需要时间来证明，但是可以预料的是，它必将影响到下一步的世界政治经济格局。期待不远的将来会出现更多更厚重的纪录片，从这场疫情出发，反思"人类命运共同体"的真正内涵，反思人类文化基因中的"病毒"与"抗体"，反思人类与自然的相处之道，总之，反思这场人类与病毒之间的世界大战带来的诸多启示，作为前车之鉴，避免历史重演。

参考文献

[1] 孙多勇. 突发性社会公共危机事件下个体与群体行为决策研究. 国防科学技术大学博士论文，2005.

[2] 文秀维. 突发公共卫生事件中的媒体责任——以甲型 H1N1 流感事件为例. 新闻世界，2010（6）：118-119.

[3] 陈力峰，陈新勇. 公共危机中媒体的责任担当——以阻击"甲型 H1N1 流感"为例. 今传媒，2009（7）：10-12.

[4] 陈实. 媒体寒冬之下新京报实现千万级利润的秘密. 新浪财经-自媒体综合，2019 年 01 月 29 日，http://finance.sina.com.cn/chanjing/gsnews/2019-01-29-doc-ihqfskcp1576396.shtml.

[5] 高晓红. 畅通信息增强信心温度人心——中央广播电视总台在抗击新冠肺炎疫情中的报道分析. 中国广播，2020（3）：5-10.

[6] 黑龙江日报. 一位母亲的自述丨从武汉回来的儿子. https://mp.weixin.qq.com/s/oMKRS4984IzX8FgTPQnm9A, 2020-01-30.

[7][美]威廉·麦克尼尔. 余新忠，毕会成译.《瘟疫与人》. 中信出版集团，2018 年版.

[8]"话语权"才是中国奥运的"首金"——兼论"后奥运时代"中国对外传播形势. 对外传播，2008（9）.

[9] 口罩产能全球过半，为何还是"一罩难求"？. 三联生活周刊，2020 年 2 月 3 日，https://mp.weixin.qq.com/s/k_8VwKZRbrj5KZOqATrgdA.

[10] 新冠肺炎，医院的节点. 三联生活周刊，2020 年 2 月 15 日，http://ny.zdline.cn/h5/article/detailToH5.do?artId=84483&sm=app&nt=mg.

[11] 武汉急诊一线医生口述：惟愿冬天早点过去.三联生活周刊，2020年1月27日，https://mp.weixin.qq.com/s/qHj8OB8YPdBSH_6pb60-6A.

[12] 兀妞.微信公众号运营策略及效果研究.陕西师范大学，2017.

[13] 主流媒体如何做好突发公共卫生事件宣传报道——以人民日报新冠肺炎疫情报道为例.传媒，2020（3上）。

[14] 习近平主持中共中央政治局常务委员会会议研究加强新型冠状病毒感染的肺炎疫情防控工作.新华社，2020年2月3日，http://politics.gmw.cn/2020-02/03/content_33521008.htm.

[15] 习近平在中央政治局常委会会议研究应对新型冠状病毒肺炎疫情工作时的讲话.中国政府网，2020年2月15日，来源《求是》杂志，http://www.gov.cn/xinwen/2020-02/15/content_5479271.htm.

[16] 公开透明科学百场新闻发布会展现国际大都市形象.羊城晚报A02版，2020年5月6日.

[17] 12日湖北省新增新冠肺炎病例14840例.CCTV-4中文国际频道《今日环球》，http://tv.cctv.com/2020/02/13/VIDEgHZwTfYhpC1EvWHeVwSp200213.shtml.

[18] CTR媒体融合研究院.2020年主流媒体战疫报道网络传播效果评估报告.https://mp.weixin.qq.com/s/Oiypx9Fb-jEL1DOGLss_ig.

[19] Early transmission dynamics in Wuhan, China, of Novel Coronavirus-Infected Pneumonia. Li Q, Guan X, Wu P, et al. The New England Journal of Medicine. 2020.

[20] Michael Regester. Crisis Management: What To Do When The Unthinkable Happens. London, Hutchinson Business Books, 1989.

[21] Velasco E, Agheneza T, Denecke K, et al. Social Media and Internet-Based Data in Global Systems for Public Health Surveillance: A Systematic Review. Milbank Quarterly, 2014, 92(1):7-33.

[22] 寄生虫与新冠病毒.三联生活周刊，https://mp.weixin.qq.com/s/54EeeIirsp37RWtyXOBdw.

[23] 现场|武汉新型肺炎：为何直到今天才引起更大注意？.三联生活周刊，https://mp.weixin.qq.com/s/xuf8nn1OPOY51cyZMduQ-Q，2020年1月22日.

[24] 中国新闻周刊编辑部. 二十岁宣言. 中国新闻周刊, 2020（3）: 1.

[25] 中国新闻周刊编辑部. 后新冠预言. 中国新闻周刊, 2020（15）: 12.

[26] 中央广播电视总台央视网. 中央广播电视总台2020年工作会议召开, http://ygzq.cnr.cn/20200511/t20200511_525085246.shtml, 2020年5月11日.

[27] 中央广播电视总台总编室. 及时发声有力引导守正创新共战疫情——中央广播电视总台抗击新冠肺炎疫情报道纪实. 传媒, 2020(05):21-24.

[28] 任仲平. 风雨无阻向前进！——写在中国人民抗击新冠肺炎疫情之际. 人民日报01版, 2020年3月26日.

[29] 何舟, 陈先红. 双重话语空间: 公共危机传播中的中国官方与非官方话语互动模式研究. 国际新闻界, 2010,032(008):21-27.

[30] 做经得起时间和历史检验的报道——《中国新闻周刊》"战疫记". 传媒, 2020(05):25-27+29.

[31] 党瑾雯. 从视频新闻产品看媒体融合的困境与挑战——以《新京报》为例. 西部广播电视, 2020(05):16-17.

[32] 关铭闻. 大写的中国！——2020年抗疫中的人与事、家与国. 光明日报第1版, 2020年5月14日.

[33] 冯竞谊. 浅析改革开放以来传媒组织结构变革: 以《财新周刊》为例. 新闻知识, 2017(10).

[34] 冯艳凤, 张力翔. 民生新闻报道的创新思考. 现代视听, 2010,000(0S1):32-32.

[35] 刘军涛, 白宇. 人民网与东方网在京签署战略合作协议. http://media.people.com.cn/n1/2017/0427/c14677-29241432.html, 2017-04-2718:01.

[36] 刘庆振. 媒介融合新业态: 智能媒体时代的媒介产业重构. 编辑之友, 2017,000(002):70-75.

[37] 刘永坚, 可天浩, 白立华, 唐伶俐. 地方主流报纸公共危机传播的新特点与改进策略——以湖北报业应对"新冠肺炎"事件为例. 传媒, 2020(07):34-36.

[38] 刘汉宏. 首发力公信力建设力自觉力--"四力"提高经济新闻报道权威性. 新闻世界, 2011-12-10.

[39] 刘笑盈. 当前突发公共事件的新特点与舆论引导应对. 对外传播,

2017(5):27-29.

[40] 刘静静,漆亚林.建设性新闻视域下突发公共卫生事件的话语空间转向——以新冠肺炎报道为例.青年记者,2020(09):24-26.

[41][加拿大]麦克卢汉.何道宽译.《理解媒介——论人的延伸》.译林出版社,2011年版

[42] 南方都市报.亲历武汉一线疫情新闻发布的45天：再忙再累也要坚持每日发布.http://news.southcn.com/gd/content/2020-06/09/content_191002673.htm,2020-06-09.

[43] 双传学.战"疫"报道中的政治站位与舆论引导——新华报业传媒集团战"疫"宣传报道的实践与思考.新闻与写作,2020(05):99-102.

[44] 吕静.突发公共事件网络舆情搜集研判应对策略.新闻爱好者,2019-06-20.

[45] 吴乐珺."众包"模式推进美国公民新闻再发展.国际新闻界,2007(08):42-45+75.

[46] 吴莉.健康传播中的可视化应用——以新冠肺炎报道为例.新闻与写作,2020(04):31-36.

[47] 周德仓,吴江霞,王清华.改革开放40年西藏新闻事业的发展和重塑.西藏民族大学学报(哲学社会科学版),2019(01):40-47.

[48] 唐绪军,殷乐.建设性新闻实践：欧美案例.北京：社会科学文献出版社,2019：1.

[49] 喻发胜,赵振宇.新形势下突发事件舆论引导机制的构建.新闻记者,2010,000(010):73-76.

[50] 园长.从纸媒到智媒,23岁的南都想要"重新定义"主流都市媒体.腾讯网,https://new.qq.com/omn/20191209/20191209A03PO200.html?Pc, 2019-12-09.

[51] 孙宝国.电视新闻节目形态的定义与元素.东南传播,2008(11):110-111.

[52] 孟建,董军.新媒体环境下我国电视新闻的嬗变与发展.国际新闻界,2013(02):8-14.

[53] 官建文,李黎丹,王培志.突发公共事件网络舆论议题结构探析.现代传播(中国传媒大学学报),2016（2）.

[54] 尚政民,徐开元.疫情风暴考验媒体社会责任——湖北广电抗击新冠肺炎疫

情应急宣传报道的经验和启示.中国广播电视学刊,2020(03):14-16+22.

[55] 尤红.突发事件报道中传媒的角色调适.当代传播,2010（11）.

[56] 巴尔.叙述学:叙述理论导论.北京师范大学出版社,2015:3.

[57] 张晓玲.全媒合力,为打赢抗"疫"阻击战提供强大舆论支持——以恩施日报社为例.新闻前哨,2020（06）:15-16.

[58] 张桂霞.网络舆论主体的群体极化倾向分析.青岛科技大学学报(社会科学版),2005,021(004):104-107.

[59] 张梦晗.《新华日报》抗疫报道传播力研究——基于对三个独立结构单位传播力影响半径的考察.传媒观察,2020（05）:25-31.

[60] 张继烈,廖双来.众志成城抗击疫情--襄阳日报社全媒抗疫报道分析.中国地市报人,2020（02）:28-30.

[61] 彭艳萍,梁德学.《三联生活周刊》文化报道的叙事策略.青年记者,2008(33):38.

[62] 惠东坡,杨欣.央视《战疫情特别报道》舆论引导路径初探.当代电视,2020(04):27-30.

[63] 戎明昌,王海军,刘岸然.创意打造传播爆款智媒助力国家治理——新冠肺炎疫情报道的"南都战法".岭南传媒探索,2020（2）（总第174期）。

[64] 报社新闻协调部.人民日报:唱响众志成城抗击疫情最强音.http://media.people.com.cn/n1/2020/0317/c40606-31634839.html；余荣华,朱利.4855万超常规"增粉",究竟有啥"料".http://www.zgjx.cn/2020-03/13/c_138874741.htm.

[65] 报社武汉前方报道组.在抗疫一线践行党报使命初心——人民日报社全力做好抗击疫情一线报道.新闻战线,2020（7）.

[66] 报社研究部.为众志成城抗击疫情凝聚强大舆论力量.新闻战线,2020（4）.

[67] 施畅.中国传统媒体付费墙的困境与突围——基于对财新传媒的个案研究.人民网研究院,http://media.people.com.cn/n1/2019/0105/c424274-30505728.html,2020-6-10.

[68] 景志刚.我们改变了什么? ——《南京零距离》及其民生新闻.视听界,2004,000(001):8-10.

[69] 景志刚.我们改变了什么? ——《南京零距离》及其民生新闻.视听

界,2004,000(001):12-18.

[70] 曹曦晴,孙俊,赵轶.湖北广电:吹响集结号发出战"疫"前线最强音.传媒,2020(05):35-37.

[71] 本刊记者.志存高远展翅腾飞———黑龙江日报报业集团发展纪实.中国报业,2011,12(上):1.

[72] 朱建华.做好战"疫"宣传凝聚共克时艰的强大正能量.城市党报研究,2020(03):8-10.

[73] 李婧璇.抗疫报道,媒体更要做好"把关人".中国新闻出版广电报,2020-02-21(002).

[74] 李想俣,李明子,彭丹妮,杜玮.武汉之憾:黄金防控期是如何错过的?.中国新闻周刊,2020(4):12-13.

[75] 李明子,杜玮,李想俣,徐天,周群峰.封城之后.中国新闻周刊,2020(4):31.

[76] 李治学.人物故事化故事细节化——电视新闻人物报道手法初探.科技传播,2015,007(013):8-9.

[77] 李胜.浅谈对社会新闻源的挖掘与开发.今传媒,2015(07):113-114.

[78] 柳深扬.突发公共卫生事件舆论引导路径探析——温州广电传媒集团新冠肺炎疫情防控报道的实践思考.视听纵横,2020(02):33-35.

[79] 桑苗.浅谈现代新闻的时效性.青年记者,2010(02):13-14.

[80] 樊洁.从《黑龙江日报》看当代新闻语体的交融性.新闻研究导刊,2019,10(10):29-30.

[81] [法]让·鲍德里亚.车槿山译.《象征交换于死亡》.译林出版社,2012.

[82] 湖北卫视.在战"疫"最前沿发声.电视指南,2020(Z1):68-71.

[83] 湖北广电.在疫情风暴中心彰显媒介责任.电视指南,2020(Z1):24-27.

[84] 滕小华,鲍立纲,童文龙.新时代政治生态建设与舆论监督的互利效应——以湖北电视综合频道创新舆论监督为例.新闻前哨,2019(08):4-6.

[85] 王凌云,姜鸿文,马凌,等.基于突发公共事件的双重话语空间对比分析.当代传播,2013,000(002):45-48.

[86] 王凯.抗疫报道中主流媒体面临的三重挑战.青年记者,2020(07):35-36.

[87] 田建民.坚决打赢疫情防控阻击战——广东主要媒体全力"战疫"阶段性报道综述.岭南传媒探索,2020（2）（总第174期）.

[88] 石长顺,成珊,赵伟.叙事理论与电视.现代传播,2004,000(002):59-61.

[89] 程昌发.媒介融合下《第一财经日报》的创新发展探析.江西财经大学,2019.

[90] 程曼丽.新闻传播词典.新华出版社,2020.

[91] 肖亚丽.媒体如何提升突发事件报道的舆论引导力--以新冠肺炎疫情报道为例.采写编,2020（03）.

[92] 胡敏.从新冠肺炎疫情防控看重大公共卫生事件的全媒体舆论引导.新闻爱好者,2020(04):21-23.

[93] 胡春秀.《三联生活周刊》研究.四川大学,2007.

[94] 胡梅红,张健.同期声在新闻报道中的作用.现代视听,2010(S1):52-52.

[95] 蒋欣如.面对重大突发公共卫生事件，地方党报如何履责担当——浙报集团新冠肺炎疫情防控宣传报道探析.传媒评论,2020(02):9-11.

[96] 蔡骐,欧阳菁.电视新闻节目的叙事艺术.现代传播,2006,000(001):75-77.

[97] 袁丽娜.与文化携手的生活.中华新闻报,2004-05-10.

[98] 许志强,曹三省.全媒体视域下突发公共事件智能媒体应急平台研究.现代传播,2016,038(012):133-136.

[99] 谭菲,康明己.疫情防控舆论引导机制研究.学校党建与思想教育,2020（12）.

[100] 财新网.《财新周刊》介绍.http://corp.caixin.com/aboutus/，2020-4-25.

[101] 贺潇潇.突发疫情新闻对外传播模态、特点与建议.青年记者,2020(05):6-7.

[102] 赵允芳."一本杂志和它倡导的生活"——《三联生活周刊》主编朱伟访谈.传媒观察,2006(1):18-20.

[103] 赵承,霍小光,张旭东,吴晶,陈芳,赵超,刘华,安蓓,林晖,朱基钗,梁建强.风雨无阻向前进——写在全国疫情防控阻击战取得重大战略成果之际.《人民日报》01-02版,2020年5月18日.

[104] 赵蔺.电视新闻故事化浅析.当代传播,2005,000(004):106-107.

[105] 赵金,闵大洪.网络舆论,民意表达的平台.青年记者,2004(10):37-39.

[106] 邓昌浩.湖北广播电视台广播媒融发展的探索与实践.电声技术,2019,43(02):23-27+44.

[107] 邵建华,费如星.在抗疫报道中彰显地市党媒的责任与使命——以盐阜大众报全媒体报道为例.中国地市报人,2020(03):18-21.

[108] 邹霞,邱沛篁.新媒体环境下突发公共事件的正向科学传播.《西南民族大学学报》(人文社会科学版),2015(06).

[109] 郑保卫,赵新宁.论新闻媒体在新冠肺炎疫情传播中的职责与使命.新闻爱好者,2020(4).

[110] 郑妍.长江云融媒体内容生产平台业务设计和运营.现代电视技术,2020(02):104-106.

[111] 郑岩.以先进文化引领群众生活之初探——浅析《三联生活周刊》的文化追求.今传媒,2015(03):9-10.

[112] 陆窈,宁海林.《人民日报》新媒体矩阵的新冠肺炎疫情报道实证研究.当代电视,2020(04):20-26+38.

[113] 陈力丹.舆论学:舆论导向研究.中国广播电视出版社,1999.

[114] 陈新勇.公共危机中媒体的责任担当——以阻击"甲型H1N1流感"为例.今传媒,2009(7):10-12.

[115] 陈旭东.疫情报道如何突出"地方特色"?东方网经验值得借鉴.https://www.sohu.com/a/374031513_181884,2020-02-18,18:48.

[116] 陈晓萍.信息公开透明是战胜疫情的必要条件.中国新闻周刊,2020(4):3.

[117] 陈林.国内突发事件舆论引导研究综述(2012-2017).东南传播,2017(7).

[118] 陈诗.微信矩阵对传统纸媒的价值提升——以《新京报》为例.传媒,2019(06):68-70.

[119] 陈辉,高鹏.音乐在电视新闻中的形态及其应用价值研究.当代电视,2014,000(011):107,109.

[120] 马克斯韦尔·麦库姆斯.议程设置:大众媒介与舆论.北京大学出版社,2008.

[121] 高超.三联生活周刊:文化专栏研究.黑龙江大学硕士论文.

[122] 高静.浅析新冠肺炎疫情期间媒体发挥的服务功能.新闻研究导刊,2020,11(06):31-32.

[123] 鲍安琪."网红"张文宏养成记.中国新闻周刊,2020（16）：69.

[124] 黄旦,李暄.从业态转向社会形态：媒介融合再理解.现代传播：中国传媒大学学报,2016(1):13-20.

[125] 黄道培,杨章池.荆州日报社：地市级党报的战"疫"大考答卷.传媒,2020(07):24-27.

[126] 黎春秋.湖南省浏阳市：打造县级融媒体中心"浏阳样板".党建,2019（5）：51.

[127] 龙章平,胡敏.浏阳融媒：全媒调度，引导服务群众阻击疫情.传媒,2020（4）：31-33.